숙종 비망기:

肅宗 備忘記

탕평군주의 글쓰기

김백철
조선시대사 전공. 서울대학교 국사학과 문학박사. 계명대학교 사학과 교수
주요 저서:『조선후기 영조와 탕평정치』(2010),『두 얼굴의 영조』(2014),『법치국가 조선의 탄생』(2016),『탕평시대 법치주의 유산』(2016) 등.

숙종 비망기 肅宗 備忘記: 탕평군주의 글쓰기
초판 인쇄   2021년 06월 03일
초판 발행   2021년 06월 09일

지은이   숙종
엮은이   김백철
펴낸이   변선웅
펴낸곳   그물

출판등록   2012년 2월 8일 제312-2012-00006호
서울특별시 서대문구 통일로25길 30, 102동 1502호(홍제동 한양아파트)
https://blog.naver.com/wsun1940
전화   070 8703 1363
팩스   02 725 1363

ISBN 979-11-86504-12-3   03910
값 25,000원
ⓒ 김백철, 2021

숙종 비망기

肅宗 備忘記 탕평군주의 글쓰기

숙종 지음 김백철 엮고 옮김

일러두기

1. 자료 선별 기준은 다음과 같다. ①국왕이 직접 지은 비망기를 대상으로 하였다. ②대내외에 반포된 글을 우선순위에 두었다. ③세부 정책보다 보편적인 내용을 선별하였다. ⑤『숙종실록』(요약본), 『승정원일기』(초고본), 『비변사등록』(초고본) 등을 대조하여 대표성이 있는 사료를 선정하였다.
2. 원문의 입력 기준은 다음과 같다. ①『영조실록』, 『승정원일기』, 『비변사등록』은 국사편찬위원회 온라인 표점본을 토대로 수정하였다. ②원문의 교감 기호는 번역상 이견이 있을 경우만 표시하고 나머지는 최종 선택한 사료의 문장을 따랐다.
3. 번역 기준은 다음과 같다. ①가급적 어려운 한자어를 축소하고 의미 전달을 최우선으로 하여 쉬운 우리말로 풀이하였다. ②비록 원문의 화려한 수사를 살리지 못하더라도 각종 관직명 등은 정식명칭으로 통일하였다. ③실록 및 『비변사등록』은 세종대왕기념사업회 및 국사편찬위원회 국역본을 참고하였다. ④기존 번역의 오역은 별도 표시 없이 바로잡았다.
4. 각 표현의 전거 기준은 다음과 같다. ①국내외 전자 DB에 도움을 받되 대표적인 표현에 한정하였다. ②한국과 중국에 동시에 남아있는 표현도 확인 가능한 문헌의 시기가 가장 앞서는 경우를 선택하였다. ③글귀가 변형된 경우는 '변용'으로 구분하였다.
5. 개별 표현의 전거는 다음 경우를 모두 포괄한다. ①기본적으로는 숙종이 직접 인용한 문헌을 지칭한다. ②그럼에도 국왕의 구술을 받아쓰는 경우가 많았으므로 한림翰林·주서注書가 지니고 있는 고전 소양을 반영하는 경우도 있다. ③이미 한문 문학이 조선에 융화되어 일상어로 편입되어 실제 문헌을 지칭하지 않는 경우도 있다.
6. 편집 기호는 다음과 같다. ①〈 〉: 보충역, [ ]: 보충 설명. ②원문 밑줄: 타판본과 다른 표현. ( ): 추가, [ ]: 교체. ③번역문 및 원문에서 본문 전거 및 각주는 직접화법(" "), 전거 범위(' '), 의문사(?), 감탄사(!), 약어는 다음과 같다. 승:『승정원일기』, 실:『영조실록』, 비:『비변사등록』. ④서로 다른 날짜 표기법은 실록에 맞추어 통일하였다.

서 문

  2000년대 초 규장각奎章閣에서 해제를 시작하면서 국왕의 어제御製를 처음 접했고 영조시대를 공부하면서 윤음綸音 문서도 발굴하여 자료를 정리하기도 했다. 18세기사에서는 이미 상식이 되어버렸지만 영조와 정조의 업적은 대체로 숙종이 기틀을 닦은 데에서부터 시작되는 경우가 대부분이다. 영조가 직접 글을 지어서 신료와 백성을 대했던 것은 부왕을 보고 자랐기 때문이다. 숙종은 정치에 관심이 많았고 자신의 의견을 직접 표현하는 데 주저하지 않았다. 물론 숙종 역시 영조처럼 즉석에서 한림翰林이나 주서注書가 받아쓰는 경우도 적지 않았다. 영조와 정조의 즉흥연설은 바로 숙종의 전통을 잇고 있었다.

  이번에는 영조 윤음의 효시라고 할 수 있는 숙종의 비망기備忘記 자료를 발굴해보았다. 『숙종실록』, 『승정원일기』, 『비변사등록』 등을 대조하니 약 3200여 편의 숙종 비망기를 찾을 수 있었다. 윤음이 대부분 반포를 위한 목적인 반면에, 비망기는 본래 기능인 간단한 명령 하달에서 대외반포하는 교서敎書까지 그 내용이 다채로웠다. 그러나 내용이 방대하고 간단한 인사발령도 적지 않기 때문에 모두 소개하기는 어려웠다. 그래서 200편으로 한정하였다.

  이 책에서는 다음 두 가지에 방점을 두었다. 첫째, 일반인들이 읽을 만한 대표적인 숙종 비망기를 선별해보는 작업에 목표를 두었다. 일정

한 분량이 되는 경우나 정치사적으로 의미가 있는 경우를 간추렸다. 번역문은 최대한 쉬운 말로 풀이하고자 노력하였고, 꾸미는 표현도 가급적 풀이하였으며, 지칭 대상도 비교적 명확히 적시하고자 노력하였다.

둘째, 역사학이나 한문학 등 관련 분야의 전공 수업에서 사료 강독에 활용할 수 있도록 원문을 교감하는 데도 약간의 공을 기울였다. 이 과정에서 학생들이 난해하다고 여기는 전거典據들을 기입하였고, 특히 역문과 원문의 문단 구분, 기호 형식, 각주 등도 일치시켜서 대조가 용이하도록 하였다. 다만 제시한 전거가 모두 숙종이 해당 문헌을 직접 인용했음을 의미하지는 않는다. 어떤 경우는 왕이 직접 읽은 것이지만, 어떤 경우는 구전으로 받아쓴 한림이나 주서의 배경 지식이 활용된 것이며, 어떤 경우는 수천 년간 이미 전통문화로 정착된 것이다.

원고 자체는 오래전에 완성된 상태였으나 거의 1년 넘게 번역 형식을 여러 차례 바꾸고, 원문과 역문을 대조하고 전거를 추가하는 데 상당한 시간을 들였다. 나름대로는 최선을 다했으나 여전히 번역이나 전거는 미진한 부분이 많을 것이다. 이러한 부분은 강호제현江湖諸賢의 질정質正을 기다린다.

2021년 3월
영암관에서
김 백 철

목차

일러두기 · 5

서 문 · 7

제1부 애민의 군주 · 25

제1장 천변재이天變災異 · 27

001 평안도 · 황해도 흉년을 염려하다 ··· 27
002 인재를 구하라 ·· 28
003 경기 · 평안도 · 황해도 · 강원도 · 함경도를 진휼하다 ················· 29
004 직언을 구하라 ·· 30
005 기우제를 거행하라 ··· 32
006 가뭄과 지진에 대처하라 ··· 33
007 음악을 정지하라 ·· 35
008 진연을 미루다 ·· 36
009 인재를 추천하라 ·· 37
010 목민관 인사가 중요하다 ··· 38
011 세금을 탕감하라 ·· 39
012 스스로를 책망하는 기우제를 지내다 ································ 41
013 구언에 답하라 ·· 41
014 잇달은 재변을 경계하다 ··· 42
015 재변으로 사면하다 ··· 43
016 하늘을 두려워하라 ··· 44
017 난국을 구제하라 ·· 45
018 과인이 덕이 없는 탓이다 ··· 47
019 충청도 · 경상도 · 전라도의 진휼곡 회수를 연기하라 ·········· 49
020 희생을 대신하여 기우제를 올리다 ··································· 50
021 경기 · 충청도 · 황해도를 구휼하다 ··································· 51

022 나라의 계획과 백성의 근심을 어찌하겠는가? ·············53
023 군주이자 스승의 책임 ·············56
024 풍년을 빌다 ·············61
025 전란보다 기근이 두렵다 ·············62
026 정사에 경고를 보내다 ·············65
027 굶어죽은 백성을 마음 속에 묻다 ·············68
028 흰 무지개가 해를 꿰뚫다 ·············70
029 진휼과 농사를 최우선으로 하라 ·············72
030 비와 이슬의 은혜는 마른 잎도 고르게 적신다 ·············77
031 물에 젖고 불에 타는 듯하다 ·············78
032 감선을 명하다 ·············81
033 대지를 붉게 태우다 ·············84
034 도를 잃으면 이변이 생긴다 ·············86
035 다섯 번을 빌어도 응답하지 않다 ·············87
036 조정의 화합으로 재이를 막도록 하라 ·············88
037 온갖 재해가 팔도를 뒤덮다 ·············90
038 굶어죽는 사람이 없게 하라 ·············92
039 강원도·함경도·평안도·황해도의 재해대책을 강구하라 ·······94
040 경기·충청도·전라·경상도·황해도 관찰사에게 당부하다 ····95
041 누구와 더불어 임금노릇 하겠는가? ·············97

제2장 백성 · 102

042 영양현을 복구하다 ·············102
043 정금의 난에 대비하라 ·············102
044 돈대 공사에 동원된 백성을 진휼하라 ·············103
045 토지를 조사하여 세금을 바로잡다 ·············104
046 경기 백성의 부담을 덜어주다 ·············104
047 새해 농사를 준비하라 ·············105
048 양인의 역을 변통하라 ·············106
049 진휼·권농·변통이 모두 필요하다 ·············108

050 군제를 바로잡다 ·················110
051 상을 당하면 보방하라 ·················111

제3장 역사 · 112

052 관우의 사당을 보수하라 ·················112
053 관우의 사당을 지키도록 하라 ·················112
054 고사를 병풍으로 만들다 ·················113
055 요 임금·순 임금보다 나은 세상을 만들라 ·················115
056 사육신의 관작을 복구하라 ·················117
057 검소한 덕을 밝히다 ·················118
058 악비를 제갈량의 사당에 합향하다 ·················119
059 제후가 천자를 제사지내다 ·················120
060 대보단을 건립하다 ·················121
061 기둥을 대신하는 첩을 만들다 ·················123
062 왕호를 미루어 회복하다 ·················123

제2부 전율의 군주 · 127

제4장 탕평 · 129

063 대간에게 당론을 경고하다 ·················129
064 잇달은 재변으로 당론을 경계하다 ·················129
065 붕당을 비판하다 ·················134
066 당론이 날로 심해지다 ·················137
067 나라의 계획과 백성의 근심에 뜻을 두어라 ·················139
068 무리를 이루는 습성이 고질병이 되다 ·················142

제5장 기강 · 145

069 차비내관을 파직하다 ·················145
070 사헌부의 대신 탄핵을 억제하다 ·················145
071 인명을 살상한 관리를 엄격히 처벌하다 ·················146

072 대간의 탄핵 오류를 지적하다 ·················146
073 변명하는 대간을 질책하다 ···················147
074 내관을 유배보내다 ·························147
075 전·현직 함경도 관찰사를 처벌하다 ···········148
076 퇴폐한 풍조를 떨쳐내라 ····················148
077 근무 시간을 준수하라 ·····················151
078 모화관에서 열무하다 ······················152
079 대간과 어사의 다른 보고를 처벌하다 ·········153
080 유언비어가 피난을 부른다 ··················153
081 무신을 능멸하지 말라 ·····················154
082 세자책봉을 받지 못한 주청사를 처벌하다 ·····155
083 군율을 준수하라 ·························156
084 보고를 하지 않은 참봉을 처벌하다 ···········156
085 장형으로 백성을 죽인 유신일을 징계하다 ·····157
086 이만상과 홍우서를 파직하다 ················158
087 남의 아내를 겁탈한 자는 관직에 둘 수 없다 ···158
088 백성을 죽인 이희태를 하옥하다 ··············158
089 성균관 유생의 교육을 당부하다 ··············159
090 사적으로 청탁한 정호를 처벌하다 ············160
091 기행을 일삼은 이이명을 파직하다 ············161
092 국청에서 단독으로 처리한 민진후를 파직하다 ···162
093 국문을 일찍 재개하지 않음을 질책하다 ········163
094 김일경의 행태를 지적하다 ··················163
095 형벌을 남용하여 사람을 죽이지 말라 ·········163
096 내의원 제조 3인의 관작을 삭탈하다 ··········164
097 내의원을 책망하다 ························165
098 자문을 분실한 동지사를 처벌하다 ············165

제6장 인사 · 167

099 평안도 수령과 변장을 가려 뽑도록 하다 ······167

100 시무상소를 평가하다 …………………………… 167
101 어사와 병사의 인사고과 차이를 지적하다 ………… 168
102 충익부의 병조 이속을 금하다 ………………… 169
103 임금의 인사권에 도전하지 말라 ………………… 169
104 청남과 탁남의 대립 …………………………… 170
105 인사 원칙을 준수하라 ………………………… 170
106 춘천방어사를 무관으로 고정시키다 ……………… 171
107 이조 전랑의 권한을 회수하다 ………………… 171
108 오직 재주에 따라 등용할 뿐이다 ………………… 172
109 성균관에서 인재를 뽑다 ………………………… 173

제7장 왕실 · 176

110 숙안공주를 감싸고 돌다 ………………………… 176
111 장렬왕후의 회갑에 휘호를 올리도록 명하다 ………… 177
112 새 가마를 잘못 만든 이들을 처벌하다 ……………… 177
113 종친을 중용하다 ……………………………… 178
114 동평군을 보호하라 …………………………… 179
115 종친 간 음해 사건을 처벌하다 ………………… 180
116 종신을 편전에 불러 술을 내리다 ………………… 180
117 상궁 박씨를 숙원에 봉하다 ……………………… 180
118 전라도 유생이 효종의 존호를 청하다 ……………… 181

제8장 갑인환국 · 182

119 장렬왕후의 복제를 정하다 ……………………… 182
120 심수량을 처벌하다 …………………………… 182
121 이세화가 파란을 일으키다 ……………………… 183
122 영릉을 찾아가다 ……………………………… 183
123 송시열·송준길을 구호하는 이들을 처벌하다 ………… 184

제9장 경신환국 · 185

124 무장을 교체하다 ···185
125 복선군을 교형에 처하다 ·····································186
126 내관을 처벌하다 ···186
127 내관의 죄상을 밝히다 ···186
128 조정의 관원을 교체하다 ·····································187
129 갑인예송의 재론을 경고하다 ·····························187
130 과거 응시 자격을 회복시키다 ···························188
131 공신을 책봉하다 ···188
132 송시열의 유배지를 옮기다 ·································190
133 이사명을 발탁하다 ···191
134 윤휴를 옹호한 관료를 처벌하다 ·······················191
135 이이의 문묘종향을 고수하다 ····························192
136 송시열과 대립했던 인사들을 처벌하다 ···········192
137 송시열을 위로하다 ···193

제10장 기사환국 · 195

138 세자책봉으로 환국을 꾀하다 ····························195
139 송시열과 갈라서다 ···196
140 송시열을 맹비난하다 ···197
141 홍치상을 처벌하다 ···198
142 홍치상과 박태손을 처벌하다 ····························199
143 윤휴를 신원하다 ···200
144 이이 · 성혼의 문묘종사를 철회하다 ················201
145 이사명의 죄상을 적시하다 ·································202
146 영빈을 처벌하다 ···202
147 인현왕후 폐위에 반대하는 사람들 ···················203
148 인현왕후를 비호하는 이들을 처벌하다 ··········204
149 인현왕후의 죄상을 적시하다 ····························205
150 인현왕후는 후사가 없음을 지적하다 ···············207
151 인현왕후 폐출을 정당화하다 ····························208

152 인현왕후 폐출 반대에 역률로 대응하다 ·················210
153 인현왕후의 처우 개선도 금지하다 ····················211
154 정시한이 인현왕후를 언급하여 처벌받다 ············211
155 경신환국 이후 무함한 죄인은 용서하지 않겠다 ·····213
156 이이·성혼 문묘 출향 ···································213

제11장 갑술환국 · 216

157 홍치상의 관작을 회복하다 ·····························216
158 인현왕후를 별궁으로 옮기다 ··························216
159 인현왕후를 복위시키다 ································217
160 환국의 조짐이 나타나다 ································218
161 폐비복위 운동의 조사를 중단시키다 ················219
162 한밤중에 조정 관원을 교체하다 ·····················220
163 옥사의 정당성을 부정하다 ····························221
164 국왕의 반성문 ···222
165 왕후에서 희빈으로 강등하다 ·························224
166 궁녀 정숙을 처형하다 ··································225
167 과도한 공세를 억제하다 ································225
168 희빈 처분의 확대 요구를 논파하다 ·················226
169 희빈 조사를 요구한 박상경을 유배하다 ············230
170 박상경을 비호한 박권을 교체하다 ···················230
171 정사신이 권대운·목내선을 두둔하다 ··············231
172 이이를 다시 옹호하다 ··································231
173 원론적인 탕평을 논하다 ································232
174 정시윤의 관작을 삭탈하다 ····························233
175 장희재를 처형하다 ······································235
176 궁녀 영숙을 처형하다 ··································235
177 희빈에게 자진을 명하다 ································236
178 희빈의 죄상을 적시하다 ································236
179 소론에게 경고하다 ······································237

180 채명윤의 관작을 삭탈하다 ·················239

제12장 노소분기老少分岐 · 240
  181 이이를 옹호한 것인가? 윤증을 비난한 것인가? ·········240
  182 윤증을 옹호하는 최석정을 처벌하다 ··············240
  183 송시열을 다시 위로하다 ···················241
  184 윤증이 죄를 얻고서 불화가 생겼다 ··············243
  185 송시열을 또다시 위로하다 ··················243
  186 저쪽은 억제하고 이쪽은 부양하다 ···············244
  187 조사석의 사직을 만류하다 ··················245
  188 이선을 교체하다 ······················247
  189 박세채와 송시열을 함께 부르도록 하라 ············247
  190 희빈 사건이 노소분기를 재촉하다 ···············248
  191 김진규를 파직하다 ·····················248
  192 송시열을 조광조와 합사하다 ·················249
  193 도봉서원의 송시열 합향반대에 처벌로 답하다 ········250
  194 중신을 보호하다 ······················251
  195 성균관 유생들이 강경 처벌 주장하다 ·············251
  196 이여를 위로하다 ······················252
  197 『예기유편』이 정치 사건으로 비화되다 ············253
  198 이여를 다시 위로하다 ····················253
  199 『가례원류』 사건으로 임금이 스승이 되다 ··········254
  200 대리청정을 명하다 ·····················255

原 文 · 257

제1장 천변재이 · 259
  001 평안도 · 황해도 흉년을 염려하다 ···············259
  002 인재를 구하라 ·······················259
  003 경기 · 평안도 · 황해도 · 강원도 · 함경도를 진휼하다 ·······261

004 직언을 구하라 ··261
005 기우제를 거행하라 ··262
006 가뭄과 지진에 대처하라 ···································263
007 음악을 정지하라 ··264
008 진연을 미루다 ···265
009 인재를 추천하라 ··266
010 목민관 인사가 중요하다 ··································266
011 세금을 탕감하라 ··267
012 스스로를 책망하는 기우제를 지내다 ··················268
013 구언에 답하라 ···268
014 잇달은 재변을 경계하다 ··································269
015 재변으로 사면하다 ···270
016 하늘을 두려워하라 ···270
017 난국을 구제하라 ··271
018 과인이 덕이 없는 탓이다 ································272
019 충청도·경상도·전라도의 진휼곡 회수를 연기하라 ···············274
020 희생을 대신하여 기우제를 올리다 ····················274
021 경기·충청도·황해도를 구휼하다 ·······················275
022 나라의 계획과 백성의 근심을 어찌하겠는가? ·······276
023 군주이자 스승의 책임 ····································278
024 풍년을 빌다 ··280
025 전란보다 기근이 두렵다 ·································281
026 정사에 경고를 보내다 ····································283
027 굶어 죽은 백성을 마음속에 묻다 ······················284
028 흰 무지개가 해를 꿰뚫다 ································286
029 진휼과 농사를 최우선으로 하라 ·······················287
030 비와 이슬의 은혜는 마른 잎도 고르게 적신다 ·····290
031 물에 젖고 불에 타는 듯하다 ···························290
032 감선을 명하다 ···292
033 대지를 붉게 태우다 ·······································293

034 도를 잃으면 이변이 생긴다 ·················295
035 다섯 번을 빌어도 응답하지 않다 ···············296
036 조정의 화합으로 재이를 막도록 하라 ············296
037 온갖 재해가 팔도를 뒤덮다 ··················297
038 굶어 죽는 사람이 없게 하라 ·················298
039 강원도·함경도·평안도·황해도의 재해대책을 강구하라 ······299
040 경기·충청도·전라·경상도·황해도 관찰사에게 당부하다 ··300
041 누구와 더불어 임금 노릇 하겠는가? ·············301

제2장 백성·304

042 영양현을 복구하다 ·······················304
043 정금의 난에 대비하라 ·····················304
044 돈대 공사에 동원된 백성을 진휼하라 ············305
045 토지를 조사하여 세금을 바로잡다 ··············305
046 경기 백성의 부담을 덜어주다 ················305
047 새해 농사를 준비하라 ·····················306
048 양역을 변통하라 ·······················306
049 진휼·권농·변통이 모두 필요하다 ··············307
050 군제를 바로잡다 ·······················309
051 상을 당하면 보방하라 ·····················309

제3장 역사·311

052 관우의 사당을 보수하라 ···················311
053 관우의 사당을 지키도록 하라 ················311
054 고사를 병풍으로 만들다 ···················312
055 요 임금·순 임금보다 나은 세상을 만들라 ··········313
056 사육신의 관작을 복구하라 ··················314
057 검소한 덕을 밝히다 ······················314
058 악비를 제갈량의 사당에 합향하다 ··············315
059 제후가 천자를 제사지내다 ··················315

060 대보단을 건립하다 ··316
061 기둥을 대신하는 첩을 만들다 ·································317
062 왕호를 미루어 회복하다 ··317

제4장 탕평 · 319
063 대간에게 당론을 경고하다 ······································319
064 잇달은 재변으로 당론을 경계하다 ·······················319
065 붕당을 비판하다 ··322
066 당론이 날로 심해지다 ··324
067 나라의 계획과 백성의 근심에 뜻을 두어라 ·······325
068 무리를 이루는 습성이 고질병이 되다 ·················326

제5장 기강 · 328
069 차비내관을 파직하다 ··328
070 사헌부의 대신 탄핵을 억제하다 ···························328
071 인명을 살상한 관리를 엄격히 처벌하다 ·············328
072 대간의 탄핵 오류를 지적하다 ·······························329
073 변명하는 대간을 질책하다 ····································329
074 내관을 유배보내다 ··329
075 전·현직 함경도 관찰사를 처벌하다 ···················330
076 퇴폐한 풍조를 떨쳐내라 ··330
077 근무 시간을 준수하라 ··332
078 모화관에서 열무하다 ··332
079 대간과 어사의 다른 보고를 처벌하다 ·················333
080 유언비어가 피난을 부른다 ····································333
081 무신을 능멸하지 말라 ··333
082 세자책봉을 받지 못한 주청사를 처벌하다 ·········334
083 군율을 준수하라 ··334
084 보고를 하지 않은 참봉을 처벌하다 ·····················335
085 장형으로 백성을 죽인 유신일을 징계하다 ·········335

086 이만상과 홍우서를 파직하다 ·················335
087 남의 아내를 겁탈한 자는 관직에 둘 수 없다 ·················336
088 백성을 죽인 이희태를 하옥하다 ·················336
089 성균관 유생의 교육을 당부하다 ·················336
090 사적으로 청탁한 정호를 처벌하다 ·················337
091 기행을 일삼은 이이명을 파직하다 ·················337
092 국청에서 단독으로 처리한 민진후를 파직하다 ·················338
093 국문을 일찍 재개하지 않음을 질책하다 ·················338
094 김일경의 행태를 지적하다 ·················339
095 형벌을 남용하여 사람을 죽이지 말라 ·················339
096 내의원 제조 3인의 관작을 삭탈하다 ·················339
097 내의원을 책망하다 ·················340
098 자문을 분실한 동지사를 처벌하다 ·················340

제6장 인사 · 341
099 평안도 수령과 변장을 가려 뽑도록 하다 ·················341
100 시무상소를 평가하다 ·················341
101 어사와 병사의 인사고과 차이를 지적하다 ·················342
102 충익부의 병조 이속을 금하다 ·················342
103 임금의 인사권에 도전하지 말라 ·················342
104 청남과 탁남의 대립 ·················343
105 인사 원칙을 준수하라 ·················343
106 춘천방어사를 무관으로 고정시키다 ·················343
107 이조 전랑의 권한을 회수하다 ·················344
108 오직 재주에 따라 등용할 뿐이다 ·················344
109 성균관에서 인재를 뽑다 ·················345

제7장 왕실 · 347
110 숙안공주를 감싸고 돌다 ·················347
111 장렬왕후의 회갑에 휘호를 올리도록 명하다 ·················347

112 새 가마를 잘못 만든 이들을 처벌하다 ···348
113 종친을 중용하다 ···348
114 동평군을 보호하라 ···349
115 종친 간 음해 사건을 처벌하다 ···349
116 종신을 편전에 불러 술을 내리다 ···349
117 상궁 박씨를 숙원에 봉하다 ···350
118 전라도 유생이 효종의 존호를 청하다 ···350

제8장 갑인환국 · 351

119 장렬왕후의 복제를 정하다 ···351
120 심수량을 처벌하다 ···351
121 이세화가 파란을 일으키다 ···352
122 영릉을 찾아가다 ···352
123 송시열·송준길을 구호하는 이들을 처벌하다 ···352

제9장 경신환국 · 354

124 무장을 교체하다 ···354
125 복선군을 교형에 처하다 ···354
126 내관을 처벌하다 ···355
127 내관의 죄상을 밝히다 ···355
128 조정 관원을 교체하다 ···355
129 갑인예송의 재론을 경고하다 ···355
130 과거 응시 자격을 회복시키다 ···356
131 공신을 책봉하다 ···356
132 송시열의 유배지를 옮기다 ···357
133 이사명을 발탁하다 ··· 357
134 윤휴를 옹호한 관료를 처벌하다 ···358
135 이이의 문묘종향을 고수하다 ···358
136 송시열과 대립했던 인사들을 처벌하다 ···358
137 송시열을 위로하다 ···359

제10장 기사환국 · 360

138 세자책봉으로 환국을 꾀하다 ·············· 360
139 송시열과 갈라서다 ·············· 361
140 송시열을 맹비난하다 ·············· 361
141 홍치상을 처벌하다 ·············· 362
142 홍치상과 박태손을 처벌하다 ·············· 362
143 윤휴를 신원하다 ·············· 363
144 이이 · 성혼의 문묘종사를 철회하다 ·············· 364
145 이사명의 죄상을 적시하다 ·············· 364
146 영빈을 처벌하다 ·············· 364
147 인현왕후 폐위에 반대하는 사람들 ·············· 365
148 인현왕후를 비호하는 이들을 처벌하다 ·············· 365
149 인현왕후의 죄상을 적시하다 ·············· 366
150 인현왕후는 후사가 없음을 지적하다 ·············· 367
151 인현왕후 폐출을 정당화하다 ·············· 368
152 인현왕후 폐출 반대에 역률로 대응하다 ·············· 369
153 인현왕후의 처우 개선도 금지하다 ·············· 369
154 정시한이 인현왕후를 언급하여 처벌 받다 ·············· 369
155 경신환국 이후 무함한 죄인은 용서하지 않겠다 ·············· 370
156 이이 · 성혼 문묘 출향 ·············· 371

제11장 갑술환국 · 372

157 홍치상의 관작을 회복하다 ·············· 372
158 인현왕후를 별궁으로 옮기다 ·············· 372
159 인현왕후를 복위시키다 ·············· 373
160 환국의 조짐이 나타나다 ·············· 373
161 폐비 복위 운동의 조사를 중단시키다 ·············· 374
162 한밤중에 조정 관원을 교체하다 ·············· 374
163 옥사의 정당성을 부정하다 ·············· 375
164 국왕의 반성문 ·············· 375

165 왕후에서 희빈으로 강등하다 ·····377
166 궁녀 정숙을 처형하다 ·····377
167 과도한 공세를 억제하다 ·····377
168 희빈 처분의 확대 요구를 논파하다 ·····378
169 희빈 조사를 요구한 박상경을 유배하다 ·····380
170 박상경을 비호한 박권을 교체하다 ·····380
171 정사신이 권대운·목내선을 두둔하다 ·····380
172 이이를 다시 옹호하다 ·····381
173 원론적인 탕평을 논하다 ·····381
174 정시윤의 관작을 삭탈하다 ·····382
175 장희재를 처형하다 ·····383
176 궁녀 영숙을 처형하다 ·····383
177 희빈에게 자진을 명하다 ·····383
178 희빈의 죄상을 적시하다 ·····384
179 소론에게 경고하다 ·····384
180 채명윤의 관작을 삭탈하다 ·····385

제12장 노소분기 老少分岐 · 386

181 이이를 옹호한 것인가? 윤증을 비난한 것인가? ·····386
182 윤증을 옹호하는 최석정을 처벌하다 ·····386
183 송시열을 다시 위로하다 ·····387
184 윤증이 죄를 얻고서 불화가 생겼다 ·····387
185 송시열을 또다시 위로하다 ·····388
186 저쪽은 억제하고 이쪽은 부양하다 ·····388
187 조사석의 사직을 만류하다 ·····389
188 이선을 교체하다 ·····390
189 박세채와 송시열을 함께 부르도록 하라 ·····390
190 희빈 사건이 노소 분기를 재촉하다 ·····390
191 김진규를 파직하다 ·····391
192 송시열을 조광조와 합사하다 ·····391

193 도봉서원의 송시열 합향 반대에 처벌로 답하다 ·················391
194 중신을 보호하다 ·················392
195 성균관 유생들이 강경 처벌 주장하다 ·················392
196 이여를 위로하다 ·················393
197 『예기유편』이 정치 사건으로 비화되다 ·················393
198 이여를 다시 위로하다 ·················394
199 『가례원류』 사건으로 임금이 스승이 되다 ·················394
200 대리청정을 명하다 ·················394

찾아보기 · 396

제1부
애민의 군주

제1장 천변재이 天變災異

001 평안도·황해도 흉년을 염려하다

'내[孤]'1)가 어린 나이로 갑자기 선왕[현종顯宗]께서 돌아가시는 슬픔을 만나서 낮부터 밤까지 통곡할 뿐이었다. '임금은 백성을 하늘로 삼고, 백성은 먹는 것을 하늘로 삼는다.'2) 팔도는 흉년이 들어 '천명도 거의 다한 듯하다.'3) 백성이 기근과 추위로 고통스러워하며, 스스로 목매어 죽는 지경에 이르렀다. '내[孤]'는 더욱이 두려움에 놀랍고 두려움에 근심스러움을 이길 수 없어서 '먹고 쉬는 것'4)이 편안하지 않다.

앞으로 각도 관찰사와 병마절도사로 하여금 '나'5)의 지극한 뜻을 본받아, 우리 '갓난아이'6)가 〈죽어서〉 '구덩이를 메우는'7) 근심을 면할 수 있도록 하는 것이 '내[孤]'의 지극한 바람이다. 이 뜻을 승지承旨는 〈나를〉 대신하여 〈교서敎書를〉 기초하여 곧바로 분부하도록 하라.

『肅宗實錄』肅宗 卽位年 10月 壬寅(12日) 실 승

---

1) 『史記』, 「秦本紀」, '繆公,' 32年.
2) (唐)司馬貞, 『史記索隱』, 「酈生陸賈列傳」, 管仲 표현 변용.
3) 『詩經』, 「大雅」, '雲漢.'
4) 『莊子』, 「內篇」, '應帝王.'
5) 『書經』, 「虞書」, '堯典.'
6) 『書經』, 「周書」, '康誥.'
7) 『孟子』, 「梁惠王下」 변용.

002 인재를 구하라

'내[孤]'8)가 어린 나이로 비할 데 없이 힘들고 어려운 사업을 '이어서 받들었는데,'9) 천재天災・지변地變이 거듭 나타나고 해를 꿰뚫는 이변이 또한 연초에 나타났다. 이것은 '내[孤]'가 '덕이 없기'10) 때문에 위로는 하늘의 뜻에 닿을 수 없었고 아래로는 백성의 바람을 얻을 수 없었기에 여기에 이른 것이다. '내[孤]'가 진실로 낮부터 밤까지 근심하고 두려워하며 식사 자리에서는 흐느껴서 목이 메이고 잠자리에서는 잠을 잘 수 없으니 무슨 말을 해야 할지 모르겠다.

〈수정전〉

『시경詩經』에는 "까마귀 날아 앉는 걸 보아라, 누구의 지붕에 가서 앉을까"11)라고 했는데, 오늘날 나라의 형세가 바로 이와 같다. '마음을 가다듬고 반성하는'12) 도리에 힘쓰지 않을 수 있겠는가?

승지는 '나'13)를 대신하여 교서를 기초하고 직언直言을 하며 행동이 바른 선비를 널리 구하여 '내[小子]'14)가 미치지 못하는 것을 보완하게 하라. 또한 '조정朝廷'15)에서 서로 '공경하고 화합하지'16) 않고서 서로 공격하고 배척하는 것이 오늘날보다 심한 적이 없었으니, 여러 신하들

---

8) 『史記』, 「秦本紀」, '繆公,' 32年.
9) 『書經』, 「商書」, '太甲上'；『書經』, 「周書」, '君牙.'
10) 『書經』, 「虞書」, '堯典.'
11) 『詩經』, 「小雅」, '正月.'
12) 『周易』, 「震」, '象傳.'
13) 『書經』, 「虞書」, '堯典.'
14) 『書經』, 「商書」, '湯誓.'
15) 『春秋左氏傳』, 「昭公」, 11年.
16) 『書經』, 「虞書」, '皐陶謨.'

을 힘쓰도록 꾸짖지 않을 수 없다. 이러한 한 가지를 교서를 기초하는 데에 추가하여 별도로 신칙하라.

〈수정후〉

매우 두려워하고 '마음을 가다듬고 반성하는' 도리는 '내'가 마땅히 스스로 힘써야 하는 것이다. 그러나 '조정'에서 서로 '공경하고 화합하지' 않고 서로 공격하고 배척하는 것이 오늘날보다 심한 적이 없었다. 마음을 같이 하고 힘을 다하여 지금의 어려움을 함께 구제하기를 여러 신하들에게 깊이 기대하고 있다. 직언과 훌륭한 계책이 혹은 초야에 묻혀 있을까 염려되고, 행동이 바르고 재주가 뛰어난 사람이 조정에 등용되지 못할까 두렵다.

아! 너희 의정부는 '나'의 지극한 뜻을 본받아 중앙과 외방에 알려서 직언을 구하는 길을 넓히고 선비를 뽑는 방도를 넓혀서 '내[小子]'가 미치지 못하는 것을 바로잡고 다스리는 방법에 흠결이 있는 것을 보완하게 하라.

『肅宗實錄』 肅宗 元年 正月 己巳(10日) 실

003 경기 · 평안도 · 황해도 · 강원도 · 함경도를 진휼하다

'내'17)가 백성을 위하고자 하는 한결같은 생각은 깨어 있을 때나 잠잘 때에도 느슨해지지 않는다. 한 끼 밥을 먹어도 곡식 낟알마다 〈농부의〉 고생을 생각하고, 한 가지 옷을 입어도 실을 뽑는 데 들어간 공로를 생각하니, 비록 그치려고 해도 그치지 못한다.

17) 『書經』, 「虞書」, '堯典.'

아! 아껴야 하는 것은 임금이 아니겠는가? 두려워해야 하는 것은 백성이 아니겠는가? 현재 '임금의 근심이 신하의 치욕이 되는'18) 때에 12월[三冬] 〈가을철〉 안개비가 내리는 재변災變이 더하니, '내' 마음이 깊이 근심스럽다. '역사기록'19)을 두루 살펴보건대, 하늘이 노여움과 백성의 곤궁함은 오로지 임금의 덕德에 달려 있으니, '과인'20)의 '덕이 얕더라도'21) 어찌 사양할 수 있겠는가?

진휼하는 계책은 팔도가 모두 같지만, 가장 급한 곳은 경기·평안도·황해도·강원도 서부·함경도 북부이다. '관찰사'22)는 '왕명을 두루 알리는'23) 책임을 맡고 있다. 간절한 하교를 받들고 좇아서 진휼하는 사업에 '뜻을 두도록'24) 각 도 관찰사에게 하유下諭하라.

『肅宗實錄』肅宗 元年 12月 甲子(11日) 실 승*(13日)

004 직언을 구하라

아! 올해 한발의 참혹함은 과거에도 없던 재변이다. '봄 농사·여름 농사·가을 농사'25)의 때가 이미 지났으나 '비가 올 조짐은 더욱 아득하고' 매서운 더위는 불사르는 듯하다. 가엾은 우리 '백성[生靈]'26)이

---

18) 『史記』,「平準書」.
19) (南朝宋)顏延之,「赭白馬賦」.
20) 『高麗史』,「忠惠王世家」, 後3年 6月 ;『太祖實錄』, '(總序).'
21) 『春秋左氏傳』,「莊公」, 32年.
22) 『禮記』,「王制」.
23) 『漢書』,「匡衡傳」.
24) 『楚辭』,「九辯」.
25) 『北史』,「薛辯傳」.
26) 『晉書』,「苻丕載記」.

모두 장차 〈죽어서〉 '구덩이를 메꿀 것'27)이다.

'생각'28)이 여기에 미치니, '나도 모르게'29) 오장五臟이 불타고 있다. 가만히 그 허물을 생각하니 진실로 과인寡人이 '덕이 없기'30) 때문이다. 이렇게 한발의 혹독함이 일어났으니 '차라리 갑자기 죽어서'31) 〈아무것도〉 들리지 않았으면 한다.

'①〈정령을〉 시행하는 사이에 크게 하늘의 마음에 맞지 않아 그러한 것인가?

②인사를 담당하는 아문[이조·병조]에서 사람을 쓰는 것이 고르지 못하여 그러한 것인가?

③궁궐이 사치하고 아름다워서 그러한 것인가?

④언로言路가 막혀서 그러한 것인가?

⑤'목민관'32)이 구휼하지 않아서 그러한 것인가?

⑥뇌물이 함부로 행해지고 선물을 해서 그러한 것인가?'33)

'아침부터 저녁까지'34) 근심하고 두려워해도 그 이유에 도달하지 못한다. 아! 조정과 재야 사이에서 '서로 공경하고 화합하는'35) 의리는 아직 듣지 못했다. 오직 이미 정해진 예론禮論을 가지고 현란眩亂하게 소요를 일으키는 것을 '내'36)가 매우 미워한다.

---

27) 『孟子』, 「梁惠王下」 변용.
28) 『詩經』, 「秦風」, '小戎.'
29) (漢)張衡, 「東京賦」(『文選』).
30) 『書經』, 「虞書」, '堯典.'
31) 『光海君日記』, 光海君 9年 12月 壬辰(1日)[中草].
32) 『書經』, 「周書」, '康誥' 및 『孟子』, 「公孫丑下」 변용.
33) 『書經』, 「周書」, '武成' 변용.
34) 『詩經』, 「大雅」, '抑' 변용.
35) 『書經』, 「虞書」, '皐陶謨.'
36) 『書經』, 「虞書」, '堯典.'

아! 너희 높고 낮은 관직의 신료들은 '나'의 '애타는'[37] 근심을 본받아 각기 과인의 부족한 점을 말하고 '백성[生民]'[38]의 어려움을 모두 남김없이 말하도록 하라. 승지는 '나'를 대신하여 교서를 기초하고 널리 직언을 구하라.

『肅宗實錄』肅宗 4年 6月 壬午(13日) 실 승

005 기우제를 거행하라

아! 오랫동안 가뭄을 겪은 후에 다행히 지난달 비가 내려 앞으로 농사를 회복할 희망이 생겼다. 이번 달 이후 비가 올 조짐은 아득하고 매서운 더위가 매우 심하다. 이는 바로 농사에서 이른바 "김을 맨 뒤에 가뭄이 든다"는 것이다. 모든 곡식이 말라가서 '가을걷이'[39]의 바람이 끊어지고 백성의 일은 절박하니 실로 여름 가뭄보다 더 심하다. 하루가 지나고 이틀이 지나도록 만약 비가 내리지 않는다면 가엾은 우리 '백성[民生]'[40]은 모두 장차 〈죽어서〉 '구덩이를 메꿀 것'[41]이다. 절기의 차례가 비록 늦었더라도 기도[祈禱]하는 일이 없을 수 없으니 해당아문[예조]으로 하여금 날을 고르지 말고 곧바로 거행하게 하라.

『肅宗實錄』肅宗 4年 7月 辛酉(23日) 실 승

---

37) (宋)江休复,『江邻機雜志』.
38) 『書經』,「周書」,'旅獒'; 『詩經』,「大雅」,'生民.'
39) 『書經』,「虞書」,'堯典.'
40) 『書經』,「周書」,'旅獒' 변용 ; 『詩經』,「大雅」,'生民' 변용.
41) 『孟子』,「梁惠王下」 변용.

006 가뭄과 지진에 대처하라

'보잘것없는 내'[42]가 이처럼 나라의 형세가 몹시 어려운 때를 만나서 '부탁받은'[43] 비할 데 없이 큰 사업을 '외람되게 이어받았다.'[44] 자애로운 은택을 '열악한 백성'[45]에게 미치지 못하여서 재이災異의 발생이 여러 차례 나타났다. 낮부터 밤까지 염려하고 '썩은 줄로 〈여섯〉 말을 모는 것처럼 두렵다.'[46]

이번 여름의 끝 없는 재이는 과거에도 없었다. 절기는 망종芒種[양력 6월 5일경]을 지났고, '〈신령에게〉 규벽圭璧을 다 바쳤는데,'[47] 거친 바람만 연이어 불고 비가 올 조짐은 더욱 아득하기만 하다. 비록 잠시 동안 가랑비가 내렸더라도 큰 화로에 눈이 점을 찍은 것과 같을 뿐이다. '5일 동안 비가 내리지 않으면 오히려 "보리도 없다"고 한다.'[48] 하물며 지금 '여러 해 동안 흉년이 들어'[49] 백성의 어려움이 바야흐로 극한에 이른 뒤에 '가뭄[亢旱]'[50]의 참혹함이 또한 여기에 이르렀으니, 가엾은 우리 '백성[生靈]'[51]은 '천명도 거의 다한 듯하다.'[52]

'말이 여기에 미치니'[53] '나도 모르게'[54] 마음이 미어지고 기운이

---

42) 『書經』, 「周書」, '誥命' 변용.
43) 『三國志』, 「蜀志」, '諸葛亮傳' 변용 ; (蜀)諸葛亮, 「前出師表」(『文選』) 변용 ※ 원문은 '託付'인데, 판본에 따라 '托付,' '付托' 등으로 확인된다.
44) (唐)李白, 「下途歸石門舊居」.
45) 『書經』, 「商書」, '微子.'
46) 『書經』, 「夏書」, '五子之歌' 변용.
47) 『詩經』, 「大雅」, '雲漢.'
48) (宋)蘇東坡, 「喜雨亭記」.
49) 『漢書』, 「嚴助列傳」 변용 ; 『晉書』, 「傅玄列傳」.
50) 『後漢書』, 「楊賜傳」.
51) 『晉書』, 「苻丕載記」.
52) 『詩經』, 「大雅」, '雲漢.'

막히고 만다. 지진의 변괴變怪가 며칠 동안 거듭 발생하였다. 어떠한 화禍의 조짐이 어두움 속에 숨어 있어서 어진 하늘의 경고警告가 이처럼 '간곡하고'55) 간절한지 알지 못하겠구나! '가만히 생각해 보건대,'56) 허물은 한 사람[임금]에게 달려 있으므로 '먹고 쉬는 것'57)이 편안하지 않고 '어찌할 바를 모르겠다.'58)

승지는 '나'59)를 대신하여 교서를 기초하고 널리 직언을 구하여 〈내가〉 미치지 못하는 것을 바로잡도록 하라. 그외 감선減膳·철악撤樂·금주禁酒 등의 일은 마땅히 해당아문[이조 사옹원·예조·형조]으로 하여금 모두 곧바로 거행하도록 하라.

아! 지금의 이 재이는 진실로 과인이 '덕이 없기'60) 때문이지만, 여러 신하들에게도 어찌 서로 힘쓰는 도리가 없겠는가? 아! 너희 높고 낮은 관직의 신료들은 '나'의 지극한 뜻을 본받아 '서로 공경하고 화합하는 데'61) 최선을 다해 힘써서 한결같이 자신의 사적인 뜻을 끊어버리고 '탕평蕩平'62)의 공적인 도道를 넓히도록 하라. 무릇 그릇된 정사는 나라에 이로움이 없고 백성에게 해롭다는 것을 또한 마땅히 헤아리고 변통해서 지금의 어려움을 구제하도록 하라.

『肅宗實錄』 肅宗 7年 5月 甲寅(2日) 실 승

---

53) (宋)王禹偁,「讓西京留守表」.
54) (漢)張衡,「東京賦」(『文選』).
55) 『詩經』,「大雅」,'抑.'
56) 『詩經』,「邶風」,'柏舟';『詩經』,「衛風」,'氓.'
57) 『莊子』,「內篇」,'應帝王.'
58) (唐)孫逖,「爲宰相謝賜竹扇表內篇」(『全唐文』).
59) 『書經』,「虞書」,'堯典.'
60) 『書經』,「虞書」,'堯典.'
61) 『書經』,「虞書」,'皐陶謨.'
62) 『書經』,「周書」,'洪範.'

007 음악을 정지하라

'나[小子]'63)가 부족한 하나의 몸으로 비할 데 없이 힘들고 어려운 대통大統을 외람되게 지키며 수많은 백성의 윗자리를 맡고 있으니, 낮부터 밤까지 '몹시 두려워하여'64) 편안하게 거처할 겨를이 없고, '선왕들'65)의 사업을 떨어뜨릴까 두렵다. 단지 재주가 거칠고 덕德이 얕아서 작은 정성이 하늘의 마음에 이르지 못하고 실제 혜택이 아래의 백성에게 미치지 못하였다. 홍수 · 가뭄 · 바람 · 서리의 재해災害 및 사람이 요사하고 사물이 괴이한 변괴가 달마다 생겨서 오늘날 극도에 이르렀다. 지금 이렇게 끝이 없는 것은 과거에도 없던 것이다.

절기가 '여름의 성장할 때'66)에 이르렀는데도 한 달이 지나도록 항상 가물어서 '가을걷이'67)의 희망이 끊어져서 '천명이 거의 다한 듯하다.'68) '가만히 생각해 보건대,'69) '내'70)가 '덕이 없기'71) 때문이다. 가엾은 우리 '백성72)은 하늘에 무슨 허물이 있겠는가? 근심스러운 마음은 타는 듯하고 '마치 아픔을 몸에서 느끼는 듯하니,'73) '차라리 갑자기 죽어서'74) 알지 못했으면 한다.

63)『書經』,「商書」, '湯誓.'
64) (宋)劉克莊,「吊錦鷄一首呈叶任道」.
65)『漢書』,「宣帝紀」.
66)『書經』,「虞書」, '堯典.'
67)『書經』,「虞書」, '堯典.'
68)『詩經』,「大雅」, '雲漢.'
69)『詩經』,「邶風」, '柏舟' ;『詩經』,「衛風」, '氓.'
70)『書經』,「虞書」, '堯典.'
71)『詩經』,「小雅」, '小弁.'
72)『論語』,「季氏」,
73)『孝宗實錄』, 孝宗 元年 6月 丁未(25日).
74)『光海君日記』, 光海君 9年 12月 壬辰(1日)[中草].

아! 지금 재변이 일어난 것은 오로지 과인에게 책임이 있으나 또한 어찌 여러 신하들을 독려하여 서로 경계하는 도리가 없겠는가? 아! 너희 높고 낮은 관직의 신하들은 '내'가 '날이 밝기 전에 옷을 입고 해가 저문 후에 음식을 먹는'75) 근심을 본받아 자신의 사사로움을 버리고 '서로 공경하고 화합하는 데'76) 최선을 다해 힘써서, 조금이라도 하늘의 꾸짖음에 답하고 지금의 어려움을 구제하도록 하라.

『肅宗實錄』肅宗 8年 5月 癸酉(26日) 실 승

008 진연을 미루다

장수를 축하하는 의례[인조비仁祖妃 장렬왕후莊烈王后 회갑연]는 실로 기뻐하면서도 두려워하는 지극한 마음에서 나온 것이다. 하지만 마침 농사가 크게 흉년이 들었고 변괴가 거듭 일어났다. 비록 폐단을 없애고 비용을 아끼는 조치가 없지 않다고 하더라도 매우 두려워 편안하지 않으니, 어찌 일찍이 조금이라도 느슨했던 적이 있었겠는가?

유신儒臣이 상세히 올린 말이 진실로 근심하고 아끼는 의논인 것을 알고 있으나 겨우 행하려 하면 다시 돌아서 파하게 되니, 마음이 모두 부족한 듯하므로 난처하게 여기고 있다. 곧 이러한 뜻을 두 분의 자전慈殿[인조비 장렬왕후·현종비顯宗妃 명성왕후明聖王后]께 우러러 말씀드리자 "이처럼 하늘의 노여움이 '매우 급하고'77) '백성[民生]'78)이

---

75) (宋)王禹偁,「爲兵部向侍郎謝恩表」.
76) 『書經』,「虞書」, '皐陶謨.'
77) 『詩經』,「小雅」, '采薇.'
78) 『書經』,「周書」, '旅獒' 변용 ; 『詩經』,「大雅」, '生民' 변용.

'앓아 누운'79) 날에 한편에서는 진휼하고 한편에서는 진연進宴을 받는 다는 것은 진실로 편안하지 않으니 마침내 빨리 중단하는 게 나은 것만 못하다"고 하교하셨다. 지금 이러한 진연을 내년 가을로 물리는 것으로 두 분 자전께서 재변을 두려워하시고 백성을 진휼하시는 지극한 뜻을 보이도록 하라.

『肅宗實錄』 肅宗 8年 10月 己卯(6日) 실 승

009 인재를 추천하라

①정령政令의 시행이 점점 끝을 맺지 못해서인가?

②언로言路가 열리지 않아서 바른말을 듣지 못해서인가?

③실질적인 은택이 미치지 못해서 아래의 백성이 어려워서인가?

④사치가 풍조를 이루어 헛된 비용이 많아서인가?

⑤〈사람을〉 쓰고 버리는 것이 공정하지 못하고, 사적인 뜻이 함부로 유행해서인가?

⑥기강紀綱이 무너지고 느슨하여 '모든 관원이 직임에 게을러서인가?'80)

⑦옥송獄訟이 많이 지체되어 원통하고 억울함을 말하지 못해서인가?

자신을 돌이켜 보고 허물을 살펴 삼가하고 두려워하기를 배로 하여 '차라리 〈영원히〉 깨어나지 않았으면 한다.'81) 또한 의정부 · 육조 ·

---

79) 『詩經』, 「大雅」, '板.'
80) (唐)韓愈, 「平淮西碑」 변용.
81) 『書經』, 「王風」, '兎爰' 변용.

홍문관·사헌부·사간원의 장관으로 하여금 인재를 추천하여 각기 별도로 등용하는 일을 행하도록 하라.

『肅宗實錄』肅宗 8年 10月 壬寅(29日) 실 승*(30日)

010 목민관 인사가 중요하다

'백성[生民]'[82])의 '기쁨과 슬픔'[83])은 '수령'[84])의 현명한지 아닌지에 달려 있다. 하물며 이러한 기근과 흉년이 '매우 참혹한'[85]) 때에, 더욱이 어찌 〈현명하지〉 않은 사람에게 맡겨 백성으로 하여금 그 재앙을 치우치게 받도록 하여 가엾게 여기지 않겠는가? 마땅히 해당아문[이조]으로 하여금 별도로 선발하여 후보자를 추천하라.

아! 너희 여러 도道의 관찰사는 '내'[86])가 전후에 내린 교지敎旨를 본받아서 청렴함과 탐오함에 따라 '강등과 승진'[87])을 한결같이 공적인 마음에 따르고, '관찰사[牧伯]'[88])를 맡긴 뜻을 저버리지 말라. 외방의 옥송獄訟이 지체된 것은 '삼가하고 신중히 하는'[89]) 도리가 없을 수 없다. 또한 관찰사로 하여금 직접 문서를 살펴서 〈임금에게〉 아뢰어 보고하여 풀어주는 일을 행하라.

『肅宗實錄』肅宗 8年 11月 甲辰(1日) 실

---

82) 『書經』, 「周書」, '旅獒' ; 『詩經』, 「大雅」, '生民.'
83) 『宋書』, 「文帝本紀」.
84) 『後漢書』, 「黨錮列傳」, '杜密' ; 『後漢書』, 「黨錮列傳」, '范滂.'
85) 『宣祖實錄』, 宣祖 38年 6月 庚申(17日).
86) 『書經』, 「虞書」, '堯典.'
87) 『書經』, 「周書」, '周官' 변용.
88) 『宣祖實錄』, 宣祖 33年 8月 甲申(14日).
89) 『書經』, 「虞書」, '舜典' 변용.

011 세금을 탕감하라

어제 팔도八道에 반포한 비답批答은 겨우 가엾게 여겨 가슴아파하고 '가엾게 여겨 슬퍼하는'90) 뜻을 보인 것이다. 다만 조정에서 만약 특별한 방식으로 은혜를 베풀어 백성의 바람을 위로하지 못하고 한갓 종이 위의 빈 말로 돌아간다면 결코 과인의 본래 마음이 아니니, 또한 어찌 '열악한 백성'91)에게 믿음을 잃지 않겠는가? 앞으로 비변사로 하여금 절개와 효를 지킨 사람을 포상褒賞 장려하고 신역身役을 덜어주며, 체납한 세금을 없애는 등의 일과 아직 다하지 못한 사안을 빨리 강구講究하여 〈임금에게〉 아뢰어 재가를 받아서 거행하도록 하라.

여러 도道에 두루 유배한 죄인이 많게는 천여 명에 이른다. 비록 세상이 기울고 풍속이 어지러워져 사람의 마음이 맑지 못하여 일어난 것이라고 하더라도 또한 위에 있는 사람[임금]이 덕으로 교화하지 못하여서 나[吾]의 백성으로 하여금 스스로 아끼지 못하고 법을 가볍게 여겨서 범하게 한 것이다. 〈이것이〉 '내'92)가 낮부터 밤까지 통렬히 한탄하는 이유이다. 이러한 하늘의 노여움이 '매우 급하여'93) '굶어죽는'94) '어려움을 잇달아 겪는'95) 날에, 평소와 다른 은전恩典을 특별히 베풀어 모두 팔도八道와 함께 '〈천명을〉 새롭게'96) 하지 않을 수 없다.

---

90) 『禮記』, 「問喪」.
91) 『書經』, 「商書」, '微子.'
92) 『書經』, 「虞書」, '堯典.'
93) 『詩經』, 「小雅」, '采薇.'
94) 『孟子』, 「滕文公下」.
95) (宋)張載, 『西銘』.
96) 『詩經』, 「大雅」, '文王.'

형조刑曹와 여러 도道는 사죄死罪 이하 잡범雜犯은 한결같이 모두 사면한다는 뜻을 선유어사宣諭御史에게 하유하라. 형조刑曹에 지금 갇혀 있는 죄인罪人 중에 능침陵寢에서 변을 일으키거나 어보御寶·인신印信을 위조僞造하거나 강상綱常에 관계되거나 사람을 죽이거나 저주한 것 외에는 승지가 곧바로 전옥서典獄署에 가서 모두 석방하도록 하라. 외방外方에 지금 갇혀 있는 자들도 형조의 예例에 따라서 거행하라.

아! 지금 이러한 끝이 없는 은전恩典은 실로 앞으로 스스로 새로워지는 길을 열어주는 데에서 나온 것이다. 그러나 오직 저 어리석은 백성이 조정에서 은덕을 베푸는 뜻을 본받지 않고 오히려 악惡을 고치지 않으며 일부러 국법을 범한다면 가벼운 것과 무거운 것을 논하지 않고 결코 '용서하지'97) 않을 것이니 역시 마땅히 자세히 알도록 하라.

게다가 의금부에 분부하여 역적의 옥사獄事에 연좌된 경우를 제외하고 지금 갇혀 있거나 유배된 이들은 모두 내일 〈의정부〉 전직·현직 대신大臣, 홍문관·사헌부·사간원 장관과 더불어 〈조정에〉 나와서 〈임금에게〉 얼굴을 보이고 아뢰도록 하라. 그리고 인사를 담당하는 아문[이조·병조]의 정기 인사고과人事考課의 〈좋지 않은〉 기록이나 현재 〈죄과를〉 조사중인 사람들은 모두 〈기록을〉 없애주도록 하라. 체납된 세금과 신역身役을 없애주는 일은 비변사에서 각 도의 각 해의 세금을 조사하여 청한 것은 모두 탕감을 허락하되 오직 군량은 거론하지 말라.

『肅宗實錄』肅宗 9年 正月 丙寅(24日) 실 승 비*(25日)

---

97) 『後漢書』,「史弼傳」; 『後漢書』,「陳寵傳」.

012 스스로를 책망하는 기우제를 지내다

〈내가〉 정성이 미약해서 아직 하늘의 마음을 돌리지 못하였으니, 겨우 〈임금이〉 직접 기도만 하고 기다릴 수는 없다. 남교南郊에는 대신을 보내고, 〈한강 내〉 용산강龍山江의 저자도楮子島에는 중신重臣을 보내서, 날을 가리지 말고 기우제祈雨祭를 연이어 지내도록 하며, 제문祭文 안에는 "자신이 잘못을 지어서 스스로를 꾸짖는다"는 뜻을 별도의 표현으로 지어서 추가하라.

『肅宗實錄』肅宗 11年 7月 庚午(12日) 실

013 구언에 답하라

도움을 구하는 교서가 반포된 지 이미 오래되었고 귀를 기울인지도 며칠이 지났으나 훌륭한 말은 들리지 않는다. 홍문관은 '나라를 다스리는 도리를 의논하고 생각하는 자리에 있으니'98) 잘못에 관해 바로잡기를 구하는 것이 마땅히 다른 사람보다 앞서야 하는데 오히려 지금도 조용하기만 하다. 대간[사헌부·사간원]에서도 또한 올리는 말이 없다. 〈올리는 말이〉 없다는 것은 "'내'99)가 함께 훌륭한 일을 하기에 부족하다"고 여겨서 그러한 것인가? '내'가 실로 부끄럽고 한탄스럽다.

『肅宗實錄』肅宗 11年 7月 庚午(12日) 실 승

---

98)『定宗實錄』, 定宗 元年 8月 庚子(3日) ;『世宗實錄』, 世宗 6年 3月 甲申(8日).
99)『書經』,「虞書」, '堯典.'

014 잇달은 재변을 경계하다

아! 재변이 일어나는 것은 어느 시대인들 없겠는가마는 어찌 오늘날처럼 '매우 참혹한'100) 경우가 있었겠는가? '내'101)가 왕위에 오르고 10여 년 사이에 두렵고 놀랄 만한 재변이 일어난 것이 이루 다 셀 수 없다. 게다가 '여러 해 동안'102) 흉년이 들어 팔도가 모두 동일하니 〈곡식의〉 비축은 바닥났음을 알리고 진휼하여 소생시키려 해도 대책이 없다. 낮부터 밤까지 바라는 것은 오직 농사가 풍년이 드는 것에 달려 있으니 오직 농사가 잘되기를 바랄 뿐이다.

불행히도 바람·서리·우박·눈의 재변이 가뭄·장마와 서로 이어진 뒤에 겹쳐 이르니 '가을걷이'103)를 바랄 수 없게 되었다. 전지田地에서는 〈백성이〉 다급해 하는데 백성의 부모가 되어 다시 어찌해야겠는가? '아침부터 밤까지'104) 근심하고 두려워하여 '마치 아픔을 몸에서 느끼는 듯하니,'105) 생각지도 못했는데 음의 기운인 무지개가 양의 기운인 해를 꿰뚫는 이변이 다시 이러한 때에 나타났다.

아! 어떠한 화의 조짐이 어두움 속에 숨어 있어서 어진 하늘이 재변을 내려 '나'를 경계함이 이처럼 '간곡한지'106) 알지 못하겠구나! 하늘의 형상은 현묘하고 멀어서 비록 쉽게 엿보아서 헤아릴 수 없더라

---

100) 『宣祖實錄』, 宣祖 38年 6月 庚申(17日).
101) 『書經』, 「虞書」, '堯典.'
102) 『漢書』, 「王商傳」.
103) 『書經』, 「虞書」, '堯典.'
104) 『詩經』, 「大雅」, '抑' 변용.
105) 『孝宗實錄』, 孝宗 元年 6月 丁未(25日).
106) 『詩經』, 「大雅」, '抑.'

도, 사람의 일이 아래에서 잘못되면 하늘의 재변이 위에서 응답한다. 곧 지금 재변을 불러들인 것은 과인寡人이 재주와 덕이 얕아서 정령政令의 시행이 하늘의 마음에 크게 맞지 않았기에 일어난 일이 아님이 없다. 자신의 허물을 반성해 보건대, 더욱 삼가하고 두려워서 '먹고 쉬는 것'107)이 편안하지 않아서 '어찌할 바를 모르겠다.'108)

승지는 '나'를 대신하여 교서를 기초하고 마땅히 의정부에서 널리 직언을 구하여 〈내가〉 미치지 못한 것을 바로잡아서 하늘의 꾸짖음에 답하게 하라.

『肅宗實錄』肅宗 12年 8月 壬申(20日) 실

015 재변으로 사면하다

처음에 '이정청釐正廳'109)을 설립할 때에 시행세칙을 별도로 만들어 무릇 함부로 소속시키는 경우 〈모든 가족을〉 변방으로 이주시키는 형벌을 모두 사용했는데, 대개 간사함을 방지하고 폐단을 막기 위한 뜻에서 나온 것이다. 다만 이러한 재변이 '매우 참혹하고'110) 농사가 '흉년[大侵]'111)이 든 때를 생각해 보건대, 수많은 사람에게 동일한 법을 시행하여 조금도 '용서하지'112) 않는다면 진휼하는 도리에 어긋나고 또한 화평한 기운을 이끌어내어 맞이하는 방법도 아닐 듯하다. 지금

---

107) 『莊子』,「內篇」, '應帝王.'
108) (唐)孫逖,「爲宰相謝賜竹扇表內篇」(『全唐文』).
109) (唐)孔穎達,『毛詩正義』,「毛詩正義序」 변용 ;『新唐書』,「儒學傳」, '顏師古傳' 변용.
110) 『宣祖實錄』, 宣祖 38年 6月 庚申(17日).
111) 『春秋穀梁傳』,「襄公」, 24年.
112) 『後漢書』,「史弼傳」;『後漢書』,「陳寵傳」.

이러한 범죄로 모든 가족을 변방으로 이주시키거나 〈해당 형벌에서 한〉 등급을 감면해준 이들은 모두 탕감하여 조정의 관대한 뜻을 보이도록 하라.

『肅宗實錄』 肅宗 12年 8月 庚辰(28日) 실 승

016 하늘을 두려워하라

'내'113)가 외람되게 즉위한 이후 천재天災·지변地變이 거듭 나타나니, '나라의 계획'114)과 '백성의 근심'115)이 하나도 믿을 것이 없다. '아침부터 밤까지'116) 걱정하고 두려워하여 편안할 겨를이 없다. 이번에 이렇게 '불'117)이 나는 재앙이 일어난 것은 뜻밖이다. 이는 진실로 이전의 역사 기록에도 드문 재변이다. 어떠한 화의 조짐이 어두움 속에 숨어 있어서 어진 하늘이 재변을 내려 '나'를 경계함이 이처럼 간절한지 알지 못하겠구나! 가만히 그 재앙을 생각해 보건대, 진실로 과인寡人이 재주에 어둡고 덕이 얕아서 정령政令을 시행하는 것이 하늘의 마음에 흡족하지 않았기에 이처럼 보통 때와 다른 재변을 초래한 것이다. '말이 여기에 미치니,'118) '몹시 두려워서'119) '어찌할 바를 모르겠다.'120) 마땅히 의정부에서 직언을 널리 구하여 〈내가〉 미치지 못하는 것을 바로잡도록

---

113) 『書經』,「虞書」, '堯典.'
114) 『三國志』,「魏志」, '華歆傳' ; 『世宗實錄』, 世宗 元年 7月 己巳(26日).
115) 『宣祖實錄』, 宣祖 27年 5月 甲辰(27日).
116) 『詩經』,「大雅」, '抑' 변용.
117) 『춘추좌씨전』, 昭公, 18年.
118) (宋)王禹偁,「讓西京留守表」.
119) (宋)劉克莊,「吊錦鷄一首呈叶任道」.
120) (唐)孫逖,「爲宰相謝賜竹扇表內篇」(『全唐文』).

하라.

그러나 또한 어찌 여러 신하들을 삼가 격려하여 서로 경계하는 도리가 없겠는가? 높고 낮은 관직의 신료들은 '나'의 지극한 뜻을 본받아 자신의 사적인 마음을 이겨내고 '서로 공경하고 화합하는 데'[121] 최선을 다해 힘쓰고 직무에 삼가 부지런히 하여 조금이나마 하늘의 꾸짖음에 보답하고 지금의 어려움을 구제하도록 하라.

『肅宗實錄』肅宗 13年 9月 戊寅(3日) 실 승

017 난국을 구제하라

아! '보잘것없는 내'[122]가 부탁받은 중임重任을 '외람되게 받들어'[123] 수많은 백성의 윗자리를 맡은 지 이제 14년이 지났다. 다만 덕이 〈선왕들과〉 같지 못해서 오히려 혹은 〈선왕의 사업을〉 실추失墜시킬까 염려되며, '마치 썩은 줄로 〈여섯〉 말을 모는 것처럼 두렵다.'[124] 게다가 장마·가뭄·흉년으로 재이가 자주 일어나니 '〈하늘을〉 우러러 보고 〈땅을〉 굽어살펴도'[125] 하나도 믿을 것이 없다. 그 이유를 궁구해보면 누가 그 책임을 져야겠는가?

아! 조정朝廷은 사방의 근본인데도 '내'[126]가 능히 지극히 공정한 도道로 중앙에서 '임금의 표준을 세울 수'[127] 없어서 어그러짐이 날로

---

121) 『書經』, 「虞書」, '皐陶謨.'
122) 『書經』, 「周書」, '誥命' 변용.
123) (唐)李白, 「下途歸石門舊居」.
124) 『書經』, 「夏書」, '五子之歌' 변용.
125) 『周易』, 「繫辭傳上」.
126) 『書經』, 「虞書」, '堯典.'

심하여 화합을 기대하기 어렵다. '모든 백성은 동포同胞'128)의 '갓난아이'129)인데도 '내'가 능히 '〈백성 보기를〉 상처 입은 듯이 여겨서'130) 보호하는 은택을 아래까지 미치지 못했으니, 걱정과 원망이 길에 쌓여서 '거꾸로 매달린 듯'131)하여 바야흐로 〈상황이〉 급박하다.

근본에 뜻을 더하려고 하지 않은 것은 아니지만 서서히 길러내는 공부가 아직 이르지 못하였다. 언로言路를 넓히려고 하지 않음은 아니지만 포용하는 도량度量이 아직 다하지 못하였다. 매우 빠르게 날마다 쇠퇴하여 떨치지 못하는 영역으로 나아가고 있다. 비록 미세하게 재변이 있을 조짐이 일어난다고 하더라도 이미 경계하고 두려워하는 단서가 많다.

지난번에 때아닌 비와 절기를 잃은 천둥이 순수한 음의 기운이 숨는 달[10월, 곤괘坤卦]에 연달아 이르니, 『시경』에서 사람들이 이른바 "편안하지 않은 것과 좋지 않은 것은 불행히도 가깝다"고 하였다. 어떠한 화의 조짐이 어두움 속에 숨어 있어서 어진 하늘이 재변을 내려 '나'를 경계함이 이처럼 '간곡하고'132) 간절한지 알지 못하겠구나! 자신의 허물을 반성해 보건대, 삼가고 두려워하기를 배로 하여 '먹고 쉬는 것'133)이 편안하지 않고 '어찌할 바를 모르겠다.'134)

지난번의 일은 한때의 거칠고 사나움을 참지 못하여 전에 없는

---

127) 『書經』, 「周書」, '洪範.'
128) (宋)張載, 『西銘』 변용.
129) 『書經』, 「周書」, '康誥.'
130) 『孟子』, 「離婁下」.
131) 『孟子』, 「公孫丑上」.
132) 『詩經』, 「大雅」, '抑.'
133) 『莊子』, 「內篇」, '應帝王.'
134) (唐)孫逖, 「爲宰相謝賜竹扇表內篇」(『全唐文』).

지나친 거사를 행하고 말았으니, 비록 이미 분명히 풀어주었고 법을 지킨 것을 아름답게 여겨 포상하였다고 하더라도, 참회하는 마음으로 어찌 "깨우쳤다"고 하겠는가? 마땅히 의정부議政府에서 직언을 널리 구하여 과인이 미치지 못하는 것을 바로잡도록 하라.

그러나 또한 어찌 여러 신료들을 삼가 격려하여 서로 경계하는 도리가 없겠는가? 아! 너희 높고 낮은 관직의 신료들은 '내'가 '날이 밝기 전에 옷을 입고 해가 저문 후에 식사를 하는'135) 근심을 본받아 치우친 사사로움을 버리고 '서로 공경하고 화합하며'136) 너희 직무에 삼가 부지런히 하여, 조금이라도 하늘의 꾸짖음에 답하고 지금의 어려움을 널리 구제하도록 하라.

『肅宗實錄』肅宗 14年 11月 辛卯(22日) 실 승

018 과인이 덕이 없는 탓이다

'보잘것없는 내'137)가 '덕이 없이'138) 부탁받은 중임을 '외람되게 받들어'139) 수많은 백성의 윗자리를 맡은 지 이제 15년이 지났다. 재주가 적고 덕이 얕으며 〈정령을〉 시행한 것이 사리에 맞지 않아서, 위에서는 하늘이 분노하고 아래에서는 백성이 원망하기에 이르렀다. 안과 밖을 둘러봐도 터럭 하나 믿을 만한 형세가 없고, 매우 우려할

---

135) (宋)王禹偁,「爲兵部尙侍郎謝恩表」.
136) 『書經』,「虞書」, '皐陶謨'.
137) 『書經』,「周書」, '誥命' 변용.
138) 『詩經』,「小雅」, '小弁'.
139) (唐)李白,「下途歸石門舊居」.

만한 형상만 있다. '썩은 줄로 〈여섯〉 말을 몰 듯이 〈두렵다는〉 것'140)과 '호랑이 꼬리를 밟고 봄 얼음을 타듯이 〈위험하다는〉 것'141)이 어찌 그 급박함을 비유하기에 충분하겠는가?

지난번에 하얀 기운이 하늘에 걸치고 음의 기운인 무지개가 양의 기운인 해를 꿰뚫었다. 두렵고 놀랄 만한 재변이 여러 달 동안 거듭 나타났다. 어떠한 화의 조짐이 어두움 속에 숨어 있어서 어질고 아끼는 하늘이 재변을 내려 '나'142)를 경계함이 이처럼 '간곡하고'143) 간절한지 알지 못하겠구나! 다만 이것만이 아니다. 현재의 계절의 변화가 보통 때와 달라서 안개가 항상 막혀 있고 바야흐로 추위가 매서운 때에 거의 '따뜻한 〈봄〉'144) 계절과 같다.

아! "주周나라 말엽에는 추운 해가 없었고, 진秦나라 말엽에는 따뜻한 해가 없었다." 자연히 이것은 옛 사람들이 논하던 것이니, 이렇게 왕법이 기울고 나라의 형세가 쇠퇴할 때 일어나지 않음이 없는 것이다. '가만히 생각해 보건대,'145) 누구에게 그 허물을 돌리겠는가? 삼가하고 두려워하기를 배로 하여 '먹고 쉬는 것'146)이 편안하지 않고 '차라리 〈영원히〉 움직이지 않으려 해도'147) 할 수가 없다.

승지는 '나'를 대신하여 교서를 기초하고 마땅히 의정부에서 직언을 널리 구하도록 하라. 무릇 임금의 덕德 중 부족한 것과 남길 만한

---

140) 『書經』,「夏書」, '五子之歌' 변용.
141) 『書經』,「周書」, '君牙' 변용.
142) 『書經』,「虞書」, '堯典.'
143) 『詩經』,「大雅」, '抑.'
144) 『書經』,「豳風」, '七月.'
145) 『詩經』,「邶風」, '柏舟' ; 『詩經』,「衛風」, '氓.'
146) 『莊子』,「內篇」, '應帝王.'
147) 『書經』,「王風」, '免爰' 변용.

것, 지금 정사 중 잘 된 것과 잘못된 것에 대해서 모두 남김없이 말하여, 〈내가〉 미치지 못하는 것을 바로잡도록 하라. 말이 비록 부합하지 않더라도 '내'가 그를 벌하지 않겠다. 그리고 생각해 보건대, '일이 아래에서 일어나면 형상이 위에서 움직이니'148) 지금 여기에 재이를 불러들인 것은 진실로 〈내가〉 '덕이 없기'149) 때문이다. 곧 앞으로 몸을 기울여 '마음을 가다듬고 반성하는'150) 도리를 '내'가 마땅히 더욱 마음에 두도록 하겠다.

그러나 또한 여러 신료들을 삼가 격려하여 서로 경계하는 도리가 어찌 없겠는가? 아! 너희 높고 낮은 관직의 신료들은 과인이 '날이 밝기 전에 옷을 입고 해가 저문 후에 식사를 하는'151) 근심을 본받고 나라가 '매우 위태로운'152) 형세를 생각하여 자신의 사사로움을 끊어내고 '서로 공경하고 화합하는 데'153) 최선을 다해 힘쓰고 아주 깨끗한 마음으로 법을 받들며 직무를 좇아서, 조금이라도 하늘의 꾸짖음에 답하고 지금의 어려움을 널리 구제하도록 하라.

『肅宗實錄』肅宗 15年 12月 庚辰(18日) 실 승

019 충청도·경상도·전라도의 진휼곡 회수를 연기하라

가엾은 우리 '백성[民生]'154)이 간신히 '흉년[大侵]'155)을 겪고 '만 번

---

148) (朝鮮)李珥,『聖學輯要』,「爲政」, '謹天戒'.
149)『書經』,「虞書」, '堯典'.
150)『周易』,「震」, '象傳'.
151) (宋)王禹偁,「爲兵部尙侍郎謝恩表」.
152) (唐)李華,「謝文靖贊」.
153)『書經』,「虞書」, '皐陶謨'.

죽을 고비에 한 번 살아 남았다.'156) 비유컨대 큰 병을 앓은 사람이 원기가 아직 회복되지 못한 것이다. 이러한 때에 〈백성을〉 위로하고 〈생계를〉 보존할 대책을 마땅히 먼저 해야 한다. 지금 만약 조금 농사가 잘되었다는 이유로 수많은 진휼곡을 일시에 거두어 들인다면 이는 바로 옛사람이 이른바 "풍년에도 끝내 몸이 괴롭고 흉년에는 죽음을 면치 못한다"는 것이다. 이것을 어찌 '왕도정치王道政治'157)에서 용인할 수 있겠는가? 앞으로 호조·선혜청으로 하여금 가벼운 것과 중요한 것을 가려서 〈임금에게〉 아뢰어 재가받아 변통하되, 지난해 정지한 전세는 모두 감면하고 '대동大同158) 〈미米〉는 알맞게 고려하여 줄여서 조정에서 은덕을 베푸는 뜻을 보이도록 하라.

『肅宗實錄』 肅宗 17年 閏7月 丁丑(24日) 실 승

020 희생을 대신하여 기우제를 올리다

두 차례나 비를 빈 뒤에도 하늘을 보니 분명하지 않고 흐리멍덩하고 아직 비가 쏟아지는 은택은 인색하기만 하다. 백성의 일[농사]을 '생각하니,'159) '마치 아픔을 몸에서 느끼는 듯하다.'160) 돌이켜보건대, '나'161)의 정성이 얕기만 해서 하늘의 마음을 감동시키기에 부족하

---

154) 『書經』, 「周書」, '旅獒' 변용 ; 『詩經』, 「大雅」, '生民' 변용.
155) 『春秋穀梁傳』, 「襄公」, 24年.
156) 『漢書』, 「司馬遷傳」, '報任少卿書' 변용.
157) 『孟子』, 「梁惠王下」.
158) 『禮記』, 「禮運」.
159) 『詩經』, 「秦風」, '小戎.'
160) 『孝宗實錄』, 孝宗 元年 6月 丁未(25日).
161) 『書經』, 「虞書」, '堯典.'

여 백성의 일[농사]은 〈벼가〉 말라가서 답답함이 여기에 이르렀다.

〈임금이〉 직접 남교南郊에 나아가 희생犧牲을 대신하여 비가 오기를 비는 의례는 조금이라고 늦출 수 없다. 앞으로 예관禮官으로 하여금 날을 가리지 말고 거행하게 하라. 그리하여 〈홍문관 겸 예문관〉 대제학大提學으로 하여금 〈임금이〉 직접 제사를 지내는 제문을 지어 올리게 하되, '내'가 스스로에게 허물을 묻는 뜻을 갖추어 쓰도록 하라. 또한 담당아문[예조]에 명하여 각사各司 및 시위하는 장졸에게 거듭 주의를 기울이게 하고 제단에 거둥할 때 곡식을 밟아서 백성을 위해 비가 오기를 비는 뜻을 손상시키지 말라.

『肅宗實錄』肅宗 18年 5月 辛酉(12日) 실 승

021 경기·충청도·황해도를 구휼하다

임금[后]은 백성이 없으면 부릴 사람이 없고 백성은 임금이 없으면 섬길 데가 없다. 아껴야 하는 것은 백성이 아니겠는가? 구휼해야 하는 것은 백성이 아니겠는가? '내'162)가 '덕이 얕아서'163) 백성의 부모가 되어 감히 편안할 틈이 없다. 한 사람이라도 굶으면 마치 내[吾]가 굶는 듯하고, 한 사람이라도 추워하면 마치 내[吾]가 추은 듯하다. '넓은 처마에 〈가는 양탄자를 깐〉 궁궐'164)에서 서로 더불어 도모하는 것은 하나도 백성의 일이요, 둘도 백성의 일이다. 그러나 은택이 미치지 못하여 〈백성의〉 곤궁이 날로 심해지니, 그 이유가 어디에 있겠는

---

162) 『書經』, 「虞書」, '堯典.'
163) 『春秋左氏傳』, 「莊公」, 32年.
164) 『漢書』, 「王吉傳」.

가? 바로 성실한 마음으로 성실한 정사를 행할 수 없었기에 벌어진 것이다. 정령政令이 이와 같다면 '우리 〈백성〉으로부터 보고 듣는 하늘'165)이 어찌 발끈하여 위엄을 보이고 분노하여서 굶주림을 내리지 않겠는가?

올해는 '재해[災荒]'166)가 또한 '매우 심하다.'167) 홍수·가뭄·바람·서리가 마침내 농사를 해쳐서 겨울이 아직 다 가지 않았는데도 집은 비워져 있으며 늙은이를 부축하고 어린이를 끌며 사방으로 흩어져서 촌락村落도 거의 비었으니, 광경이 적막하기만 하다. 곧 올봄에 '길에서 굶어 죽는'168) 참혹함은 말하지 않더라도 상상할 수 있다.

아!『서경書經』에서 "〈여름〉 더위·비와 〈겨울〉 큰 추위에 '열악한 백성'169)은 또한 원망과 탄식을 한다"170)고 말하지 않았던가? '어려움을 생각하고 쉬움을 도모하는'171) 책임이 진실로 한 사람[임금]에게 달려 있으나 '내'가 임금노릇을 제대로 하지 못하였기에 우리 죄가 없고 '허물이 없는'172) '갓난아이'173)로 하여금 극심한 고통에 대신 걸려들게 하였다. '말이 여기에 미치니,'174) '나도 모르게'175) 목이 메인다. 무릇 역역을 감면하고 진휼하는 정사는 혹은 이미 거행하고

---

165) 『書經』, 「周書」, '泰誓中' 변용.
166) 『三國志』, 「魏志」, '文帝紀', 元年 2月 壬戌, 裵松之注.
167) 『詩經』, 「小雅」, '采薇' 변용.
168) 『文宗實錄』, 文宗 卽位年 12月 甲戌(4日).
169) 『書經』, 「商書」, '微子'.
170) 『書經』, 「周書」, '君牙' 변용.
171) 『書經』, 「周書」, '君牙' 변용.
172) 『書經』, 「商書」, '湯誥'.
173) 『書經』, 「周書」, '康誥'.
174) (宋)王禹偁, 「讓西京留守表」.
175) (漢)張衡, 「東京賦」(『文選』).

있거나 혹은 바야흐로 강구할 것이나 최선을 다하지 않음이 없게 하라.

아! 너희 '관찰사들'[176]은 '나'의 지극한 뜻을 본받아 여러 고을에 거듭 밝혀서 〈떠도는 백성을〉 위로하여 오게 하고 위무를 우선으로 하라. 백성을 구제하는 데 관계된다면 어찌 사안별로 아뢰는 것을 꺼리겠는가? 또한 앞에서 진휼할 때에는 반드시 '수령'[177]으로 하여금 집안일을 다루듯이 하고 감관監官·색리色吏에게 위임하지 말고 스스로 담당하여 지극한 정성으로 구제하고 소생시켜 '굶어 죽는 이'[178]가 없도록 하라. 이는 '내'가 낮부터 밤까지 바라는 것이니 모두 마땅히 자세히 알고서 정성을 다하여 받들어 거행하도록 하라.

『肅宗實錄』肅宗 18年 11月 己巳(24日) 실 승*(26日)

022 나라의 계획과 백성의 근심을 어찌하겠는가?

'보잘것없는 내'[179]가 '선왕들'[180]의 비할 데 없이 큰 사업을 '외람되게 이어받아'[181] 수많은 백성의 윗자리에 자리한 지 이제 20년이 지났다. 부탁받은 중임을 떨어뜨릴까 두려워 '아침부터 밤까지'[182] 조심하고 두려워하여 감히 잠시도 소홀히 하지 않았으나 단지 덕망 있는

---

176) 『禮記』, 「王制」.
177) 『後漢書』, 「黨錮列傳」, '杜密'; 『後漢書』, 「黨錮列傳」, '范滂.'
178) 『漢書』, 「食貨志上」.
179) 『書經』, 「周書」, '誥命' 변용.
180) 『漢書』, 「宣帝紀」.
181) (唐)李白, 「下途歸石門舊居」.
182) 『詩經』, 「大雅」, '抑' 변용.

정사가 없었고 어그러짐이 많았기 때문이다. '조정'[183)]으로 말하면 충성스러움과 간사함을 구별하지 못하여 뒤집히는 경우가 서로 이어지니 지금 비록 뉘우쳐 깨달아 교화로 다스려서 '새롭게 하더라도'[184)] 쇠퇴하는 형세가 날로 심해지니 어떻게 해야 바로잡아서 회복되겠는가? '백성[生民]'[185)]으로 말하면 진휼하는 뜻이 간절하지 않음이 없었다. 〈그러나〉 은택이 아래에 미치지 못하여 '원망과 탄식'[186)]이 무리지어 일어나고 무너지는 형세가 아침과 저녁 사이에 임박했으니 어찌해야 구제하겠는가?

아! '나라의 계획'[187)]과 '백성의 근심'[188)]이 이러한 곳에 이르렀다. 비유컨대 큰 병을 앓은 사람이 원기가 고갈된 듯하니, 〈이름난 의사인〉 유부兪跗와 편작扁鵲의 재주'로도 또한 어찌할 수가 없다. 지난번에 계절의 변화가 보통 때와 달라서 천둥과 번개의 재변이 순수한 음의 기운이 숨는 달[10월, 곤괘坤卦]에 자주 일어나며 매우 번쩍이고 매우 두렵기만 해서 '편안하지 못했고 좋지도 않았다.'[189)]

아! 하늘이 재앙과 상서로움을 내림은 각기 부류에 따라 응하는 것이다. 선한 일을 하면 온갖 상서로움을 내리고 선하지 않은 일을 하면 온갖 재앙을 내리니, 사람의 일이 아래에서 잘못되면 〈하늘의〉 꾸짖음을 위에서 보게 된다. 그렇다면 오늘날 재변을 초래한 것은

---

183) 『春秋左氏傳』, 「昭公」, 11年.
184) 『漢書』, 「董仲舒傳」.
185) 『書經』, 「周書」, '旅獒' ; 『詩經』, 「大雅」, '生民.'
186) 『書經』, 「周書」, '君牙' 변용
187) 『三國志』, 「魏志」, '華歆傳' ; 『世宗實錄』, 世宗 元年 7月 己巳(26日).
188) 『成宗實錄』, 成宗 17年 12月 乙酉(14日).
189) 『詩經』, 「小雅」, '十月之交.'

어찌 이유가 없겠는가?

①혹은 '〈하늘을〉 대하는 데'190) 아직 이르지 않은 바가 있어서 태만함이 공경함을 이겨서겠는가?

②이러한 마음이 연연해하여 사적인 것이 공적인 것을 이겨서겠는가?

③굽히는 것이 풍습을 이루어 거칠고 고집스러운 논의를 들을 수 없어서겠는가?

④재야에 숨은 현명한 사람이 있는 데도 〈조정에 출사를 위해〉 '관복을 입히는'191) 정성이 돈독하지 못해서겠는가?

⑤풍속이 사치가 많아져서 재물을 손상하는 경우가 많아서겠는가?

⑥형옥刑獄이 많이 지체되어 억울함을 품은 경우가 많아서겠는가?

어찌하여 '하늘[皇天]'192)의 질시와 위엄이 여기에 이르렀는가? 아! 임금이 하늘을 섬기는 것은 자식이 아비를 섬기는 것과 같다. 아비의 낯빛에 조금이라도 편안하지 않으면 자식된 자는 다만 마땅히 〈자신을〉 탓하고 꾸짖을 겨를이 없어야 한다. 옛날부터 임금[人主]이 재변을 만나서 경계하고 삼가면 편안해지고, 가벼이 여겨 소홀히 하면 위태로워진다. 공경함과 방자함 사이에서 길함과 흉함이 나누어진다. '내'193)가 마땅히 '마음을 가다듬고 반성하는'194) 도리를 다할 것을 더욱 생각해야 하니 앞으로 〈신료들을〉 삼가 격려하는 도리를 강구하지 않을

---

190) 『詩經』, 「周頌」, '淸廟.'
191) 『詩經』, 「鄭風」, '緇衣.'
192) 『書經』, 「虞書」, '大禹謨.'
193) 『書經』, 「虞書」, '堯典.'
194) 『周易』, 「震」, '象傳.'

수 있겠는가?

  승지는 '나'를 대신하여 교서를 기초하고 마땅히 의정부에서 널리 직언을 구하여, 임금의 덕德 중 부족한 것과 남길 만한 것, 조정의 정사 중 잘 된 것과 잘못된 것, '백성[生民]'195)을 이롭게 하는 것과 병들게 하는 것을 모두 남김없이 말하도록 하라. 말이 비록 부합하지 않더라도 '내'가 그를 벌하지 않겠다.

  아! 너희 높고 낮은 관직의 신료들은 '너희 할아비와 너희 아비'196) 때부터 대대로 충성과 절의가 두터웠으니, 이렇게 '매우 위태로운'197) 시기를 만나 "더불어 훌륭한 일을 하기에 부족하다"고 이르면서 '나'를 버리지 말고 반드시 왕실에 마음을 두어야 하며 법을 받들고 직무를 좇아서, 조금이라도 하늘의 꾸짖음에 답하도록 하라.

『肅宗實錄』 肅宗 20年 10月 癸卯(9日) 실 승

023 군주이자 스승의 책임

  아! '보잘것없는 내'198)가 재주가 없고 덕이 없는 데도 너희들 윗자리에 자리한 지 이제 21년이 지났다. 부족한 하나의 몸을 가지고 모든 백성의 부모가 되어 감히 편안할 겨를이 없다. 아침부터 밤까지 생각하는 것은 하나도 백성이 편안한 것이요, 둘도 백성을 보호하는 것이다. 그러나 다만 밝음이 사리를 밝히기에는 부족하고 정사는 그 핵심을

---

195) 『書經』, 「周書」, '旅獒' ; 『詩經』, 「大雅」, '生民.'
196) 『書經』, 「商書」, '盤庚上.'
197) (唐)李華, 「謝文靖贊」.
198) 『書經』, 「周書」, '誥命' 변용.

알지 못하였다. 위로하고 보호하는 방책은 날마다 '〈넓은 처마에〉 가는 양탄자를 깐 궁궐'199) 위에서 강구하는데도 은택이 가로막혀 내려가지 않았고, 시름하는 탄식 소리는 날마다 '초가집'200) 아래에서 일어나니 '거꾸로 매달린 형국'201)을 해소시켜 줄 수 없었다.

아! 너희들의 곤궁함이 이와 같으니, '우리 백성으로부터 보고 듣는 하늘'202)이 어찌 발끈하여 위엄을 보이고 분노하여서 거듭 굶주림을 내리지 않겠는가?

아! 근래 십수 년 동안 너희들로 하여금 하루라도 정착해 사는 즐거움이 없고 여러 해 동안 '앓아 누운'203) 고통만 있게 하였다. 그 이유를 궁구해보면 오로지 '군주이자 스승'204)의 책임을 다할 수 없었던 데에서 말미암았다. '이것은 나의 허물이다.'205) 항상 스스로 얼굴을 붉히며 부끄러워하여 '마치 깊은 골짜기에 떨어진 것만 같았다.'206)

아! 오늘 일을 오히려 차마 말할 수 있겠는가? '하늘[皇天]'207)이 '해악을 내려'208) 재해災害가 아울러 이르니 온갖 곡식이 여물지 못하고 팔도가 같은 상황이라고 장계狀啓로 올리는 보고가 거듭 도달하니 마음이 놀라지 않음이 없다. 바로 곡식을 거두는 계절에 떠돌아다니며 구걸하는 이들이 길에 가득하여 광경이 매우 다급하기만 하다. 곧

---

199) 『漢書』, 「王吉傳」.
200) (宋)張耒, 「到陳午憩小舍有任王二君子惠牡丹二槃皆絕品也是日風雨大寒明日作此詩呈希古」.
201) 『孟子』, 「公孫丑上」.
202) 『書經』, 「周書」, '泰誓中' 변용.
203) 『詩經』, 「大雅」, '板.'
204) (宋)朱熹, 『大學章句』, 「大學章句序」.
205) 『書經』, 「商書」, '說命' 변용.
206) 『南齊書』, 「劉善明傳」 변용.
207) 『書經』, 「虞書」, '大禹謨.'
208) 『書經』, 「周書」, '大誥.'

올봄을 기다리지 않아도 '한 사람도 살아남지 못하는'209) 참혹함을
장차 다시 보게 될 것이다. 이는 실제로 삶과 죽음의 조짐에 관한
것이니 감히 "재변이 유행한다"고 말하겠는가?

아! 너희들은 죄가 없고 '허물도 없는데'210) 이렇게 적합하지 않은
때에 태어나서 잔인하게도 극심한 고통에 걸려들었다. 하늘이여! 하늘
이여! 어찌 차마 이렇게까지 하시는가? 식사 자리에서는 흐느껴서
목이 메이고, 〈잠자리에서는〉 베개를 베고도 길게 한숨만 짓는다.
정녕 내[我]가 직접 '차라리 잠들어서 〈영원히〉 깨어나지 않았으면
한다.'211)

아! 지난 경술년[현종11: 1671]·신해년[현종12: 1672]의 '재해[災
荒]'212)로 동쪽 땅 전역 수천 리의 '백성[生靈]'213)으로 하여금 모두 다
죽음에 이르는 참혹함을 면할 수 있었던 방법은 실로 우리 선왕先王[현
종]께서 지극한 정성으로 구제하신 은택에 기대는 것이었다.

아! 우리 선왕의 지극한 인仁과 두터운 덕德이 사람에게 들어간
것이 "지극히 깊다"고 이를 만하다.

아! 너희들은 '선왕들'214)의 '갓난아이'215)이다. 곧 설령 '내'216)가
'덕이 없다'217)고 하더라도 어찌 차마 선왕이 남긴 은택을 잊고서 '나'를

---

209) 『詩經』, 「大雅」, '雲漢'.
210) 『書經』, 「商書」, '湯誥'.
211) 『書經』, 「王風」, '兎爰'.
212) 『三國志』, 「魏志」, '文帝紀', 元年 2月 壬戌, 裴松之注.
213) 『晉書』, 「苻丕載記」.
214) 『漢書』, 「宣帝紀」.
215) 『書經』, 「周書」, '康誥'.
216) 『書經』, 「虞書」, '堯典'.
217) 『詩經』, 「小雅」, '小弁'.

버리고 흩어지게 하겠는가?

아! 일이 이미 여기에 이르렀는데도 어찌할 수가 없다. '내'가 바야흐로 비변사의 여러 신하들과 낮부터 밤까지 방도를 궁리하여, 한편으로는 수라를 줄이고 한편으로는 낭비를 절약함으로써 구제하여 소생하는 데 모든 힘을 기울이는 계책을 행할 것이다. 간절히 원하건대, 너희들은 굶주림을 참고 추위를 참아서 각기 아내와 자식을 보존하고, 혹은 떠돌아다니지 말고, 혹은 훔치지 말라. '내'가 어찌 말을 번복하겠는가? '내'가 어찌 언약대로 시행하지 않겠는가?

아! '내'가 너희들의 부모가 아니겠으며, 너희들은 '나'의 '갓난아이'218)가 아니겠는가? 부모는 자식에게 혹은 병환으로 인한 아픔이나 묵은 병이 있으면 간호하는 방법에 최선을 다하지 않음이 없는 것은 지극한 정情이 있어서 저절로 기다리지 않고도 그렇게 되는 것이다. 오늘날 과인이 너희들을 아껴서 앞으로 살리고자 하는 마음이 또한 어찌 이와 다르겠는가?

아! 종이 한 장으로 널리 알리는 것은 진실로 간곡한 정성에서 나왔으니, 너희들은 '나'를 가엾게 여겨 귀를 기울이기 바란다. 경卿들은 모름지기 이 비망기를 가지고 명백히 민간에 반포하여 '내'가 가엾게 여겨 가슴아파 하고 '가엾게 여겨 슬퍼하는'219) 뜻을 알게 하라. 그리하여 생각건대, 여러 해 동안 진휼賑恤을 시행하여 중앙과 외방의 저축이 고갈된 뒤에 이처럼 옛날에도 없던 흉년을 만나서 '백성을 옮기고 곡식을 옮기는 것'220)이 막막하여 계책이 없다.

---

218) 『書經』, 「周書」, '康誥.'
219) 『禮記』, 「問喪」.
220) 『孟子』, 「梁惠王上」 변용.

아! 어떻게 잘 진휼해야 백성이 '굶어죽는 경우'[221]가 없겠는가? 낮부터 밤까지 '마음을 애태우며'[222] '어찌할 바를 모르겠다.'[223] 아! 너희 '관찰사들'[224]은 과인이 '날이 밝기 전에 옷을 입고 해가 저문 후에 음식을 먹는'[225] 근심을 본받고, 선현先賢의 절동浙東의 정사政事(송宋나라 효종孝宗이 내탕금을 내어 구휼한 일)를 본받아 '아침부터 밤까지'[226] 나태하지 말라. 한결같이 진휼하는 일에 뜻을 두어 진실로 '갓난아이'[227]를 이롭게 하고 번거로움을 꺼리지 말라. 모두 곧바로 사안별로 아뢰도록 하여 때늦은 한탄을 끼치게 하지 말라.

또 반드시 여러 고을에 신칙申飭하여 그 부지런하고 태만함을 살펴서 '강등과 승진'[228]을 엄하게 하여 진휼정책에 터럭 하나라도 최선을 다하지 않음이 없게 하고 내[吾]의 백성이 한 사람도 〈죽어서〉 '구덩이를 메우는'[229] 이가 없게 한다면, 경卿들 역시 앞으로 복되고 영화로운 삶을 누릴 것이다.

게다가 〈민간에서 곡식을〉 저장한 이들에게 권하고 타일러서 반드시 서로 내어 서로 돕도록 하고 혹여라도 혼자만 살려고 계획하지 않는다면, 이것 역시 백성을 구제하는 하나의 도움이 될 것이다.

여러 도道의 절도사·각 진鎭의 변장邊將의 경우 비록 진휼사업을

---

221) 『漢書』, 「食貨志上」.
222) 『史記』, 「夏本紀」 변용.
223) (唐)孫逖, 「爲宰相謝賜竹扇表內篇」(『全唐文』).
224) 『禮記』, 「王制」.
225) (宋)王禹偁, 「爲兵部向侍郞謝恩表」.
226) 『詩經』, 「大雅」, '抑' 변용.
227) 『書經』, 「周書」, '康誥.'
228) 『書經』, 「周書」, '周官' 변용.
229) 『孟子』, 「梁惠王下」 변용.

전담하지 않는다고 하더라도 각기 통솔하는 군졸이 있으니 군졸 역시 하나의 백성이다. 진실로 마음을 다하여 위로하지 않는다면, '어려움을 잇달아 겪는데도'230) 근심이 반드시 이르게 될 것이니, 어찌 근심하여 불쌍하고 가엾게 여기지 않겠는가?

경들은 모두 마땅히 정성껏 받들어 행할 일을 팔도의 관찰사·병마절도사·수군절도사 및 양도兩都[개성부·강화부]의 유수留守에게 하유하도록 하라.

『肅宗實錄』肅宗 21年 9月 壬申(13日) 실

024 풍년을 빌다

'내'231)가 『예기禮記』를 살펴보건대, "맹춘孟春[1월] 정월 초하루 '하늘[上帝]'232)에 풍년을 빌었다"233)고 한다. 농사는 나라의 근본이 되고 맹춘은 한 해의 시작이니, 이 달[1월]의 첫 신일辛日에 풍년을 비는 것이 어찌 우연한 것이겠는가?

아! 올해 팔도에 '흉년[大侵]'234)은 실로 이전 역사에서 드문 것이다. 진휼하는 곡식은 모으기 어렵고 '굶어 죽은 시신'235)이 서로 이어지니, '내'가 크게 두려워하는 것은 바로 다음 해 농사의 풍년과 흉년으로 동쪽 땅 전역에 수많은 '백성[生靈]'236)의 죽음과 삶이 나누어지기 때문

---

230) (宋)張載, 『西銘』.
231) 『書經』, 「虞書」, '堯典.'
232) 『書經』, 「虞書」, '舜典.'
233) 『禮記』, 「月令」 변용.
234) 『春秋穀梁傳』, 「襄公」, 24年.
235) 『孟子』, 「滕文公下」.

이다. '갓난아이'237)가 '한 사람이라도 살아남지 못하면'238) 나라가 어찌 홀로 보존되겠는가? 이것이 '내'가 옛 제도대로 '백성[生民]'239)을 위하여 직접 사직에 가서 정성껏 풍년을 빌고자 하는 이유이다. 앞으로 예관禮官으로 하여금 대신에게 의논하여 거행하도록 하라.

『肅宗實錄』肅宗 21年 11月 庚辰(22日) 실

025 전란보다 기근이 두렵다

새해에 봄이 시작되니 풀과 나무는 모두 무성하여 생생한 기운이 있으나 가엾은 우리 죄 없고 '허물없는'240) 수많은 '백성[生靈]'241)은 홀로 이처럼 끝없이 굶주림에 걸려 들었다. 떠돌다가 '길에서 굶어 죽는'242) 참혹함이 가을에서 겨울까지 이미 많았다. 하물며 오늘날 날씨가 아슬아슬하게 위태로우니 더욱이 어떠하겠는가? 올해는 병자년[숙종22, 1696]이다. 지난 일[병자호란]을 미루어 생각하고 저 백성의 일을 생각하면 〈어려움이〉 매우 심하였다.

아! 전쟁의 혼란은 위태로움이 이것보다 더 큰 것이 없다. 그럼에도 〈병자호란에는〉 화를 피해 몸을 보존할 곳이 있었으나 지금은 팔도가 '흉년[大侵]'243)이 들어 곡식이라고 부를 만한 것은 몇 무畝라도 익은

---

236) 『晉書』, 「苻丕載記」.
237) 『書經』, 「周書」, '康誥.'
238) 『詩經』, 「大雅」, '雲漢.'
239) 『書經』, 「周書」, '旅獒' ; 『詩經』, 「大雅」, '生民.'
240) 『書經』, 「商書」, '湯誥.'
241) 『晉書』, 「苻丕載記」.
242) 『文宗實錄』文宗 卽位年 12月 甲戌(4日).
243) 『春秋穀梁傳』, 「襄公」, 24年.

것이 없다. '먹는 것을 하늘로 여기는'244) 사람이 한 해가 지나도록 '입에 풀칠할 것'245)조차 없다. 비록 구걸하려고 해도 또한 할 수가 없으니 곧 '갓난아이'246)를 죽을 위기에 떨어뜨리는 것이 오늘보다 더 한 적이 없었다.

아! 임금이 백성에 대해서는 아비가 자식에 대한 것과 같다. 자식에게 질병이 생기면 치료할 방도를 찾는 데 마땅히 최선을 다하지 않음이 없어야 한다. 혹여라도 마땅히 시행해야 하지만 시행하지 않아서 터럭 하나라도 최선을 다하지 않음이 있으면 앞으로 후회할 것이니 다시 어찌하겠는가?

오늘날 나라의 저축은 "가엾게 여기고 가슴아프다"고 이를 만하다. 중앙과 외방이 완전히 비워져 손쓸 곳이 없으니, 설령 큰 은택을 베풀고자 해도 그 방책이 생길 데가 없다. 하지만 임금과 신하·위와 아래가 낮부터 생각하고 밤까지 헤아려서 한결같이 백성을 구제하는 것을 주로 하여 한 가지 정사 한 가지 명령이라도 백성에 이로운 것이라면 모두 곧바로 〈임금에게〉 아뢰고 빠뜨리지 말라.

외방에서 관찰사·'수령'247)은 바로 진휼의 정사를 시작할 때에 반드시 '내'248)가 지난 가을에 반포한 교서를 본받아 백성이 굶주림에 함께 굶주린다는 마음으로 반복하여 헤아려서 별도로 진휼을 행하고, 절대로 굶주린 백성의 입 안에서 한 홉의 쌀도 간사한 아전의 주머니

---

244) (唐)司馬貞, 『史記索隱』, 「酈生陸賈列傳」, 管仲 표현 변용.
245) 『魏書』, 「崔浩列傳」.
246) 『書經』, 「周書」, '康誥.'
247) 『後漢書』, 「黨錮列傳」, '杜密' ; 『後漢書』, 「黨錮列傳」, '范滂.'
248) 『書經』, 「虞書」, '堯典.'

를 윤택하게 하는 비용이 되게 하지 말라. 한 도의 '갓난아이'[249]의 삶과 죽음을 경들에게 맡기니 그 책임의 중요함이 어떠하겠는가? 진실로 지극한 정성이 아니면 〈마치 수레바퀴 자국의 고인물에 붕어처럼〉 몹시 곤궁하여 위급한 상황[250]에서 구제하여 '나'의 뜻에 부응할 수 없을 것이다. 저 '지극히 어리석은 사람도 신령스러운 마음이 있으니,'[251] 어찌 정성스러움과 정성스럽지 않음을 알지 못하겠는가? 수령 중에 별다른 공적이나 행실이 없는 사람이 재물의 이익을 핑계로 백성이 죽는 것을 서서 보고만 있다면 '내'가 가족까지 연좌시켜 처형하고 단연코 용서하지 않을 것이다.

아! 최근 도둑이 생긴 데가 '없는 곳이 없어'[252] 여행하는 사람이 거의 끊어졌다. 이것이 비록 사람의 마음이 착하지 않은 데에서 말미암았다고 하더라도 또한 반드시 굶주림과 추위가 절실해서 일어난 일이 아니라고 할 수 없다. 바로 이른바 "그 실정을 알게 되면 가엾이 여긴다"는 것이다. 위에 있는 사람[임금]이 덕으로 백성을 교화하여 백성으로 하여금 비록 곤궁하더라도 차마 선하지 않은 일을 하지 않게 했다면 어찌 오늘날의 근심이 생겼겠는가? 이것이 '내'가 한밤중에도 통탄하는 이유이다.

아! 너희 '관찰사들'[253]은 거듭 말한 것을 분명히 들어서 감히 혹여라도 소홀히 하지 말라. 그리고 도둑을 막는 방도는 오로지 수사하여 잡는

---

249) 『書經』, 「周書」, '康誥.'
250) (唐)李白, 「江夏使君叔席上贈史郎中」; (唐)王勃, 「秋日登洪府騰王閣餞別序」.
251) (唐)陸贄, 「奉天請數對群臣兼許令論事狀」(『全唐文』).
252) 『太宗實錄』, 太宗 16年 2月 24日(丁亥).
253) 『禮記』, 「王制」.

것만 중시하지 말고, 반드시 위로하여 편안히 정착시키는 정사를 먼저 하며 '왕명을 두루 알리는'254) 책임을 다하여서, '날이 밝기 전에 옷을 입고 해가 저문 후에 음식을 먹는'255) 근심이 조금이라도 풀리도록 하라.

게다가 '농사는 천하의 근본이다.'256) 비록 보통 때라 하더라도 오히려 권장하기에 힘쓰는데, 하물며 오늘날이겠는가? '봄 농사'257)가 멀지 않았으니 또한 여러 고을에 신칙하여 백성이 상업을 좇는 것을 금지하고 모두 농업으로 돌아가서 전지田地에서 일하고 농사에 힘써서 '가을 〈걷이〉'가 있도록 하는 것이 어찌 마땅히 행해야 하는 것이 아니겠는가? 경들은 앞으로 자세히 알아서 경계하고 두려워하며 거행하도록 하라.

『肅宗實錄』肅宗 22年 正月 戊午(1日) 실 승

026 정사에 경고를 보내다

아! 하늘이 재앙을 내려 '기근이 거듭 이르고,'258) '길에는 굶어 죽은 시신이 도처에 있어'259) 눈이 참혹하고 마음이 상한다. 아비가 자식을 죽이고 사람이 사람을 먹어서 용이나 뱀처럼 변하였다. 곳곳마다 도둑이 모여서 이러한 백성으로 하여금 이처럼 차마 하지 못하는 일을 하고 선하지 못한 일을 하는 데 이르게 하였으니, '이루 다'260) 아파할

---

254) 『漢書』, 「匡衡傳」.
255) (宋)王禹偁, 「爲兵部向侍郞謝恩表」.
256) 『漢書』, 「文帝紀」 변용.
257) 『書經』, 「虞書」, '堯典'; 『史記』, 「五帝本紀」.
258) 『詩經』, 「大雅」, '雲漢.'
259) 『宣祖實錄』, 宣祖 27年 2月 乙丑(16日).
260) 『孟子』, 「梁惠王上」.

수 있겠는가?

아! '내'261)가 능히 위로하고 보호할 수 없어서 또한 이러한 경계에 이르렀다. 한결같이 '나'의 허물이고 한결같이 '나'의 잘못이다. '아침부터 밤까지'262) 고통스러워 탄식하느라 '임금노릇'263)이 즐겁지 않다. 생각지도 못했는데 '큰 가뭄'264)의 참혹함이 또한 여기에 이르렀다. 차가운 바람과 독한 안개가 거의 30일 동안 잇따르니, 대지大地는 붉게 타들어 가고 많은 백성은 울먹이고 있다. 지금의 시기를 잃고 비가 내리지 않으면 사람의 부류는 장차 모두 없어질 것이다. '〈탕임금은〉 상림桑林에서 대신 희생犧牲이 되고 정성이 간절하여 스스로를 불태우려고 했으나,'265) 〈나는〉 작은 정성이 〈하늘에〉 닿지 못하고 하늘을 보니 흐리멍덩하기만 하다. 아! 〈나라의〉 창고도 비었고 민간의 저축도 고갈되었으니 장차 그들이 죽는 것을 서서 보고만 있어야 하겠는가?

아! 옛날 계사년[선조26, 1593]과 갑오년[선조27, 1694]의 흉년에 '굶어 죽은 시신'266)이 날로 쌓여서 선조宣祖는 "먼저 죽으려 해도 할 수 없었다"는 전교를 내리기에 이르렀다. 오늘 '나[小子]'267)의 마음은 바로 선조 때의 마음과 같다. 지금부터 '정전正殿을 피하여'268) 공경하고 두려워하며 '마음을 가다듬고 반성하는'269) 도리를 더하고자 한다.

---

261) 『書經』, 「虞書」, '堯典.'
262) 『詩經』, 「大雅」, '抑' 변용.
263) 『周易』, 「說卦傳」.
264) 『後漢書』, 「楊賜傳」.
265) 『書經』, 「周書」, '武成.'
266) 『孟子』, 「滕文公下」.
267) 『書經』, 「商書」, '湯誓.'
268) 『定宗實錄』, 定宗 元年 8月 丁未(10日).

의정부에서 널리 직언을 구하여 임금의 덕 중에서 부족한 것과 남길 만한 것이나 조정의 정사 중 잘된 것과 잘못된 것에서부터 진휼하여 구제하는 방법에 이르기까지 남김없이 말하도록 하라. 만약 '백성[生民]'270)을 이롭게 하는 것이 있다면 내[吾]가 머리카락부터 발끝까지 몸 전체를 아끼겠는가?

아! 백성을 다스린 지 24년이 지났다. '덕이 없고'271) 잘한 것도 없어서 스스로 재앙을 불러 해쳤다. 자신을 돌이켜 보면 매우 부끄럽기만 하니 대저 다시 무슨 말을 하겠는가? 다만 위와 아래가 서로 마음을 가다듬기를 그치지 않을 수 있다면 어찌 한두 가지라도 말할 수 없겠는가? 오늘날 조정은 "매우 흩어져 있다"고 할 만하다. 정치세력을 각기 만들고 시기하는 마음으로 '서로 배척하기'272)가 버릇이 되어, 남의 작은 허물을 들으면 진기한 재물을 얻은 듯이 지엽적인 일을 여러 개로 만들어내어 의혹과 분노가 끝이 없고 하루가 지나고 이틀이 지나도 반복하여 고질병이 되어가는데도 한결같이 '답답하게만 하여서'273) 나라를 망하게 하는 사대부가 되기를 달갑게 여기니 그것이 과연 도리에 부합하겠는가?

아! 너희 높고 낮은 관직의 신료들은 '나'의 훈계를 분명히 들어서 아주 깨끗하게 마음을 만들어 "가뭄의 재해가 우연이다"고 말하지 말며, "당론黨論은 깰 수 없다"고 말하지 말고, '능히 공경히 받들어서,'274)

---

269) 『周易』, 「震」, '象傳.'
270) 『書經』, 「周書」, '旅獒'; 『詩經』, 「大雅」, '生民.'
271) 『詩經』, 「小雅」, '小弁.'
272) 『舊唐書』, 「李宗閔傳」.
273) 『詩經』, 「大雅」, '板'; 『孟子』, 「滕文公下」.
274) 『書經』, 「商書」, '說命下.'

조금이라도 하늘의 꾸짖음에 답하도록 하라. 허물을 없애주는 일, 막힌 〈인사〉를 뚫어주는 일, 인재를 선발하여 쓰는 일, '목민관'275)을 신중히 가리는 일은 역시 나라에서 급히 힘써야 할 것이니, 앞으로 비변사로 하여금 별도로 〈임금에게〉 아뢰고 처리하도록 하라. 그리고 감선減膳 · 금주禁酒 · 격고擊鼓 금지 등의 일은 모두 곧바로 거행하도록 하라.

『肅宗實錄』肅宗 23年 4月 辛未(22日) 실 승

027 굶어죽은 백성을 마음 속에 묻다

아! 나라가 불행하여서 '기근이 거듭 이르렀고'276) 팔도 '백성[元元]'277)의 '천명도 거의 다한 듯하다.'278) 하물며 이러한 '평안도 · 함경도[西北]'279)는 받은 피해가 가혹할 정도로 편중되었는데, 〈그 중〉 평안도가 매우 심하였다. 전후로 장계狀啓로 올리는 보고를 보건대, 백성[人民]이 사망하여 거의 만 명을 넘기고 있다. 이 외에 누락한 경우를 어찌 '이루 다'280) 셀 수 있겠는가?

아! '불타오르는 기근'281)의 급박함은 윤기倫紀와 상도常道를 없애버려서 사람이 사람의 고기를 먹는 데 이르렀으니 "극도로 참혹하다"고

---

275) 『書經』,「周書」,'康誥' 및 『孟子』,「公孫丑下」변용.
276) 『詩經』,「大雅」,'雲漢'.
277) 『史記』,「孝文本紀」.
278) 『詩經』,「大雅」,'雲漢'.
279) '서북'은 ①西北面(평안도), ②西北兩界 · 西北兩道(평안도 · 함경도), ③평안도 · 황해도, ④평안도 · 황해도 · 함경도 등 문맥별로 그 범위가 일치하지 않는다. 여기서는 숙종연간의 다수 용례를 택하였다.
280) 『孟子』,「梁惠王上」.
281) (唐)白居易,「旱熱」.

할 만하다. 비록 '불타오르는 전쟁'282)의 재앙이라 하더라도 어찌 이보다 더하겠는가? '역사기록'283)을 구해보건대, 또한 드문 일이다. 이러한 때에 '나'284)는 실로 '임금노릇'285)이 즐겁지 않고 '호화로운 음식'286)이 편안하지 않다.

어제 감진어사監賑御史가 돌아왔는데 그의 서계書啓를 살펴보고 그가 얼굴을 보며 아뢴 것을 들으니, 사람으로 하여금 정신이 손상되어 '나도 모르게'287) 목이 메이고 말았다. 지금 진휼하는 정사는 비록 끝냈다고 하더라고 다음해에 대한 근심으로 생각할 것은 반드시 배가 되어야 할 것이다. 하물며 농사가 다시 다른 재변이 없다고 하더라도 또한 반드시 그렇게 되지 않을 수 있겠는가? 그렇다면 어찌 감히 한번 진휼을 중단했다고 해서 갑자기 위로하고 보호하는 마음을 느슨히 하겠는가? 반드시 마치 자애로운 아비가 어린 자식을 보호하듯이 하고 마치 큰 병을 잘 보살피듯이 한 후에야 '만 번 죽을 고비에 한 번 살아남은'288) 백성은 살아나는 희망이 생길 것이고, 조정의 진휼하는 은택 또한 시작이 있고 끝이 있을 것이다. 마땅히 비변사로 하여금 별도의 문서 중에 채택하여 시행할 만한 일과 시행할 만하지만 누락되어 기재되지 않은 일은 모두 추가로 의논하고 확정해서 〈임금에게〉 아뢰고 재가를 받아 거행하도록 하라.

---

282)『漢書』,「王莽傳下」.
283) (南朝宋)顔延之,「赭白馬賦」.
284)『書經』,「虞書」, '堯典.'
285)『周易』,「說卦傳」.
286)『書經』,「周書」, '洪範.'
287) (漢)張衡,「東京賦」(『文選』).
288)『漢書』,「司馬遷傳」, '報任少卿書' 변용.

그리하여 생각하건대, 여러 해 동안 '흉년[大殺]'289)으로 '길에는 굶어 죽은 시신이 도처에 있다.'290) 이들은 모두 죄가 없고 '동포同胞인 백성이다.'291) 중앙은 담당아문[한성부]이, 외방은 '관찰사'292)가 이미 조정의 뜻을 본받아 〈시신을〉 때에 따라 곧바로 묻어두고 있지만, 어찌 앞으로 노출되는 시신이 없다고 장담하겠는가? 옛날에 〈주나라〉 문왕文王이 연못을 파면서 명하여 주인 없는 문드러진 뼈를 장례를 치렀으며, '〈당나라〉 태종은 비단을 나누어주면서 죽은 군졸軍卒의 유해遺骸를 거두게 하였다.'293) '이렇게 가엾은'294) 수만의 굶어 죽은 귀신이 문드러진 뼈가 되었을 뿐 아니라 '매우 급한'295) '재해'296)가 거의 전란보다 심하니, '가엾게 여겨 슬퍼하는'297) 마음이 저절로 생기고 만다. 서울과 외방의 신하들에게 분명히 경계하여 묻어주는 일을 착실히 하는 데 부합하게 하고, 또한 마땅히 자세히 알아서 지극한 뜻에 같이 부응하도록 하라.

『肅宗實錄』肅宗 23年 7月 癸未(5日) 실 승

028 흰 무지개가 해를 꿰뚫다

아침에 서운관書雲觀에서 "음의 기운인 무지개가 양의 기운인 해를

---

289) 『禮記』, 「禮器」.
290) 『宣祖實錄』, 宣祖 27年 2月 乙丑(16日).
291) (宋)張載, 『西銘』 변용.
292) 『禮記』, 「王制」.
293) (唐)白居易, 「七德舞」 변용.
294) 『詩經』, 「小雅」, '鴻鴈'.
295) 『詩經』, 「小雅」, '采薇'.
296) 『三國志』, 「魏志」, '文帝紀', 元年 2月 壬戌, 裵松之注.
297) 『禮記』, 「問喪」.

꿰뚫는 이변이 '갑자기 일어났다'²⁹⁸⁾"고 아뢰었다. 우러러 하늘의 형상을 보건대, 위와 아래의 구분이 군대가 서로 적대하여 싸우는 듯하여 모습이 매우 불길하고 사람으로 하여금 놀라고 두렵게 하여 오래도록 안정되지 않았다.

아! 오늘이 어떠한 때인가? 하늘[上天]이 '크게 분노하여'²⁹⁹⁾ 기근을 거듭 내리고 '굶어 죽은 시신'³⁰⁰⁾이 서로 이어져 사람의 부류가 장차 모두 없어지고 나라 〈안 백성의〉 삶과 죽음 사이에 터럭 하나 들어갈 틈도 없이 몹시 급박해졌다. 〈『시경』〉「홍안鴻鴈」³⁰¹⁾의 시詩로도 시급함을 비유하기에 충분하지 않으니 이미 '아침부터 밤까지'³⁰²⁾ 근심하고 황급해함을 이길 수가 없다. 평소와 다른 재난이 이러한 때에 겹쳐서 나타났다. 어떠한 화의 조짐이 보이지 않고 들리지 않는 곳에 숨어 있는지 알지 못하겠으니 '간곡하게'³⁰³⁾ '나'³⁰⁴⁾를 경계함이 두 번 세 번 이르렀구나! 여기에서 하늘의 마음은 어질고 아낌을 보여서 반드시 부축하여 온전히 평안하게 하려고 한 것이다. 어찌하면 하늘의 마음과 같이 백성의 원망을 풀어주겠는가? 생각이 여기에 미치니, 잠자리가 어찌 편안하겠는가?

아! 재변은 헛되이 생긴 것이 아니라 반드시 불러들이는 것이 있다. 곧 이번에 이러한 재이災異를 초래한 것은 진실로 한 사람[임금]으로

---

298) 『禮記』,「孔子閒居」.
299) 『詩經』,「大雅」, '桑柔.'
300) 『孟子』,「滕文公下」.
301) 『詩經』,「小雅」, '鴻鴈.'
302) 『三國志』,「魏志」, '管寧傳.'
303) 『詩經』,「大雅」, '抑.'
304) 『書經』,「虞書」, '堯典.'

말미암은 것이다. 덕德은 얕고 정사는 많아서 더욱 절실하고 '몹시 두려우니'305) '어찌할 바를 모르겠다.'306) 승지는 '나'를 대신하여 교서를 기초하고 마땅히 의정부에서 널리 직언을 구하여 〈내가〉 미치지 못하는 것을 바로잡도록 하라. 말이 비록 부합하지 않더라도 '내'가 어찌 벌하겠는가?

아! 조정은 사방四方의 근본인데, 불행하게도 논의가 뒤엉켜 어지러우며 정치세력을 각기 만들고 서로 공격하여 거의 편안할 날이 없다. 어찌해야 오로지 마음을 '나라의 일'307)에 기울이기를 〈마치〉 함께 배를 타고 같이 구제하듯이 할 겨를이 있겠는가? 만약 이러한 버릇을 통렬히 고치지 못한다면, 종국에는 해악이 반드시 사람과 나라가 망한 후에야 그칠 것이니 두려워하지 않을 수 있겠는가?

아! 너희 높고 낮은 관직의 신료들은 서로 마음을 가다듬는 지극한 뜻을 본받아 나라의 형세가 흩어짐을 생각하여 능히 사적인 붕당을 없애고 법을 받들며 직무를 좇아 실질적인 효과가 생겨서 〈나의 훈계가〉 빈말로 돌아가게 하지 말라.

『肅宗實錄』肅宗 23年 11月 己亥(23日) 실 승*(24日)

029 진휼과 농사를 최우선으로 하라

'내'308)가 덕德이 적어서 비할 데 없이 큰 사업을 계승하여 '아침부터

---

305) (宋)劉克莊,「吊錦鷄一首呈叶任道」.
306) (唐)孫逖,「爲宰相謝賜扇表內篇」(『全唐文』).
307) 『禮記』,「喪服大記」;『史記』,「秦始皇本紀」.
308) 『書經』,「虞書」,'堯典.'

밤까지'309) '공경하고 두려워하여'310) 감히 한가할 겨를이 없고 정신을 가다듬고 이치를 생각하며 뜻이 간절하지 않음이 없다. 그러나 어짊이 만물에 미치지 않고 정사는 착오가 많다. 잠시 그 큰 사례만 말해보면, 부세賦가 균등하지 않음은 〈토지의〉 경계經界가 바르지 않기 때문이고 죽은 사람에게 군포軍布를 징수함은 신역身役이 치우쳐 과중하기 때문이며 '어린아이'311)를 군오軍伍에 편입함은 군제軍制가 점점 폐해졌기 때문이다.

'수령[守宰]'312)은 신중히 가려뽑아야 하는데, 탐욕스럽고 포학한 이가 많이 자리하고 있으니 '가죽을 벗기고 살을 도려내듯이 약탈하는 것'을 일삼아서 사람의 '기름과 피'313)가 거의 말라가고 있다. 오래되어 고치기 어려운 병의 폐단을 '내'가 알고 있으나 잘 다루는 법을 알지 못했다. 더러운 아전을 '내'가 미워하지만 한 사람도 법으로 상응하는 대가를 치르게 하지 못해서 백성의 곤궁과 고통이 지금보다 심한 적이 없었다.

사람의 원망이 위까지 올라가 들리고 하늘의 재변이 이에 아래로 내려와서 가뭄·홍수·바람·서리로 인해 기근이 거듭 이르고 있다. '여름 농사'314)의 계절에는 '항상 불볕이 내리쬐고'315) 가을철[流火之月: 7월]에는 쌀쌀한 기운에 말라 죽는다. 3년 동안 '흉년[大侵]'316)을 겪으

---

309) 『詩經』, 「大雅」, '抑' 변용.
310) 『書經』, 「周書」, '金縢.'
311) (漢)劉安, 『淮南子』, 「氾論」.
312) 『後漢書』, 「朱浮傳」.
313) 『新唐書』, 「陸贄傳」.
314) 『書經』, 「虞書」, '堯典.'
315) 『書經』, 「周書」, '洪範.'
316) 『春秋穀梁傳』, 「襄公」, 24年.

며 재변은 한 묶음으로 나오고 있으니 감히 "널리 퍼지고 있다"고만
하겠는가? 진실로 삶과 죽음에 관계된다.

아! 하물며 이러한 경기·충청도는 실로 우리나라의 근본인데 재해
를 만남이 더욱 혹독하고 농사로 거둘 것이 텅 비었다. 어찌 하늘의
경계가 너무나 밝아서 '나'의 속마음에 깊은 주의를 주려는 것이 아니
겠는가? 〈땅을〉 굽어 살피고 〈하늘을〉 우러러보며 〈몸을〉 굽히고
올려보아도 걱정스러움과 부끄러움이 어찌 다하겠는가?

아! 오늘날 '나라의 일'317)을 '생각하면'318) "통곡하기에 부족하다"고
할 만하다. '불타오르는 기근'319)의 괴로움이 쌓여서 '떳떳한 도를
지니고 있는'320) 선량한 마음을 잃어버려서 골육이 서로 버리고, 도살
하여 저민 고기로 만들어 서로 먹으며, 길에서 구걸하다가 죽은 이가
이어지고, 시골의 집은 텅 비어 〈밥짓는〉 연기가 완전히 끊어졌다.
바로 정월[陽春]의 화평한 기운이 펼쳐지는 때에 만물은 무성하게 자라
는 데도 진휼은 계획이 아득하여 손댈 수조차 없을 뿐 아니라 종자와
식량도 모두 부족하여 농사를 일으킬 수도 없다. 만약 혹여 '봄 농
사'321)마저도 그 시기를 잃으면 장차 어찌되겠는가?

아! '평범한 남자와 평범한 여자가 그 은택을 입지 못하여 〈한 사람
의 백성이라도 불행함이 있으면 이윤은〉 마치 자기가 구렁텅이 속에
밀어 넣은 듯이 여겼다.'322) 하물며 백성이 굶주려 누렇게 떠서 죽음이

---

317) 『禮記』, 「喪服大記」 ; 『史記』, 「秦始皇本紀」.
318) 『詩經』, 「秦風」, '小戎.'
319) (唐)白居易, 「早熱」.
320) 『詩經』, 「大雅」, '烝民.'
321) 『書經』, 「虞書」, '堯典' ; 『史記』, 「五帝本紀」.
322) 『書經』, 「商書」, '說命下' 변용.

드리워서 마치 평범한 남자와 평범한 여자가 〈그 자리를〉 얻지 못한 것과 같고, 과인의 몸과 마음이 애통하고 간절하여서 또한 마치 구렁텅이에 밀어 넣은 것과 같다. 아껴서 앞으로 살리고자 하는 것은 곧 부모의 지극한 심정이다. 팔도가 먹여주기를 바라는 것이 마치 '갓난아이'323)가 굶주려 우는 것과 같다. 그러나 재물과 곡식이 다 떨어져 두루 구제할 수가 없다. 오직 경기·충청도만이라도 간절하게 오로지 뜻을 두려고 하였으나 빈말만 하고 보태지 못하여 실제 혜택은 미치지 못하고 있다. 이것은 아울러 경기·충청도의 백성까지 버린 것이다. 어찌 '왕도정치'324)에서 차마 할 수 있는 것이겠는가?

아! 재앙을 초래한 근본은 오로지 한 사람[임금]에게서 말미암았으니 '하늘[上帝]'325)이 〈재앙을〉 내려 이르는 곳은 차라리 내[我]의 몸이어야 하는데, 가엾게도 이러한 '백성[元元]'326)이 무슨 죄가 있겠는가? 무슨 허물이 있겠는가? 일이 이미 여기에 이르렀으니 어찌할 수가 없다. 그러나 사람을 구제하기 급박한데 어찌 〈창고가〉 가득 차기를 기다리겠는가? '내'가 이미 비변사의 신하들과 더불어 반복해서 의논하고 확정해서 간략히 만든 것이 있으니, 너희들은 반드시 '나'의 말을 믿을 수 없다고 여기지 말라.

아! '내'가 비록 뛰어나지는 않더라도 너희들의 부모가 되어, '우리 선왕들의 지극한 인仁과 후한 덕德'327)이 너희들의 살과 뼈까지 미쳤으

---

323) 『書經』, 「周書」, '康誥.'
324) 『孟子』, 「梁惠王下」.
325) 『書經』, 「虞書」, '舜典.'
326) 『史記』, 「孝文本紀」.
327) 『書經』, 「周書」, '君陳' 변용.

니, 어찌 차마 '선왕들'³²⁸⁾이 남긴 은택을 잊고 부모를 버리고 떠나겠는가?

아! 〈나라에서〉 여러 해 동안 진휼賑恤을 시행하였고 민간의 저축도 역시 바닥났다. 사대부가 만약 능히 조정에서 은덕을 베푸는 뜻을 본받아 홀로 살아남는 것을 수치로 여기고 궁핍하여 굶주리는 이를 구휼하여 온전히 살아난 사람들이 늘어난다면 포상의 은전을 '내'가 어찌 아끼겠는가?

아! 모든 백성의 생명은 '왕명을 두루 알리는'³²⁹⁾ 신하[관찰사]에게 부탁하였다. 경卿들은 마땅히 최선을 다해 고려하여 나[我]와 근심을 함께 하고 부로父老를 불러모아 '간곡하게'³³⁰⁾ 널리 알리며 여러 고을에 신칙하여 진휼의 정사를 '부지런히 돌보도록 하라.'³³¹⁾ 혹은 편의대로 하고, 혹은 장계로 보고하여 조금이라도 백성을 이롭게 하는 데 관한 경우는 번거로움을 꺼리지 말라. 농사를 권장하는 일은 별도로 '정성을 기울여서'³³²⁾ 마침내 호구戶口가 줄어들지 않고, 전답田畓이 버려지지 않은 경우는 마땅히 〈인사고과에서〉 첫 번째를 차지할 것이니 별도로 갖추어 아뢰도록 하라.

아! 종이 한 장은 정녕 말만 입에 올린 것이 아니니, 반드시 정밀하고 상세하게 하여 '내'가 뜻하는 일에 부응하여 쓰도록 경기 관찰사에게 하유下諭하라. 그리하여 과거의 이러한 흉년을 생각해보건대 요즘과

---

328) 『漢書』, 「宣帝紀」.
329) 『詩經』, 「大雅」, '江漢' 변용.
330) 『詩經』, 「大雅」, '抑.'
331) 『書經』, 「虞書」, '益稷.'
332) 『楚辭』, 「九辯」.

같지 않아서 '모든 사람을 동일하게 아껴서'333) 은혜로운 혜택이 미루어 널리 퍼졌으나 유독 오늘날에는 〈서북쪽 끝〉 진秦나라와 〈남동쪽 끝〉 월越나라의 관계와 같다. 이것이 어찌 같은 '동포同胞인 백성'334)에게 두터이 하고 얕게 하는 차이가 있어서 그러하겠는가? 대개 사업의 재력이 미치지 못하기 때문이지만 그 '갓난아이'335)를 보호하는 도리를 잃은 것이 크다. '나'336)의 허물이 아닌 것이 없다.

평안도 한 지역은 전후 6년 동안 재해가 일어나는 것이 갈수록 더욱 심하였다. 청천강 북쪽 일대 5~6개 고을은 한결같이 쑥대밭만 보이니 곧 텅 빈 것이다. '불타오르는 전란'337)의 화禍도 그 참혹함을 말하기에 충분하지 못하다. 곧 지금 해가 이미 새로워져서 굶주리는 사람을 일으키고 농사를 권장하는 일을 마땅히 먼저 해야 하니, 또한 여러 도道의 '관찰사'338) 및 유수留守에게 하유하도록 하라.

『肅宗實錄』肅宗 24年 正月 戊戌(22日) 실

030 비와 이슬의 은혜는 마른 잎도 고르게 적신다

임금[人主]은 모든 백성의 부모父母가 되었으니, 한 사람이라도 굶주리면 마치 자기가 굶주리는 것처럼 여기고, 한 사람이라도 추위를 겪으면 마치 자기가 추위를 겪는 것처럼 여긴다. 하물며 지금 '굶어

---

333) (唐)韓愈,「原人」.
334) (宋)張載,『西銘』변용.
335) 『書經』,「周書」,'康誥.'
336) 『書經』,「虞書」,'堯典.'
337) 『宋史』,「神宗紀二」丁酉.
338) 『禮記』,「王制」.

죽은 이'339)가 날로 저자에 쌓여도 구제하지 못하니, 어찌 가엾게 여겨 가슴 아파하는 것을 감당하겠는가? 연이어 '한성부'340)에서 아뢴 일을 보건대, 5일 동안 쓰러진 시신이 '구덩이를 메운'341) 경우가 40~50명이나 집계되니 한 달 동안 죽은 이는 얼마나 되겠는가?

아! 비와 이슬의 은혜는 마른 잎도 고르게 적시고, '왕도王道로 천하를 다스리는 사람'342)의 은택은 짐승에게도 또한 미친다. 곧 저 길에 떠돌아다니며 구걸하는 사람은 비록 본래 살던 농민農民은 아니지만, 마른 잎이나 짐승에게 또한 혜택이 미치는 일로 미루어본다면 어찌 차마 서서 보기만 할 뿐이겠는가? 앞으로 진휼청賑恤廳으로 하여금 지금 구휼하여 구제하고, 〈한성부 내〉 오부五部에 다시 신칙申飭하여 정성껏 시신을 묻어주어 '내'343)가 '가엾게 여겨 슬퍼하는'344) 뜻을 보여주도록 하라.

『肅宗實錄』 肅宗 25年 正月 辛未(1日) 실 승

031 물에 젖고 불에 타는 듯하다

아! 나라의 운명이 불행하더라도 어찌 여기까지 이르렀는가? 4년 동안 '흉년[大殺]'345)에 '만 번 죽을 고비에 한 번 살아남아'346) 간신히

---

339) 『孟子』, 「滕文公下」 변용 ; 『後漢書』, 「仲長統傳」.
340) 『漢書』, 「百官公卿表上」.
341) 『孟子』, 「梁惠王下」.
342) 『論語』, 「顔淵」.
343) 『書經』, 「虞書」, '堯典.'
344) 『禮記』, 「問喪」.
345) 『禮記』, 「禮器」.
346) 『漢書』, 「司馬遷傳」, '報任少卿書' 변용.

목숨이 붙어 있는데 전에 없던 가혹한 전염병에 걸려 봄부터 겨울까지 갈수록 더욱 심해지기만 하여 물에 젖는 듯하고 불에 타는 듯하였다. 서쪽 변방에서부터 시작해서 팔도에 두루 퍼져서 마을에는 온전하게 집이 없고, 백에 하나도 낫지 못하였다. 나란히 세운 장막이 서로 보이고 읊조리는 소리가 서로 들린다. 그리고 참혹함이 가장 심한 것은 심지어 집안이 함께 죽은 참혹한 경우이다. 시신이 쌓여 언덕을 이루고 귀신의 곡하는 소리가 처연하고 처절하니, '불타오르는 전란'347)의 화禍로도 어찌 급박함을 말하기에 충분하겠는가?

아! '여러 해 동안'348) '재해[災荒]349)가 들어 혹독하지 않음이 없어서 본래 살던 이들도 거의 다 사라져가니 지난해보다 더 심한 적이 없었다. 그 마음이 놀란 정도는 또한 마치 '불타오르는 기근'350)과 같았다.

아! 백성이 '한 사람도 살아남지 못하였는데'351) 나라가 장차 어디에 의지하겠는가? 이 때문에 근심하고 황급해 하여 '먹고 쉬는 것'352)이 편안하지 않다. 정성껏 재앙을 물리치는 기도에 최선을 다하지 않음이 없었으나 신령이 나를 돌아보지 않아서 어두움 속의 응답이 더욱 막연하기만 하다. 그 이유를 궁구해보면 잘못은 실로 '나'353)에게 있으니 '갓난아이'354)가 무슨 허물이 있겠는가?

아! '임금의 수레[임금]'355)는 봄을 맞이하고 화평한 기운이 무성하

---

347) 『宋史』, 「神宗紀二」 丁酉.
348) 『管子』, 「樞言」.
349) 『三國志』, 「魏志」, '文帝紀', 元年 2月 壬戌, 裴松之注.
350) (唐)白居易, 「旱熱」.
351) 『詩經』, 「大雅」, '雲漢' 변용.
352) 『莊子』, 「內篇」, '應帝王.'
353) 『書經』, 「虞書」, '堯典.'
354) 『書經』, 「周書」, '康誥.'

여 풀과 나무와 곤충이 모두 비와 이슬을 누리고 있다. 그러나 어찌하여 기근과 전염병은 번갈아가며 재해가 되어 우리 동쪽 땅 전역에 모든 '백성[蒼生]'356)을 홀로 죽을 위기에 빠뜨리고 구해주지 않는가? 백성의 부모가 되어 어떠한 마음이겠는가?

생각이 여기에 미치니 '나도 모르게'357) 눈물을 훔친다. '나'의 마음이 이와 같으니 중앙은 '한성부'358)가, 외방은 '관찰사[按道之臣]'359)가, 어찌 '날이 밝기 전에 옷을 입고 해가 저문 후에 음식을 먹는'360) 근심을 본받아 '구제하는'361) 방도에 최선을 다할 것을 생각하지 않겠는가? 반드시 이 뜻을 별도로 삼가 하유하여 약을 지급하고 치료를 제공해서 혹여 죽지 않게 하고, 시신을 거두어 매장해서 〈시신이 땅 위에〉 노출되는 등의 일이 없게 하며, 한가한 일로 여기지 말고 정성껏 거행하라. 그리고 전염병이 다소 가라앉기를 기다려서 진휼하는 혜택을 특별히 시행하라. 또한 마땅히 가까운 시종신[侍從臣]을 중앙과 외방에 나누어 보내고 제단을 설치하고 제사를 지내어 측은하게 여기는 뜻을 보여서 조금이나마 괴로움과 원통함을 위로하도록 하라.

『肅宗實錄』肅宗 25年 正月 辛未(1日) 실 승

---

355) (秦)呂不韋, 『呂氏春秋』, 「孟春紀」.
356) 『書經』, 「虞書」, '益稷.'
357) (漢)張衡, 「東京賦」(『文選』).
358) 『漢書』, 「百官公卿表上」.
359) 『仁祖實錄』仁祖 23年 8月 丙午(27日).
360) (宋)王禹偁, 「爲兵部向侍郎謝恩表」.
361) 『後漢書』, 「律曆志中」.

032 감선을 명하다

'보잘것없는 내'362)가 비할 데 없이 큰 사업을 이어받은 지 25년이 지났다. '끝없이 근심하여'363) 편안히 쉴 겨를 없이 맹자가 "백성을 보존하라"364)는 교훈을 평생 읊조렸다. 행한 일을 가만히 살펴보면 실제 은택이 백성에게 미친 것이 적고 백성의 곤궁함은 이와 같으니, '우리 〈백성〉으로부터 보고 듣는 하늘'365)이 어찌 발끈하여 위엄을 보이고 분노하지 않겠는가? '내'366)가 정사를 그르쳐서 먼 곳에서 꾸짖음을 자초하여 기근이 거듭 일어났고 심한 전염병이 더욱 참혹하였다. "주周나라 백성이 '한 사람도 살아남지 못하고'367) 당唐나라는 집마다 열에 하나도 치유된 이가 없다"고 하였으나 어찌 그 급박함을 비유하기에 충분하겠는가?

한밤중에 생각이 나서 근심이 수없이 많아서 '임금노릇[爲君]이 즐겁지 않다.'368) 이것이 나의 마음이다. 수많은 '뜨거운 기운'369)의 재앙이 또한 전염병 뒤에 혹독해지니, 여름철이 장차 지나가는 데도 극심한 가뭄이 더욱 심하기만 하다. 모진 바람·서리·우박·해일이 번갈아서 재해가 되어 봄보리는 시들어서 상해버렸고 벼의 싹은 시기를 놓쳤다.

---

362) 『書經』, 「周書」, '誥命' 변용.
363) 『書經』, 「周書」, '召誥.'
364) 『孟子』, 「梁惠王上」.
365) 『書經』, 「周書」, '泰誓中' 변용.
366) 『書經』, 「虞書」, '堯典.'
367) 『詩經』, 「大雅」, '雲漢.'
368) 『論語』, 「子路」 변용.
369) 『詩經』, 「大雅」, '雲漢.'

아! '천하의 근본이 실로 농사에 있으니,'370) 나라의 안위安危와 백성의 죽음과 삶이 어찌 일찍이 농사의 풍년과 흉년에 달려 있지 않겠는가? 하물며 지금 기근과 전염병 뒤에 살아남은 백성이 '정성을 다하고 노력을 다하여서'371) '무성하게 자라기'372)를 날마다 바랐다. 그러나 불행히도 오늘날 가뭄으로 나를 괴롭게 하니 백성이 장차 모두 다 죽으면 나라는 앞으로 어디에 의지하겠는가? 어린 띠처럼 머리를 잘라 희생犧牲으로 대신하여 〈임금이〉 직접 사직단에 기도하였으나 정성이 미약해서 〈하늘에〉 이르지 못하니, 나[我]의 〈말〉을 들어주는 것은 더욱 막연하기만 하다.

아! 한 사람[임금]에게 죄가 있어 모든 백성이 대신 〈벌을〉 받고 있다. '말이 여기에 미치니,'373) '차라리 〈영원히〉 누워서 깨어나지 않았으면 한다.'374) 〈공경하고 두려워하는 마음을 더하고자〉 오늘부터 '정전正殿을 피한다.'375) 승지는 '나'를 대신하여 교서를 기초하고 의정부에서 널리 직언을 구하여 〈내가〉 미치지 못하는 점을 바로잡도록 하라. 말이 비록 부합하지 않더라도 '나'는 너그럽게 받아들이겠다.

아! 동인과 서인으로 주장을 내세운 것은 진실로 백 년간 고치기 힘든 질병이었다. 정치세력을 나누는 데 이르러 '마치 병장기를 서로 찾듯이 다투어서'376) 최근보다 더 심한 적이 없었다. 비록 "말세의

---

370) 『漢書』, 「文帝紀」 변용.
371) 『詩經』, 「豳風」, '鴟鴞' 변용.
372) 『詩經』, 「小雅」, '甫田.'
373) (宋)王禹偁, 「讓西京留守表」.
374) 『書經』, 「王風」, '兔爰.'
375) 『定宗實錄』 定宗 元年 8月 丁未(10日).
376) (宋)呂祖謙, 「東萊先生左氏博議」, 「鄭子家爲書告趙宣子」; (朝鮮)徐居正, 『東國通鑑』, 「進東國通鑑箋」 변용.

풍속이 '시끄럽고'377) 사적인 뜻이 횡행한다"고 하지만, 또한 위에 있는 사람[임금]이 능히 '임금의 표준을 세우는'378) 도리를 다할 수 없는 데에서 말미암지 않음이 없다.

아! 너희 높고 낮은 관직의 '신료들'379)은 대대로 충성과 절의가 두터웠으니 "내가 훌륭한 일을 하기에 부족하다"고 해서 나[我]를 버리지 말고, 반드시 '붕당'380)을 통렬히 없애고 오로지 '나라의 일'381)에 마음을 다하여서, 어질고 아끼는 '하늘[上天]'의 꾸짖음에 답하고 나라가 화평해지는 복을 이루도록 하라. 옛말에 "어그러진 기운이 재이災異를 초래한다"고 하였다. 지난해와 올해에 중앙과 외방의 '허물없는'382) 백성이 '전염병'383)으로 죽은 이가 몇만 명인지 알지 못한다. 괴로움과 원통함이 아직 흩어지지 않았으니 하늘의 조화에 간섭하여 재이를 일으키기에 충분하다. 생각만 하면 목이 메인다. 제단祭壇을 설치하여 제사지내는 것은 일찍이 이미 내려진 임금의 명령이 있으니 이처럼 최선을 다하지 않을 수 없는 날에 한결같이 앞으로 잦아들기만을 지체하면서 기다릴 수는 없다. 감선減膳 등의 일은 해당아문[이조 사옹원 등]으로 하여금 거행하게 하라.

『肅宗實錄』肅宗 25年 6月 辛丑(4日) 실 승*(5日)

---

377) 『詩經』,「豳風」, '鴟鴞.'
378) 『書經』,「周書」, '洪範.'
379) 『詩經』,「周頌」, '臣工.'
380) (漢)劉向, 『戰國策』,「齊策」, '張儀爲秦連橫齊王曰' ; (漢)劉向, 『戰國策』,「趙策」, '臣聞明王絶疑去讒.'
381) 『禮記』,「喪服大記」 ; 『史記』,「秦始皇本紀」.
382) 『書經』,「商書」, '湯誥.'
383) 『春秋左氏傳』,「昭公」, 元年.

033 대지를 붉게 태우다

아! '보잘것없는 내'384)가 신령과 사람의 주인이 외람되게 되었다. 덕德은 얕고 정사는 많으며 재해까지 아울러 이르렀다. 지난겨울의 천둥·번개, 이번 여름의 서리·눈은 놀랍고 두렵지 않은 것이 없다. '아침부터 밤까지'385) 편안하지 못하니 '마치 깊은 골짜기에 떨어진 것만 같았다.'386)

아! 지금 이 '가뭄[亢旱]'387)은 또한 '매우 참혹하다.'388) 한 달 동안 항상 메말라 대지大地를 붉게 태웠다. 보리와 밀은 이미 시들었고 온갖 곡식은 아직 씨뿌리기도 못하였다. 많은 백성은 '〈물이 말라〉 물고기처럼 입만 뻐끔거리고 있으니,'389) '천명天命이 거의 다한 듯하다.'390) '봄 농사'391)는 이미 〈때를〉 놓쳤으니, '가을걷이'392)를 바랄 수 있겠는가? '신령을 높이 받들지 않음이 없어서'393) '〈신령에게〉 규벽圭璧을 모두 바쳤는데도'394) 하늘을 보면 흐리멍덩하고 비가 올 조짐은 더욱 막연하다.

아! '여러 해 동안'395) 흉년이 들어서 백성이 아직 소생하지 못하였는

---

384) 『書經』, 「周書」, '誥命' 변용.
385) 『三國志』, 「魏志」, '管寧傳.'
386) 『南齊書』, 「劉善明傳」 변용.
387) 『後漢書』, 「楊賜傳」.
388) 『肅宗實錄』, 肅宗 16年 2月 乙丑(3日).
389) 『莊子』, 「雜編」, '外物' 변용.
390) 『詩經』, 「大雅」, '雲漢.'
391) 『書經』, 「虞書」, '堯典' ; 『史記』, 「五帝本紀」.
392) 『書經』, 「虞書」, '堯典.'
393) 『詩經』, 「大雅」, '雲漢' ; (漢)董仲舒, 『春秋繁露』, 「郊祀」.
394) 『詩經』, 「大雅」, '雲漢.'
395) 『管子』, 「樞言」.

데다가 가뭄이 또 이처럼 심하니, 백성의 부모가 되어 어떠한 마음이겠는가? 어제 사직단에 이르러 대신 희생이 되어 〈임금이〉 직접 기도했으나 정성이 적어서 〈하늘에〉 닿지 못하여 올라오는 해는 더욱 환하게 타올랐다. 백성의 일을 '생각하니,'396) 마음이 타오르는 듯하다. 가만히 그 연유를 생각해보면 죄는 임금노릇을 제대로 하지 못한 데 있다. 자신의 허물을 반성해 보건대, 〈은殷나라 탕湯왕이 상림桑林에서 스스로 잘못을 꾸짖은 것처럼〉 어찌 '여섯 가지'397)에 그치겠는가? '몹시 두려워하기'398)를 배로 하여 거의 자는 것과 먹는 것도 잊었다. 오늘부터 '정전正殿을 피하여'399) 공경하고 두려워하는 마음을 더하고자 한다. 승지는 '나'400)를 대신하여 교서를 기초하고 의정부에서 널리 직언을 구하여 〈내가〉 덕德이 없는 것을 바로잡도록 하라. 말이 비록 부합하지 않더라도 '나'는 너그럽게 받아들이겠다.

아! 오늘의 재앙을 불러온 것은 오로지 한 사람[임금] 때문이지만 또한 어찌 여러 신료들을 삼가 격려하여 서로 경계하는 도리가 없겠는가? 아! 너희 높고 낮은 관직의 신하들은 '내'가 '날이 밝기 전에 옷을 입고 해가 저문 후에 음식을 먹는'401) 근심을 본받아 흐늘거리며 노는 습관을 통렬히 고치고 아주 깨끗한 마음으로 법을 받들고 직무를 좇아서 하늘의 꾸짖음에 답하고 지금의 어려움을 널리 구제하도록

---

396) 『詩經』, 「秦風」, '小戎.'
397) 『書經』, 「周書」, '武成' ※①정사를 조절하지 못했는가? ②사람을 부리기를 혹독하게 하였는가? ③궁실이 지나치게 높고 화려한가? ④여알女謁이 성한가? ⑤뇌물이 행해지는가? ⑥참소하는 사람이 성한가?
398) (宋) 劉克莊, 「吊錦鷄一首呈叶任道」.
399) 『定宗實錄』, 定宗 元年 8月 丁未(10日).
400) 『書經』, 「虞書」, '堯典.'
401) (宋) 王禹偁, 「爲兵部向侍郎謝恩表」.

하라. 감선・금주의 일은 해당아문[이조・사옹원・형조]으로 하여금 거행하도록 하라.

『肅宗實錄』肅宗 27年 5月 庚子(14日) 실 승*(15日)

034 도를 잃으면 이변이 생긴다

아! '보잘것없는 내'402)가 '덕이 없이'403) 수많은 백성을 다스린 지 27년이 지났다. 그러나 행한 일 중에 좋지 않은 것이 많으니, 위로는 하늘의 노여움을 불러오고 아래로는 백성의 원망을 초래하였다. 두려워할 만한 재이가 달마다 생기고, 흙이 무너져 내리는 근심이 아침부터 저녁까지 급박하며, '아침부터 밤까지'404) '몹시 두려워서'405) 편안할 겨를이 없다.

지난번에 천문[乾文]이 경계警戒를 보여서 재난이 보통 때와 다르다. 어떠한 화의 조짐이 어두움 속에 숨어 있어서 지난해 천둥・번개의 이변과 오늘날 요사스러운 혜성彗星의 이변이 이처럼 거듭 보이고 계속 나타나는지 알지 못하겠구나! 한漢나라의 유학자 동중서董仲舒의 말에는 "나라에서 장차 도道를 잃는 잘못이 있으면 하늘이 먼저 재해를 내서 꾸짖음으로 알리며, 스스로 반성하기를 알지 못하면 또 괴이한 재이를 내어 놀라게 하고 두렵게 한다"406)고 하였다.

---

402) 『書經』, 「周書」, '詰命' 변용.
403) 『書經』, 「虞書」, '堯典.'
404) 『三國志』, 「魏志」, '管寧傳.'
405) (宋)劉克莊, 「吊錦鷄一首呈叶任道」.
406) 『漢書』, 「董仲舒傳」.

아! 하늘의 마음이 어질고 아끼는데도 재이를 내려서 '나'를 경계하지만, '내'[407]가 밝지 못하여 허물을 반성할 줄 모르기 때문에 이와 같이 간절하게 반복하는 것이다. 어찌해야 하늘의 꾸짖음에 조금이라도 답하고 나라의 형세를 바로잡아서 회복하겠는가? '내'가 이에 대해 삼가하고 두려워하기를 배로 하여 '어찌할 바를 모르겠다.'[408] 승지는 '나'를 대신하여 교서를 기초하고 마땅히 의정부에서 직언을 널리 구하고 〈내가〉 미치지 못하는 것을 바로잡도록 하라.

아! 지금 이러한 재이가 일어난 것은 진실로 임금노릇을 제대로 하지 않은 데에서 말미암았으나 또한 어찌 〈신료들을〉 서로 경계하는 도리가 없겠는가? 아! 너희 높고 낮은 관직의 신료들은 자신의 사사로움을 끊고 '서로 공경하고 화합하는 데'[409] 최선을 다해 힘써서 혹은 흐늘거리며 놀지 말고 법을 받들며 직무를 좇아서 '내'가 '날이 밝기 전에 옷을 입고 해가 저문 후에 음식을 먹는'[410] 근심을 본받도록 하라.

『肅宗實錄』肅宗 27年 10月 乙卯(2日) 실 승

035 다섯 번을 빌어도 응답하지 않다

백성을 위해 비를 빈 것이 이미 다섯 차례나 되는데 하늘을 보니 흐리멍덩하여 비가 올 조짐이 막연하다. 계절의 차례가 점점 늦어져

---

407) 『書經』,「虞書」,'堯典.'
408) (唐)孫逖,「爲宰相謝賜竹扇表內篇」(『全唐文』).
409) 『書經』,「虞書」,'皐陶謨.'
410) (宋)王禹偁,「爲兵部尙侍郎謝恩表」.

백성의 일[농사]이 더욱 급한데 어찌해야 편안함을 누리게 하겠는가? 걱정하는 마음은 마치 불에 타는 듯하다. 다만 생각건대 〈기우제에서〉 희생과 규벽을 이미 두루 미치게 하였으나 여러 제사를 더럽힐 혐의가 있다. 앞으로 최선을 다하는 도를 쓰지 않을 수 없으니, 어찌 묵묵히 있을 뿐이겠는가? 선농단에서 〈임금이〉 직접 제사하는 축문을 〈다음과 같이〉 수록하라.

"아! 밝게 빛나는 신농씨神農氏와 후직后稷은 우리의 농사를 열어주었고 만세가 지나도록 의지하고 있으니, 풍년을 기도하여 제사를 지내는 데 정성을 다한다."

풍년을 기원하는 것은 진실로 농사를 위한 것이며, 비가 내리기를 기원하는 것 역시 농사를 위한 것이다. 곧 다시 작은 정성이라도 다하여 희생犧牲을 대신해서 〈임금이〉 직접 기도하여 조금이라도 느슨하게 할 수 없다. 앞으로 제사를 담당하는 관리로 하여금 대신에게 묻도록 하라.

『肅宗實錄』 肅宗 30年 5月 丁巳(19日) 실 숑

036 조정의 화합으로 재이를 막도록 하라

'일이 아래에서 일어나면 형상이 위에서 움직인다.'411) 옛날부터 재이災異가 일어나는 것은 모두 사람의 일이 잘못된 데에서 말미암은 것이니, 어질고 아끼는 하늘[上天]의 마음이 아닌 것이 없다. 임금[人君]된 자가 재이를 만나 스스로 반성할 줄 모르면 재앙과 난리가 따라오니

---

411) (朝鮮)李珥, 『聖學輯要』, 「爲政」, '謹天戒'.

두렵지 않을 수 있겠는가?

'내'412)가 외람되게 즉위한 이후 보통 때와 다른 이변이 매달 발생하고 있으니, '아침부터 밤까지'413) '몹시 두려워하여'414) 편안히 거처할 겨를이 없다. 바로 계춘季春의 달[3월]에 발육할 조짐이 바야흐로 왕성해서 양의 기운이 새어 나와서 굽은 것은 다 나오고 싹튼 것은 모두 뻗었으나 큰 눈이 여러 날 동안 내리고 날씨가 차가워져 거의 겨울의 기상氣象에 가까웠다. 봄에 겨울 날씨가 행해지는 것은 그 감응함이 좋지 않아서이다. 어떠한 화의 조짐이 어두움 속에 숨어 있어서 하늘이 경계함이 이처럼 간절한지 알지 못하겠구나! 그 이유를 궁구해보면, 진실로 '덕이 없는 데'415)서 말미암은 것이다. 근심하고 두려워하기를 배나 간절히 하여 마치 봄에 얼음 위를 건너는 듯하다.

아! 지금 이 재앙의 징조는 스스로 초래한 것이다. 오직 마땅히 자신의 허물을 반성하고 고칠 겨를이 없어야 한다. 그러나 생각건대 오늘날 간절하고 급한 근심은 조정朝廷의 의논이 나누어진 것보다 큰 것이 없다. 그러므로 전후하여 신칙하고 격려함이 지극한 정성에서 나왔으나 고질병이 약을 구하기가 쉽지 않다. 이와 같이 하여도 그치지 않는다면 '정신을 모으고'416) '나라의 일'417)에 전념하는 것은 아득하여 앞으로 바랄 수 없으니, 어찌 매우 놀랄 일이 아니겠는가?

아! 위와 아래가 '우레소리에 맞추어 함께 하듯이 덩달아 따르는

---

412) 『書經』, 「虞書」, '堯典.'
413) 『詩經』, 「大雅」, '抑' 변용.
414) (宋)劉克莊, 「吊錦鷄一首呈叶任道」.
415) 『書經』, 「虞書」, '堯典.'
416) (漢)王褒, 「聖主得賢臣訟」(『古文眞寶』).
417) 『禮記』, 「喪服大記」 ; 『史記』, 「秦始皇本紀」.

것'418)은 나라의 복이 아니다. 곧 '나'는 이것으로 책망하지 않겠다. 대체로 일을 논의할 때 각기 공평한 마음으로 '찬성과 반대를 서로 표시해서 도움이 되게 하고,'419) '서로 배척하는'420) 습관을 통렬히 없앤다면, '조정'421)이 화평하고 편안해져서 '매우 위태로운'422) 나라의 형세를 바로잡아서 회복할 수가 있을 것이다. '내'가 바라는 것은 실로 여기에 있다.

아! 너희 높고 낮은 관직의 신료들은 '내'가 서로 마음을 가다듬는 뜻을 본받아 '서로 공경하고 화합하는'423) 도리에 최선을 다해 힘써서, 조금이라도 하늘의 경계에 답하도록 하라.

『肅宗實錄』 肅宗 31年 3月 癸卯(9日) 실 승*(10日)

037 온갖 재해가 팔도를 뒤덮다

최근 '흉년[大侵]'424)이 들고 게다가 홍수·가뭄·곤충·우박·바람·서리의 재해로 팔도에서 장계狀啓로 보고하니 마음을 상하게 하지 않음이 없다. 바야흐로 가을철에 백성이 이미 먹을 것이 모자라니 올봄의 일도 미루어 짐작할 수 있다. 저들은 '허물이 없는데도'425) 장차 '언덕과 구덩이를 메꿀 것이다.'426) 나라와 민간이 매우 가난해서

---

418) 『禮記』, 「曲禮上」.
419) (宋)蔡沈, 『書經集傳』, 「尙書」, '咸有一德.'
420) 『舊唐書』, 「李宗閔傳」.
421) 『春秋左氏傳』, 「昭公」, 11年.
422) (唐)李華, 「謝文靖贊」.
423) 『書經』, 「虞書」, '皋陶謨.'
424) 『春秋穀梁傳』, 「襄公」, 24年.
425) 『書經』, 「商書」, '湯誥.'

창고가 마치 씻은 듯이 텅 비었다. 생각이 여기에 미치니 그것을 어찌하겠는가? 잠잘 때도 자리가 편안하지 않고 밥을 먹을 때도 목구멍으로 내려가지 않는다. 백성이 임금에 대해서는 마치 자식이 아비에 대한 것과 같으니, "굳게 고집하여 어찌할 수 없다"고 핑계 대고 앞으로 죽는 것을 서서 보고 있기만 할 수 있겠는가?

관찰사가 된 자는 바로 마땅히 낮부터 생각하고 밤까지 헤아려서 '서둘러서'[427] 구획區劃하고, '수령'[428]이 된 자는 힘을 다하고 마음을 다해 여러 가지로 쉴새 없이 일하고 지극한 정성으로 구제하여 소생시켜야 한다. 절도사·변장邊將·찰방도 또한 스스로 휘하에 군졸이 있으니 마땅히 각기 진휼賑恤하여 〈백성이〉 넘어지는 것을 면하게 해야 한다. '내'[429]가 진휼의 정사를 마칠 때를 기다려 '어사'[430]를 나누어 보내어 부지런함과 게으름을 살펴서 '강등과 승진'[431]의 법을 밝힐 것이다. 혹여 재물을 탐하고 행실이 깨끗하지 못한 관리가 방자하게 착복하면 무거운 형벌로 다스려 결단코 용서하지 않겠다.

아! 너희 '관찰사들[按道之臣]'[432]은 진심으로 하는 말을 명백히 듣고 곧바로 선포하여 '내'가 부탁하고 격려하는 뜻을 저버리지 말라. '재해[災荒]'[433]가 가장 혹심한 곳에는 별도로 감진어사監賑御史를 보내어 나라에서 각별히 진휼하는 뜻을 보이지 않을 수 없다. 경상도·전라도·

---

426) 『孟子』, 「梁惠王下」 변용.
427) 『漢書』, 「揚雄傳上」.
428) 『後漢書』, 「黨錮列傳」, '杜密' ; 『後漢書』, 「黨錮列傳」, '范滂.'
429) 『書經』, 「虞書」, '堯典.'
430) 『漢書』, 「武帝紀」.
431) 『書經』, 「周書」, '周官' 변용.
432) 『仁祖實錄』, 仁祖 23年 8月 丙午(27日).
433) 『三國志』, 「魏志」, '文帝紀', 元年 2月 壬戌, 裵松之注.

강원도에서 매달 초하루 올리는 음식과 경기・함경도의 음식은 앞서 흉년에 헤아려 감면하는 사례에 따라 다음 가을까지 잠시 감면하라.

『肅宗實錄』 肅宗 31年 10月 壬寅(12日) 실 승 비

038 굶어 죽는 사람이 없게 하라

아! 12월[臘]이 지나고 봄이 오니 하늘과 땅이 함께 조화를 이루어 비와 이슬의 혜택이 메말랐던 풀뿌리에도 미친다. 가엾은 우리 '동포[同胞]인 백성'434)은 거듭 흉년을 만나 홀로 죽을 위기에 빠졌으니 백성의 부모가 되어 어떠한 마음이겠는가?

아! 여러 해 동안 흉년으로 나라와 민간이 텅 비어 진휼[賑恤] 실시가 멀지 않은데 곡식을 모은 것이 많지 않다. 팔도에서 우러러 먹여주기를 바라는 '갓난아이'435)를 어찌해야 잘 구제하여 소생시켜 한 사람이라도 '굶어 죽는 이'436)가 없게 하겠는가? 생각이 여기에 미치니, '나도 모르게'437) 의기소침해진다.

아! 백성을 진휼하는 책임은 경[卿]들에게 부탁하였다. 진휼하여 구제하는 데 부지런함과 그렇지 않음에 '백성[生民]'438)의 죽음과 삶이 달려있으니 어찌 소홀히 할 수 있겠는가? 아! 너희 '관찰사들'439)은 과인이 '〈백성 보기를〉 상처 입은 듯이 여기는'440) 뜻을 생각하고 지난겨울에

---

434) (宋)張載,『西銘』 변용.
435)『書經』,「周書」,'康誥.'
436)『漢書』,「食貨志上」.
437) (漢)張衡,『東京賦』(『文選』).
438)『書經』,「周書」,'旅獒';『詩經』,「大雅」,'生民.'
439)『禮記』,「王制」.

별도로 말한 뜻을 본받아서 백성의 굶주림을 보기를 마치 자신의 굶주림과 같이 여겨 처음부터 끝까지 일관되게 반드시 지극한 정성을 기울인다면 구제할 수 있을 것이다.

그리하여 생각건대, '농사는 천하의 큰 근본이다.'441) 사람의 일을 앞에서 일어난 후에 땅의 일이 뒤에서 이루어진다. 이 때문에 맹춘孟春의 달[3월]에 "모두가 그 밭의 두둑을 수리하고 그 두둑의 경經과 수遂를 바르게 살펴서 구릉丘陵·판험阪險·원습原隰으로 토지土地가 적합한 곳인지 오곡五穀을 심을 만한 곳인지, 백성을 가르치고 이끌 만한지를 잘 살핀다"442)는 것은 대개 이러한 뜻이다. 비록 평년이라도 농사를 권장하는 것을 진실로 가장 급한 일로 삼아야 하는데, 하물며 '흉년[大侵]'443)이 든 때이겠는가?

아울러 마땅히 경계하여 두려워하고 다시 신칙하여 혹은 종자와 양식을 지급하고, 혹은 게으름을 주의시켜 전지田地가 버려지지 않도록 하는 것이 또한 '관찰사'의 직무이다. 경들은 앞으로 자세히 알아서 거행하도록 하라. 게다가 전후前後에 굶어 죽은 사람을 매장한 것은 세월이 이미 오래되어 노출되는 근심이 없지 않으니, '한성부'444)에 하교해서 오부五部에 별도로 신칙하여 하나하나 살펴보고 정성껏 묻어서 백골을 덮고 육신을 묻어주는 뜻을 보존하도록 하라.

『肅宗實錄』肅宗 32年 正月 庚申(1日) 실 승

---

440) 『孟子』, 「離婁下」.
441) 『漢書』, 「文帝紀」.
442) (秦)呂不韋, 『呂氏春秋』, 「孟春紀」.
443) 『春秋穀梁傳』, 「襄公」, 24年.
444) 『漢書』, 「百官公卿表上」.

039 강원도 · 함경도 · 평안도 · 황해도의 재해대책을 강구하라

나라가 불행하여서 '여러 해 동안 흉년이 들었고'445) 올해는 장맛비가 내려 재해災害가 보통 때와 다른데, 강원도 · 함경도 · 평안도 · 황해도가 더욱 심하다. 면화농사는 팔도가 흉작이니 가엾은 우리 '백성'446)이 어찌 한 해를 마치고 수많은 신역身役을 어찌 마련하겠는가? '내'447)가 생각이 여기에 미치니 마음은 측은하기만 하다. 공자께서 "천승千乘의 나라를 다스림에 용도를 절약하고 사람을 아낀다"448)고 하셨다.

넉넉하도다! 말씀이여! 나라를 다스리는 도리는 쓰임을 절약하는 것보다 앞서는 것이 없으며, 용도를 절약하는 근본은 반드시 낭비를 통렬하게 없애는 데에서부터 해야 한다. 보통 때에는 오히려 그렇게 시작해야 하는데, 하물며 이렇게 '거듭 기근'449)이 든 뒤이겠는가?

게다가 재해를 입어 가장 심한 도는 백성의 일[농사]이 바야흐로 시급하다. 무릇 구제하여 소생시킬 대책을 때에 맞게 강구講究하여, 마치 불에 타는 사람을 구해내고 물에 빠진 사람을 건져내는 것과 같이 한 연후에야 우리 '갓난아이'450)로 하여금 '구덩이에 떨어지는 것'451)을 면하게 할 것이다. 앞으로 비변사로 하여금 서둘러 의논하여 처리하게 하라. 백성을 직접 대하는 관리는 '수령'452)만한 이가 없으니

---

445) 『漢書』, 「嚴助列傳」 변용 ; 『晉書』, 「傅玄列傳」 변용.
446) 『論語』, 「季氏」.
447) 『書經』, 「虞書」, '堯典.'
448) 『論語』, 「學而」 변용.
449) 『春秋左氏傳』, 「僖公」, 13年.
450) 『書經』, 「周書」, '康誥.'
451) 『孟子』, 「梁惠王下」.
452) 『後漢書』, 「黨錮列傳」, '杜密'; 『後漢書』, 「黨錮列傳」, '范滂.'

진휼하는 정사 직전에 더욱 마땅히 신중히 가려 뽑아야 한다. 별도로 인사를 담당하는 아문[이조・병조]에 신칙하여 특별히 가려서 임명하도록 하라. 또한 마땅히 사도四道[강원도・함경도・평안도・황해도]의 관찰사에게 하유下諭하여 진휼의 정사에 마음을 다하여 잘 헤아려서 다스리고, 만약 백성을 편안하게 하는 데 관계된 것이라면 곧바로 사안별로 아뢰도록 하라.

아! 올봄 전염성 피부병[班疹]은 실로 유행流行하는 재변이 아니었으나 죽음의 참혹함은 거의 혹독한 전염병만큼 심하였다. 가엾은 저들은 '허물이 없으니,'[453] '나도 모르게'[454] 눈물을 떨구고 만다. 서울・평안도에는 이미 휼전恤典을 시행했으나 이 외에 다른 도 중에 전염병으로 죽은 것이 더욱 심한 곳은 한꺼번에 살펴서 구휼하지 않을 수 없으니, 또한 비변사로 하여금 〈임금에게〉 아뢰고 처리하도록 하라. 함경도에서 진상하는 대구어大口魚의 가미價米는 전처럼 헤아려 감면하여 진휼하는 자금에 보태고 강원도 정기 인사고과의 〈좋지 않은〉 기록은 특별히 정지해서 '내'가 '백성[元元]'[455]을 세세히 배려하는 뜻을 보이도록 하라.

『肅宗實錄』肅宗 33年 11月 庚戌(2日) 실 승*(3日) 비

040 경기・충청도・전라・경상도・황해도 관찰사에게 당부하다

아! '백성은 나라의 근본이니 근본이 튼튼해야 나라가 편안하다.'[456]

---

453) 『書經』, 「商書」, '湯誥.'
454) (漢)張衡, 「東京賦」(『文選』).
455) 『史記』, 「孝文本紀」.
456) 『書經』, 「夏書」, '五子之歌.'

그러나 '여러 해 동안'457) 거듭 기근이 들어 나라의 근본[백성]이 날로 초췌하므로, 한밤중에 생각하니 어찌 근심하고 한탄함을 감당하겠는가? 하물며 올해 '가뭄[元旱]'458)은 최근에 없던 일인데 바람과 이슬이 계속되고 농사가 마침내 손상을 입었다. 가엾은 우리 '백성'459)은 모두 장차 '구덩이를 메우게 될 것이다.'460) 생각이 간절하고 '〈백성 보기를〉 상처입은 듯이 여겨'461) '마치 아픔을 몸에서 느끼는 듯하다.'462) 내년 봄 진휼은 조금이라도 늦출 수 없다. 여러 해 동안 진휼을 시행하여 저축이 텅 비어서 막연하여 계획을 세우지 못한다. 그러나 임금이 백성을 보는 것은 아비가 자식을 보는 것과 같으니, 어찌 자식에게 급한 병이 있는데 아비가 차마 소홀히 보겠는가? 무릇 백성의 진휼에 관계된 정사는 겨우 관찰사가 장계狀啓로 청하고 비변사가 문서를 검토한 후 아뢰어서 대략 이미 구획하였으나 여러 고을에 거듭 하유하여 '정성껏'463) 구제하여 소생시키는 것은 오로지 '관찰사'464)에게 달려 있다.

그러나 생각건대 진휼의 정사는 거의 없는 해가 없는데, 사람의 마음은 혹은 처음에는 부지런히 하다가 끝에는 게을러지지 않음이 없으니, 이것이 가장 염려할 만하다. 시행세칙은 전후의 비망기備忘記에서 이미 모두 말하였으니 여기서는 많이 말하지 않겠다.

---

457) 『管子』, 「樞言」.
458) 『後漢書』, 「楊賜傳」.
459) 『論語』, 「季氏」,
460) 『孟子』, 「梁惠王下」.
461) 『孟子』, 「離婁下」.
462) 『孝宗實錄』, 孝宗 元年 6月 丁未(25日).
463) 『楚辭』, 「九辯」.
464) 『禮記』, 「王制」.

아! 너희 '관찰사들'은 공경하여라! '나'465)의 명命이여! 마음을 다하여 받들어 행할 일을 경기·충청도·전라·경상도·황해도 5도 관찰사에게 하유하노라. 겨울철이 장차 다 끝나고 봄 농사가 멀지 않았으니, 여러 도에 신칙하여 농사와 누에치기를 권장해서 농사에 힘쓰는 것을 중요하게 여기는 뜻을 보이도록 하라.

『肅宗實錄』肅宗 34年 12月 丙午(4日) 실 승*(5日) 비

041 누구와 더불어 임금노릇 하겠는가?

아! 나라가 불행하여서 천재天災가 '거듭 이르렀으니,' 가뭄의 혹독함이 올해보다도 심한 적은 없었다. 여름에 들어간 이래로 땅이 기름지고 윤택해지도록 〈비가〉 내리지 않아서 낮에는 서늘한 바람이 불고 밤에는 별이 빛나며 적은 비가 왔다가 바로 맑아지고 큰 비는 오히려 인색하다. 보리농사는 이미 흉년이 되고 벼의 싹은 장차 시들 것이니, 지금 때를 놓쳐 비가 내리지 않으면 '가을걷이'466)를 어찌 바라겠는가? 나라가 믿을 곳은 백성이고 백성이 하늘로 여기는 것은 먹을 것이니, 백성이 먹을 것이 없고 나라에 백성이 없다면 내[予]가 누구와 더불어 임금노릇하겠는가?

아! 하늘은 헛되이 응답하지 않으니, 죄는 실로 '나'467)에게 있다. '아침부터 늦은 밤까지'468) 스스로 반성하여 부끄럽고 두려움이 어찌

---

465) 『書經』,「虞書」, '堯典.'
466) 『書經』,「虞書」, '堯典.'
467) 『書經』,「虞書」, '堯典.'
468) 『詩經』,「大雅」, '抑' 변용.

끝이 있겠는가? 간절히 대신 희생이 되어 〈임금이〉 직접 사직단에서 기도하려고 하였으나 발에 병이 나서 억지로 하는 것이 어려워 끝내 하지 못하였다. 다만 스스로 우울憂鬱하여 한 가지 병을 더한 듯하다. '내'가 어찌 감히 '넓은 처마에 〈가는 양탄자를 깐〉 궁궐'469)에서 '호화로운 음식'470)의 훌륭함에 편안하겠는가?

아! '보잘것없는 내'471)가 '덕이 없이'472) 자리에 외람되게 오른 지 이제 38년이 지났다. '나'의 마음은 다스림을 이루는 데 간절하였으나 다스림이 그 효과를 보지 못하였고, '나'의 마음은 '백성을 아끼는 데'473) 간절하였으나 백성이 그 은택恩澤을 입지 못하였다. '자신을 극복하는'474) 공功을 다하지 못함이 있고, 〈재능이 없는 사람을〉 헛되이 받아들이는 도량이 넓지 못함이 있다. '기강'475)을 진작하려고 하지 않음은 없으나 〈기강이〉 쇠퇴하는 근심이 더욱 심하다. 실질적인 공功에 힘쓰려고 하지 않음이 없으나 헛된 거짓 풍습이 아직도 많다. '모두 나의 잘못이다.'476) 지금 하늘이 재앙을 내림이 어찌 여기에서 말미암지 않았는지 알겠는가? 이것이 '내'가 자신을 돌아보고 자책自責하며 신하들[臣隣]에게 도움을 구하는 이유이다. 이제부터 '정전正殿을 피하여'477) 더욱 '〈하늘을〉 대하는'478) 정성을 두터이 할 것이니, 어찌

---

469) 『漢書』, 「王吉傳」.
470) 『書經』, 「周書」, '洪範.'
471) 『書經』, 「周書」, '誥命' 변용.
472) 『書經』, 「虞書」, '堯典.'
473) 『論語』, 「學而」 변용 ; (漢)劉向, 『新書』, 「雜事一」.
474) 『論語』, 「顔淵」.
475) 『書經』, 「夏書」, '五子之歌.'
476) 『書經』, 「商書」, '說命' 변용.
477) 『定宗實錄』 定宗 元年 8月 丁未(10日).
478) 『詩經』, 「周頌」, '淸廟.'

감히 경계하고 두려워하는 마음을 늦출 수 있겠는가?

승지는 '나'를 대신하여 교서를 기초하고 의정부에서 널리 직언을 구하여 각기 생각한 바를 아뢰고 숨기는 것이 없게 하라. 말이 적절한 것은 '내'가 가상嘉尙히 여길 것이다. 말이 비록 부합하지 않더라도 '내'가 벌하지 않을 것이다.

아! 재변이 실로 '나'로 말미암았으니, '내'가 마땅히 스스로 '마음을 가다듬을' 겨를이 없으니 어찌 남에게 책임 지울 수 있겠는가? 그러나 앞으로 서로 경계하는 도리道理는 또 어찌 한두 가지 더욱 힘쓸 것이 없겠는가? 공정함과 바름만이 사람을 복종시킬 수 있다. 이조[天官]는 육경六卿의 우두머리를 차지하니, 그 직책으로 말하면 사람을 임용하는 것이다. 과연 능히 현명한 인재를 쓰고 '불초不肖'479)한 자를 물리쳐서 〈사람을〉 쓰고 버리는 것이 공정하고 옳음과 그름이 분명하면, 비단 높고 낮은 관직은 각기 그 임무를 얻을 뿐 아니라, '조정'480)의 화합과 편안함도 또한 이것으로 말미암아 기대할 수 있다. 대저 관찰사들[方岳之臣]은 청렴결백을 스스로 지켜서 위엄과 은혜를 아울러 행하고 '강등과 승진'481) · 어둠과 밝음이 한결같이 공평한 마음에서 나오며, 군영의 장수는 사졸士卒을 어루만지고 융병戎兵을 다스리는 데 보통 때 보루堡壘를 대한 듯이 감히 게으르고 소홀하지 않는다면, 조정에서 맡긴 중임을 저버리지 않게 될 것이다. 아! 너희 중앙과 외방의 신료들은 '나'의 지극한 뜻을 본받아 '삼가 받들어 행하라.'482)

---

479) 『孟子』, 「萬章上」; 『禮記』, 「中庸」.
480) 『春秋左氏傳』, 「昭公」, 11年.
481) 『書經』, 「周書」, '周官' 변용.
482) 『書經』, 「商書」, '說命下.'

또한 생각해보건대, 옛날부터 가뭄을 초래한 것은 진실로 한 가지 단서만이 아니라 대부분 원함을 품은 데에서 나왔다. '3년 동안 지독한 가뭄은 실로 효부孝婦에서 연유했으며,'483) '5월에 서리가 내림은 진실로 연燕나라 신하에게서 말미암았다.'484) 대개 원통한 기운이 막히고 맺혀서 위로는 '하늘[蒼穹]'485)에 통하여 감응하여 화평한 기운을 손상시켜 재변을 초래하는 것이 또한 자연의 이치이다. 이러한 가뭄을 근심하는 날에 마땅히 최선을 다하지 않을 수 없어야 하니, 중앙과 외방의 관원에게 명하여 지극히 억울함을 품고서 아직 말하지 못한 자가 있으면 별도로 상세히 살펴 보고하라. 옥송을 판결하는 데는 청탁을 물리치고 사사로움을 제거하여 강함과 약함으로 세우거나 떨어뜨리지 말며, 그 펴는 것과 굽히는 것을 한결같이 굽은 것과 곧은 것에 따르면 '열악한 백성'486)은 원통함이 없을 것이다. 외방外方의 관리官吏는 기쁨과 분노로 인하여 형벌을 남용하여 사람을 죽이는 폐단에 대해 '내'가 여러 번 말하였다. 지금 휼수恤囚는 더욱이 거듭 엄격히 해야 하니 한꺼번에 포고하여 모두 들어서 알도록 하라.

 게다가 근래에는 사대부士大夫의 풍습風習이 아름답지 못하다. 혹은 공무를 집행한 지 아직 오래지 않아 바로 사직서를 생각하고, 혹은 임명받은 지 여러 달이 지나도 끝내 명에 응하지 않는다. 혹은 휴가를 받아 나갔다가 오랫동안 돌아오지 않고, 혹은 염치를 너무 지나치게 내세워 패초를 어겨 '떠들썩하여 어지럽다.'487) 혹은 아침에 그 관직

---

483)『漢書』,「于定國傳」변용.
484) (漢)王充,『論衡』,「感虛」변용 ; (唐)李白,「古風」변용.
485)『詩經』,「大雅」, '桑柔.'
486)『書經』,「商書」, '微子.'

이 교체되면 저녁에 이미 고향으로 돌아가 왕래往來가 '끊이지 않아서'488) 관아에 있는 날이 드물어 비우는 폐단이 오로지 여기에서 말미암는다. 이처럼 그치지 않으면 장차 어떻게 모든 관원을 갖추어 나라의 형태를 이루겠는가? 과거 임진왜란 뒤에는 가득히 잿더미만 보였으니, 사대부가 몹시 힘들게 고생한 상황이 어떠하였겠는가? 그러나 감히 수고로움을 말하지 못하고 감히 사사로움을 말하지 못하며, 왕도王都에 두루 모여 분주하게 직무를 좇았다. 지금의 사대부는 이와는 다르다. 이것이 '내'가 '세상을 다스리는 도道'489)를 위하여 마음에서 항상 탄식하는 것이다.

아!『시경』「운한雲漢」의 탄식이 어느 세상에서 없었겠는가? 그러나 '가뭄'490)의 재변이 올해 너무 심하여 마치 불에 타는 듯하니, 마음을 걷잡을 수 없다. 아! 너희 신료들은 편안함을 도모하지 말고 삼가 직무를 행하여 하늘의 꾸짖음에 답하라. 감선減膳・철악徹樂・금주禁酒 등의 일을 앞으로 담당아문[이조・사옹원・예조・형조]으로 하여금 거행하도록 하라.

『肅宗實錄』肅宗 38年 5月 丁亥(5日) 실 승*(11日)

---

487) (漢)王褒,「四子講德論」(『文選』).
488)『周易』,「咸」; (漢)桓寬,『鹽鐵論』,「刺復」.
489)『列子』,「楊朱」.
490)『詩經』,「大雅」, '雲漢.'

제2장 백성

042 영양현을 복구하다

옛 영양현英陽縣[영해현寧海縣 속현]에는 험한 고개가 하나 있는데, 범과 표범이 길을 막고 여러 도둑이 간헐적으로 나타나서 사람을 상하게 하고 물건을 해침이 자못 많았다. 그러므로 그 고을 백성[黔蒼]이 영해현에 출입하는 것을 〈중국 사천성泗川省으로 통하는 험난한 길인〉 촉도蜀道의 험지險地보다 어렵다고 여겨서 이름을 "눈물의 고개"라고 하였다. 곧 그 힘들고 괴로운 상황을 슬피 여기고 불쌍히 여길 만하다. 마땅히 옛고을을 다시 설치하여 백성의 바람을 이루도록 하는 것을 빨리 〈임금에게〉 아뢰고 처리하여 변통하도록 하라.

『肅宗實錄』肅宗 元年 9月 甲辰(19日) 실 승 비*(18日)

043 정금의 난에 대비하라

바야흐로 천하가 크게 어지러워질 것이니, 〈대만 정성공鄭成功의 아들〉 정금鄭錦이 눈을 흘겨보고서 바닷속 섬을 '기회를 틈타'[1] 노리고 있음을 매우 근심하지 않을 수 없다. 그러나 대비하는 계책은 비변사

---
1) 『晋書』, 「慕容暉載記」.

[樞密]·도체찰부[都統]가 여러 장수의 재주와 명망을 총괄하여 한 나라의 편안함과 위태로움을 맡았고, 남·북의 방어는 오로지 도체찰사都體察使[허적許積]의 신기神奇한 계책에 기댔다. 이제 병갑兵甲과 기계器械가 비록 수리되고 갖추어졌다고 하더라도 능히 지금 상황에 맞추어 쓰기에는 만의 하나도 되지 못한다.

아! 비변사[廟廟]의 여러 신하들은 '내'2)가 '날이 밝기 전에 옷을 입고 해가 저문 후에 음식을 먹는'3) 근심을 본받아 수로와 육로의 방어체계를 별도로 정비하고 단속하는 데 힘쓰고 아침부터 저녁까지 명령을 기다려서, 그 이름만 취하고 그 실상을 헛되게 함이 없도록 하라.

『肅宗實錄』肅宗 2年 2月 壬戌(10日) 실 승

044 돈대 공사에 동원된 백성을 진휼하라

강화도는 보장保障의 땅이니 바야흐로 봄에 굶주리는 때에도 백성을 동원하여 돈대를 설치하였다. 비록 궂은비가 내릴 것을 대비하는 데에서 나왔더라도 단지 강화부의 가난한 백성을 생각하면 이러한 흉년에 다시 큰 공사까지 만난 것이다. 비록 부역에 징발하는 일이 아니더라도 반드시 농사에 방해가 되는 근심이 있을 것이다. '내'4)가 매우 염려하는 것이다. 역사에 동원되는 이들을 엄중히 제한하고 거주하는 백성을 위로하는 조치가 없을 수 없다. 특별히 가까운 시종신을 파견하여 진휼의 뜻을 널리 알리도록 하라. 그리하여 올해 전조田租를 내려

---
2) 『書經』, 「虞書」, '堯典.'
3) (宋)王禹偁, 「爲兵部向侍郎謝恩表」.
4) 『書經』, 「虞書」, '堯典.'

주도록 하라.

　또한 거의 만여 명의 승군僧軍이 식량을 싸서 부역을 왔으니 역시 염려하지 않을 수 없다. 쌀 100석石과 삼승포三升布[전포錢布] 20통桶을 내어서 나누어 주도록 하라. 만약 마을에서 함부로 행동하는 자는 군율軍律로 시행하고 결코 '용서하지'5) 않는다는 것을 모두 알게 하라.

『肅宗實錄』肅宗 5年 3月 辛丑(6日) 실 승 비*(5日)

045 토지를 조사하여 세금을 바로잡다

『맹자孟子』에서는 "어진 정사는 반드시 경계經界에서 비롯된다"6)고 하였다. 〈전지田地의〉 경계를 바로잡는 것이 '왕도정치王道政治'7)에서 가장 급한 일이다. 우리나라는 경계가 바르지 않고 부역賦役도 그래서 고르지 못하다. 여러 도道의 토지조사는 설령 한때에 모두 시행하지는 못하더라도, 점차 이러한 법을 정비한다면 한결같이 고르지 않은 상태로 맡겨 놓고 서로 잊는 것보다 낫지 않겠는가? 앞으로 비변사로 하여금 의논하고 확정해서 〈임금에게〉 아뢰고 처리하도록 하라.

『肅宗實錄』肅宗 17年 閏7月 辛巳(28日) 실 승

046 경기 백성의 부담을 덜어주다

　〈개성부開城府〉 만월대滿月臺에 직접 행차한 날에 경기의 백성을

---

5) 『後漢書』, 「史弼傳」; 『後漢書』, 「陳寵傳」.
6) 『孟子』, 「滕文公上」.
7) 『孟子』, 「梁惠王下」.

가엾게 여겨서 물었던 적이 있었다. 그리하여 바로 지난번에 나누어 지급한 천 석石 중에서 알맞게 고려하여 추가로 주도록 했다. 이번 행행行幸은 경로가 자못 멀어서 가까운 왕릉을 하루 동안 다녀오는 것과는 달랐다. 한 도道의 백성을 움직여서 매우 바쁘게 뛰어다니며 물자를 대도록 하였으나 조정에서 〈물자를 지원해서〉 시행하는 것이 매우 적어 능히 두루 미칠 수 없었다. '나'8)의 마음은 끝내 부족하게 여기는 바가 있으니 별도로 은혜를 베풀지 않을 수 없다. 앞으로 비변사로 하여금 뜻을 헤아리고 깊게 생각하여 〈임금에게〉 아뢰고 처리하도록 하라.

『肅宗實錄』肅宗 19年 9月 乙卯(14日) 실 승 비

047 새해 농사를 준비하라

음의 기운을 북쪽 땅에 다 보내고 봄을 동교東郊에서 맞이하니, 하늘과 땅이 화합하여 하나가 되고 만물이 거의 죽어가다 다시 소생하고 있다. 하늘[乾元]의 지극한 인仁을 본받아 한 시대의 뭇 정사를 새롭게 하고 지극한 정성을 그치지 않아야 하니 지금이 바로 그때이다.

아! 너희 높고 낮은 관직의 신료들은 이렇게 말한 것을 본받아 과거의 잘못을 빨리 바꾸어서 〈새〉해와 함께 새로워지도록 하라. 이것이 '나'9)의 간절한 바람이다. 게다가 '은덕을 베풀고 명령을 내리니,'10) 농사에 주의를 기울이도록 가르치는 것이 '왕도정치王道政治'11)

---

8) 『書經』,「虞書」, '堯典.'
9) 『書經』,「虞書」, '堯典.'
10) 『禮記』,「月令」.

에서 가장 급한 것이다. 마땅히 여러 도道의 '관찰사'12)로 하여금 여러 고을에 거듭 경계하여 '백성[元元]'13)의 어려움을 널리 물어보고 사안별로 열거하여 보고하도록 하라. 그리하여 '그 밭의 두둑을 수리하고 그 두둑의 경徑과 수遂를 바르게 살펴서'14) 모두 스스로 밭일에 힘쓰고 각기 사람의 일에 최선을 다하여 조정에서 백성을 구휼하고 근본에 힘쓰는 뜻을 보이도록 하라.

『肅宗實錄』肅宗 18年 正月 辛亥(1日) 실 승

048 양인의 역을 변통하라

옛날 한漢나라 문제文帝는 중원[海內]이 편안할 때에 매번 조령朝令을 내려 문득 '백성[元元]'15)을 가엾게 여겼다. 하물며 오늘날 팔도는 '백성'16)이 겨우 기근과 전염병을 겪고서 아직 소생하지 못했으나 다시 지난해는 '재해[災荒]'17)를 만났는 데다가 신역으로 괴롭혀서 곤궁하게 만들었다. 바야흐로 봄에는 마른 풀뿌리도 자라나게 하니 모두 하늘의 비와 땅의 이슬 덕분이다. 〈그러나〉 가엾은 우리 '허물없는'18) 백성은 유독 죽음에 빠지니, 백성의 부모가 되어 다시 어떠하겠는가?

아! '농사는 천하의 큰 근본이고,'19) 백성이 생계를 의지하는 것이

---

11) 『孟子』, 「梁惠王下」.
12) 『禮記』, 「王制」.
13) 『史記』, 「孝文本紀」.
14) (秦)呂不韋, 『呂氏春秋』, 「孟春紀」 변용.
15) 『史記』, 「孝文本紀」.
16) 『論語』, 「季氏」.
17) 『三國志』, 「魏志」, '文帝紀', 元年 2月 壬戌, 裵松之注.
18) 『書經』, 「商書」, '湯誥.'

다. 곧 흉년에는 농사를 권장하는 데에 더욱 마땅히 힘을 기울여야 한다. 앞으로 담당아문[호조]의 신하로 하여금 '나'20)의 지극한 뜻을 본받아 혹여 흐늘거리며 놀지 말고 무릇 진휼하고 농사를 권장하는 일에 항상 더욱 뜻을 두도록 별도로 신칙하니 백성으로 하여금 '굶어 죽거나'21) 전토가 개간되지 않는 일이 없도록 하라.

그리하여 생각해보건대, 백성에 대해서는 아비가 자식에 대해서와 같다. 자식이 고질병이 있으면 그 아비된 사람이 어찌 그 죽음을 서서 보기만 하고 '서둘러서'22) 구호하지 않겠는가? 지금 '백성[生民]'23)을 보존하지 못하는 근심은 양인이 역을 지는 군제軍制만한 것이 없다. 그러나 하루가 지나고 이틀이 지나도록 다만 미루는 것만 생각하고 백성을 '물과 불'24) 속에서 구제하는 것은 생각하지 않는다. 이것이 어찌 '내'가 모든 백성을 보는 도리이겠는가? '내'가 실로 개탄스럽다. 마땅히 비변사로 하여금 앞으로 이러한 새 봄에 반드시 서둘러 잘 변통하고 화평한 기운을 이끌어내어 맞이하여, '내'가 '〈백성 보기를〉 상처입은 듯이'25) '가엾게 여겨 슬퍼하는 뜻'26)을 보이도록 하라.

『肅宗實錄』肅宗 29年 正月 壬子(6日) 실 승*(5日) 비

---

19) 『漢書』, 「文帝紀」.
20) 『書經』, 「虞書」, '堯典.'
21) 『漢書』, 「食貨志上」.
22) 『漢書』, 「揚雄傳上」.
23) 『書經』, 「周書」, '旅獒' ; 『詩經』, 「大雅」, '生民'.
24) 『論語』, 「衛靈公」.
25) 『孟子』, 「離婁下」.
26) 『禮記』, 「問喪」.

049 진휼·권농·변통이 모두 필요하다

나라가 불행하여서 을해년[숙종21, 1685]·병자년[숙종22, 1686]에 '흉년[大殺]'27)이 들었고, 무인년[숙종24, 1688]·기묘년[숙종25, 1689]에 혹독한 전염병 뒤에 마치 '불타오르는 전란'28)을 겪은 듯이 백성이 아직 소생하지 못하고 있다. 게다가 3년 동안 '큰 물이 넘쳐 산과 언덕을 포위하고 있으니,'29) 재해災害가 보통 때와 달라서 팔도가 '거듭 기근이 들고'30) '평안도·함경도[西北]'31)가 더욱 심하다. 가엾은 우리 '백성'32)은 '천명이 거의 다한 듯하다.'33) '〈백성 보기를〉 상처 입은 듯이'34) 생각하여 '깊은 궁궐'35)에서도 간절하지 않음이 없으나 이처럼 저축이 텅 비었으니 어찌하겠는가?

한밤중에 근심으로 애태우지만 계획을 마련할 방도를 알지 못하겠다. 그러나 정성이 보존되면 일마다 이루어지지 않음이 없을 것이다. 오늘날 군주와 신하·위와 아래가 만약 능히 '정성스러운 마음으로'36) 진휼에 '정성을 기울인다면'37) 또한 어찌 구제하여 소생시킬 방도가

---

27) 『禮記』, 「禮器」.
28) 『宋史』, 「神宗紀二」 丁酉.
29) 『書經』, 「虞書」, '堯典' 변용.
30) 『春秋左氏傳』, 「僖公」, 13년.
31) '서북'은 ①西北面(평안도), ②西北兩界·西北兩道(평안도·함경도), ③평안도·황해도, ④평안도·황해도·함경도 등 문맥별로 그 범위가 일치하지 않는다. 여기서는 숙종연간의 다수 용례를 택하였다.
32) 『論語』, 「季氏」.
33) 『詩經』, 「大雅」, '雲漢.'
34) 『孟子』, 「離婁下」.
35) 『漢書』, 「禮樂志」.
36) (宋)朱熹, 『大學章句』, 傳6章.
37) 『楚辭』, 「九辯」.

없겠는가? 중앙의 진휼을 주관하는 신하와 외방의 어사御史 및 '관찰사'38)는 '내'39)가 '가엾게 여겨 슬퍼하는 마음'40)을 본받아 진휼정책을 강구하고 '부지런히 돌보며'41) 게으르지 않아서 마침내 '굶어 죽은 사람'42)이 있고 없는 정도에 따라 권장하고 징계하는 법을 명백히 보일 것이니, 마땅히 각기 힘써 노력하도록 하라.

그리하여 생각하건대, 지난해 맹춘孟春[1월]에 양역良役을 변통하는 일을 특별히 비망기備忘記로 내린 것은 뜻이 우연이 아니었으나 1년이 이미 지나도록 조금도 기약이 없으니 '갓난아이'43)가 '거꾸로 매달린 듯이'44) 급함을 어느 때나 해소할 수 있겠는가? '나'는 실로 개탄스럽다. 아! 너희 〈양역良役을〉 '바로잡는'45) 여러 신하들은 또한 스스로 두려워하고 염려하여 과거와 같이 대충 처리하고 느리게 하는 일이 없게 하여 백성에게 실질적인 혜택이 미치도록 하라.

농사를 권장하는 일은 평년에도 오히려 가장 급한데, 하물며 '흉년'으로 백성이 굶주리는 때이겠는가? 시행세칙을 거듭 밝혀서 백성으로 하여금 농사에 힘쓰게 하여 전지田地가 개간되지 않음이 없도록 하라.

『肅宗實錄』肅宗 30年 正月 甲辰(4日) 실 승

---

38) 『禮記』, 「王制」.
39) 『書經』, 「虞書」, '堯典.'
40) 『禮記』, 「問喪」.
41) 『書經』, 「虞書」, '益稷.'
42) 『漢書』, 「食貨志上」.
43) 『書經』, 「周書」, '康誥.'
44) 『孟子』, 「公孫丑上」.
45) (唐)孔穎達, 『毛詩正義』, 「毛詩正義序」; 『新唐書』, 「儒學傳」, '顏師古傳.'

050 군제를 바로잡다

아! '백성은 나라의 근본이니, 근본이 튼튼해야만 나라가 편안하다.'⁴⁶⁾ 그러나 '여러 해 동안'⁴⁷⁾ 흉년이 거듭되어 백성이 바야흐로 '앓아누워'⁴⁸⁾ 있으니 '아침부터 밤까지'⁴⁹⁾ 한결같은 생각으로 일찍이 〈백성을〉 생각하고 보호하는 데 있지 않은 적이 없었다. 하물며 새 봄에 '봄 농사'⁵⁰⁾가 멀지 않으니, 〈백성을〉 어루만져 편안하게 모이도록 하고 농사와 누에치기를 권장하는 것이 진실로 모두 먼저 힘써야 할 것이다.

그러나 충청도·경상도·전라도는 재해災害가 가장 심한 곳에 구제하여 소생시키는 데 '정성을 기울여,'⁵¹⁾ 마치 불에 타는 사람을 구해내고 물에 빠진 사람을 건져내는 것과 같이 해야 한다. 앞으로 비변사로 하여금 별도로 관찰사에게 신칙하여 '내'⁵²⁾가 '백성[元元]'⁵³⁾을 진휼하는 뜻을 본받게 하라.

대저 군제軍制의 경우는 조정에서 다소 '바로잡는'⁵⁴⁾ 시행세칙을 이제 중앙과 외방에 반포하였으니, 여러 신하들은 준수하여 동요되지 말고 조금이라도 군민軍民의 바람을 위로하도록 하라.

---

46) 『書經』,「夏書」,'五子之歌.'
47) 『管子』,「樞言」.
48) 『詩經』,「大雅」,'板.'
49) 『詩經』,「大雅」,'抑' 변용.
50) 『書經』,「虞書」,'堯典';『史記』,「五帝本紀」.
51) 『楚辭』,「九辯」.
52) 『書經』,「虞書」,'堯典.'
53) 『史記』,「孝文本紀」.
54) (唐)孔穎達,『毛詩正義』,「毛詩正義序」;『新唐書』,「儒學傳」,'顔師古傳.'

『肅宗實錄』 肅宗 31年 正月 戊戌(3日) 실 승*(4日) 비

051 상을 당하면 보방하라

옥을 다스리는 데 관계되는 것은 모두 사대부士大夫이다. 비록 〈사대부가 아닌〉 죄를 진 하급 아전일지라도 조정에서 대우하는 데 마땅히 별도의 조치가 있어야 한다.

하지만 친상親喪을 만나도 스스로 최선을 다할 수 없다면 자식[人子]으로서 지극한 고통이 어떻겠는가? 이는 바로 윗사람[人上]된 자가 마땅히 측은히 여겨서 마음이 움직여야 하는 것이다. 지금부터 규정을 만들어 사형수死刑囚 외에는 처음으로 상복을 입을 때까지 〈임금에게〉 아뢰어 보방保放하도록 하라.

『肅宗實錄』 肅宗 31年 2月 丁卯(3日) 실 승

제3장 역사

052 관우의 사당을 보수하라

아! 무안왕武安王[관우關羽]의 충성과 의리는 실로 아주 먼 옛날에도 드문 것이다. 지금 이에 전해지는 〈관우의〉 상像을 한번 보니 실로 세상에 보기 드물게 서로 감응하는 뜻에서 나온 것이고 또한 무사武士를 격려하고 권장하는 방법이니, 본래 한때의 유람을 즐기려는 뜻이 아니다.

아! 너희 여러 장수와 사졸들은 반드시 이 뜻을 본받아 충성과 의리에 더욱 힘써서 왕실을 수호하도록 하라. 이것이 〈내가〉 바라는 것이다. 그리고 동쪽과 남쪽에 관왕묘關王廟가 파손된 곳은 해당아문[예조]으로 하여금 한꺼번에 고치고 관리를 보내 제사지내되, 제문祭文 안에는 '내'1)가 멀리 생각하고 깊이 탄식하는 뜻을 수록하도록 하라.

『肅宗實錄』肅宗 17年 2月 癸未(27日) 실 승

053 관우의 사당을 지키도록 하라

지난번에 전해지는 무안왕武安王[관우]의 상像을 보건대, 아름다운

---

1) 『書經』, 「虞書」, '堯典.'

수염을 짧게 자른 모습이 뚜렷이 있으니 일이 매우 편안하지 못하다. 이러한 곳들은 한결같이 새로이 수리하여 보완하도록 하라.

그리하여 생각해보건대, '선왕들'[2] 때에 사당을 세워 높이 받든 것은 실로 충성과 절의를 사모하여 우러러봄이 가득한 뜻에서 나왔으나 잡인雜人을 금지하지 않아서 이러한 일이 생긴 것이다. 그 외에 손상되고 더러워진 곳 역시 많으니, 엄숙하고 청결한 사당을 한결같이 지나가는 사람이 허물없이 노는 곳으로 만들어 버린 것이다. 만약 별도로 금지하지 않는다면, 오늘 고쳐도 내일 훼손될 것이며 자못 공경하는 본래의 뜻이 아주 없어질 것이다. 지금부터 만약 또한 이러한 근심이 점검할 때에 생긴다면 해당 수직관守直官을 무거운 쪽으로 형벌을 논하겠다는 뜻을 각별히 엄격하게 신칙申飭하도록 하라.

『肅宗實錄』肅宗 17年 3月 庚寅(4日) 실 승*(5日)

054 고사를 병풍으로 만들다

'내'[3]가 『국조고사國朝故事』를 보건대, 태종太宗 2년[1402]에 전대前代의 본받을 만한 일을 벽에 그리게 명하였고, 성종成宗 원년[1470]에 본받을 만하고 경계할 만한 것을 뽑아 그려서 병풍을 만들게 명하였으며, 이내 '글을 짓는 신하[지제교知製敎][4]로 하여금 시를 지어 읊게 하였다. 이것이 어찌 그림을 탐닉하는 것이겠는가?

지금 전대의 좋은 사례로 본받을 만한 것과 나쁜 사례로 경계할

---

2) 『漢書』, 「宣帝紀」.
3) 『書經』, 「虞書」, '堯典.'
4) 『定宗實錄』, 定宗 2年 11月 辛酉(1日).

만한 것 각기 여덟 가지를 취하고자 한다. 그 종류에 따라 그려서 두 개의 병풍으로 만들고 병풍은 각각 여덟 폭으로 하며, 〈임금이〉 앉는 자리의 모퉁이에 펴두고 살피는 데 도움이 되도록 하라. 앞으로 홍문관으로 하여금 감독하여 만들게 하고 '문형文衡을 담당하는 신하[홍문관 겸 예문관 대제학大提學]'5)는 각기 그 고사에 따라 율시律詩를 지어 병풍 가장자리 위에 써서 올리도록 하라.

좋은 사례는 ①'요堯 임금이 현명한 사람을 등용하여 다스리기를 도모한 일,'6) ②'순舜 임금이 노래 가사를 지어 천명天命을 경계한 일,'7) ③하夏나라 우禹 임금이 기구를 걸어 직언을 구한 일, ④'상商나라 탕湯 왕이 상림桑林에서 〈자신의 여섯 가지 잘못을 꾸짖으며〉 비를 빈 일,'8) ⑤〈상나라〉 중종中宗의 덕이 상상祥桑을 사라지게 한 일, ⑥주周나라 문왕文王의 은택이 〈죽은 자의〉 뼈에까지 미친 일, ⑦'〈주나라〉 무왕武王이 〈여상呂尙의〉 단서丹書로 경계를 받은 것,'9) ⑧〈주나라〉 선왕宣王이 간언諫言에 감동하여 정사를 부지런히 한 일 등이다.

나쁜 사례는 ⑨하夏나라 소강少康이 사냥에 빠져 왕위를 잃은 일, ⑩한漢나라 성제成帝가 도성 거리를 미행微行한 일, ⑪애제哀帝가 아첨한 이를 총애하고 현명한 사람을 살륙한 일, ⑫영제靈帝가 서저西邸에서 관작官爵을 판매한 일, ⑬진晉나라 무제武帝가 양이 끄는 수레가 〈후궁 처소를 선택하게 하여〉 향락에 빠진 일, ⑭당唐나라 현종玄宗이 〈양귀

---

5) 『宣祖實錄』, 宣祖 37年 10月 壬戌(16日).
6) 『書經』, 「虞書」, '堯典' 변용.
7) 『史記』, 「夏本紀」.
8) 『書經』, 「周書」, '武成.'
9) 『大戴禮記』, 「武王踐阼」.

비를 통해〉 재물을 거두어 사치〈하여 안록산安祿山의 난을 초래〉한 일, ⑮의종懿宗이 노하여 간언하는 신하를 유배보낸 일, ⑯송宋나라 휘종徽宗이 간사한 도적[도사道士]을 등용〈하여 북송이 멸망〉한 일 등이다. 모두 열여섯 가지이다.

『肅宗實錄』肅宗 17年 11月 壬戌(12日) 실

055 요 임금 · 순 임금보다 나은 세상을 만들라

하夏나라 우禹 임금 때에는 공업이 이루어졌고 다스림이 안정되었으며 '백성[黎民]'10)이 '매우 화평하였으나'11) 오히려 요 임금 · 순 임금 때만은 못하였으므로 자신을 통렬히 꾸짖었다. 심지어 '수레에서 내려 죄인에게 〈벼를 훔친 이유를〉 묻고서 눈물을 흘렸고'12) 지극한 정성으로 '가엾게 여겨 슬퍼하며'13) 온화함이 말 밖에서 넘치니, 천 년이 지나도 충분히 감동할 만한 것이 있다.

아! 오늘날 나라의 운명이 어려워서 '위급하고,'14) '백성[氓]'15)의 풍속이 어그러져서 또한 '매우 급하다.'16) 어버이를 아끼고 형兄을 공경하고 임금에게 충성하고 연장자에게 공손하는 것이 어떻게 해야 하는 일인지 전혀 알지 못한다. 윤기倫紀를 어그러뜨리고 상도常道를

---

10) 『書經』, 「虞書」, '堯典.'
11) 『孟子』, 「盡心上」.
12) (漢)劉向, 『說苑』, 「君道」 변용.
13) 『禮記』, 「間喪」.
14) 『詩經』, 「小雅」, '出車.'
15) 『詩經』, 「衛風」, '氓.'
16) 『詩經』, 「小雅」, '采薇.'

어지럽히는 것이 날로 더하고 달로 늘어나서 귀로 듣고 눈으로 보는 것이 마음을 놀라게 하지 않음이 없다. 생각지도 못했는데 충청도에서 또한 아비가 자식을 죽이는 이변이 생겼다.

아! 아비와 자식 사이의 아낌은 하늘에서 부여받은 떳떳한 본성이요, 귀하고 천함을 논하지 않고 동일하게 얻는 것인데, 저 사람이 비록 매우 어리석을지라도 이렇게 차마 하지 못할 일을 하였으니 어찌 이유가 없겠는가?

노魯나라 판본의 『논어論語』에 "법으로 이끌고 형벌로 다스리면 백성이 면하기만 하여 부끄러움이 없어지지만, 덕으로 이끌고 예禮로 다스리면 부끄러움이 생기고 바르게 된다"[17]고 하였다.

아름답도다! 말씀이여! '보잘것없는 내'[18]가 재주도 없고 덕도 없이 '열악한 백성'[19]을 다스린 지 지금 10여 년이 지났으나 일찍이 덕과 예로 이끌고 가지런히 하여 '백성으로 하여금 날로 선善으로 옮겨가게 하는 것'[20]을 알지 못하였다. 다만, 법제와 형벌로 구차하게 앞으로 죄에서 멀어지기만 바랐으니, 이는 그 말단을 믿고 그 근본을 찾지 않은 것이다. 이것으로 말미암아 보건대, 내吾의 백성이 자신을 아끼지 않고 법을 범하기를 가볍게 여기는 것은 실로 〈내가 백성을〉 이끄는 방법이 잘못되었기 때문이다. 과인의 마음이 아픈 것이 어찌 다만 우 임금이 죄인을 보고 울어서일 뿐이겠는가?

아! 너희 높고 낮은 관직의 신료들은 '내'[21]가 반복하여 말하는

---

17) 『論語』, 「爲政」 변용.
18) 『書經』, 「周書」, '誥命' 변용.
19) 『書經』, 「商書」, '微子.'
20) 『論語』, 「爲政」.

지극한 뜻을 본받아 본연의 선한 마음에 감응하고 발휘해서 그 직분에서 마땅히 해야 할 일을 다하도록 하라. 하루가 지나고 이틀이 지나도록 각기 스스로 격려한다면, '〈요 임금이 좋은 정치를 베풀어 태평성세로〉 변화하자 〈백성이 악한 마음을 버리고 선하게 변하여〉 화평해진'22) 교화가 어찌 다만 오직 요 임금·순 임금 때에만 아름답겠는가?

『肅宗實錄』肅宗 17年 11月 甲戌(24日) 실

056 사육신의 관작을 복구하라

나라에서 먼저 힘쓸 것은 진실로 의리를 장려하고 절의를 높이는 것보다 큰 것이 없다. 신하人臣가 가장 어려운 것도 절의에 엎드리고 의리에 죽는 것보다 지나친 것이 없다. 저 여섯 신하가 어찌 '하늘의 명命'23)과 사람의 마음을 거스를 수 없음을 알지 못했겠는가? 그러나 이내 마음이 섬기는 대로 죽더라도 뉘우칠 것이 없었으니, 이것은 진실로 사람이 능히 행하기 어려운 바이다.

하지만 그 충성과 절의가 수백 년이 지나도 의젓하고 당당하여 〈명대明代 건문제建文帝의 충신〉 방효유方孝孺·경청景淸과 비견하여 논할 만하다. 마침 선왕의 능陵에 일이 있어서 연輦이 〈사육신의〉 무덤을 지나가게 되어 '나'24)의 마음에 더욱 감응하는 바가 생겼다.

아! 어버이를 위하는 것은 숨기는 법이니, 어찌 이러한 의리에 〈내

---

21) 『書經』, 「虞書」, '堯典.'
22) 『書經』, 「堯典」.
23) 『書經』, 「虞書」, '皐陶謨.'
24) 『書經』, 「虞書」, '堯典.'

가〉 어둡겠는가? 그러나 "당시에는 난신亂臣이어도 후세에는 충신이라 는 하교"25)에서 '선왕의 뜻'26)이 남아있다. 오늘날 이러한 조치는 실로 세조世祖가 남긴 뜻을 계승하고 세조의 성대한 덕德을 빛내는 것이다.

『肅宗實錄』肅宗 17年 12月 丙戌(6日) 실

057 검소한 덕을 밝히다

〈맹견인〉 오獒는 일종의 가축으로 〈이민족인〉 서려西旅에서 공물로 바치자, 군석君奭이 글을 써서 주周나라 무왕武王에게 경계하여 "물건을 애완하다가 의지를 상실한다"27)고 하였다. 마침내 큰 덕에 누가 될까 염려한 것이다.

오늘 경연經筵에서 권해權瑎가 기이한 물건을 물리칠 것과 검소한 덕을 밝힐 것을 가지고 상세히 아뢰었으니, 앞으로 상의원尙衣院으로 하여금 이러한 가죽옷을 모두 불태워서 '내'28)가 '모두 받아들여 시행하는'29) 뜻을 표시하도록 하라.

『肅宗實錄』肅宗 18年 正月 丙辰(6日) 실 승

---

25) 『肅宗實錄』, 肅宗 17年 12月 乙酉(5日).
26) 『史記』, 「秦始皇本紀」.
27) 『書經』, 「周書」, '旅獒.'
28) 『書經』, 「虞書」, '堯典.'
29) 『書經』, 「虞書」, '皐陶謨' 변용.

058 악비를 제갈량의 사당에 합향하다

'내'30)가 『송사宋史』를 읽다가 〈억울한 죽음을 당한〉 악무목岳武穆[악비岳飛]의 일에 이르러 '나도 모르게'31) 세상에 보기 드물어 서로 감응하고 천 년이 지나서도 공경심이 생겼다.

아! 오랑캐가 창궐하고 '임금의 수레[황제]'32)가 북쪽으로 옮긴 날에 개탄하여 한 번 나라의 수치를 씻어내고 제왕의 사업을 회복하는 것을 자신의 임무로 삼아서 화의和議를 극력 배격하고 충의를 떨쳐서 적군을 격파하여 양궁兩宮[휘종徽宗·흠종欽宗]의 귀환을 며칠이 지나면 기약할 수 있었는데, 흉악한 역적이 나라를 그르쳐서 충신忠臣을 악독한 수단에 빠뜨리고 〈금나라의〉 오국성五國城에는 차가운 달빛만 비쳤다. 이는 천 년이 지나도록 열사烈士들이 팔뚝을 걷어붙이고 원통해하며 슬퍼하는 것이다. 하물며 〈고종高宗에게 하사받은 "정충악비精忠岳飛"라는〉 네 글자로 분명히 등에 먹물을 들이고 부인婦人이 병瓶을 안고 우물에 〈몸을〉 던진 것은 모두가 하늘에게 받은 본성의 자연스러움이며 충과 효가 감응한 것이다. "의젓하고 당당하기가 마치 밝은 해와 가을 서리와 같다"고 이를 만하다. '내'가 생각건대, 이 사람은 특별히 〈평안도〉 영유현永柔縣의 제갈무후諸葛武候[제갈량諸葛亮]의 사당에 합향合享하여 백대百代가 지나도록 풍습을 교화시키는 데 쓰고자 한다.

『肅宗實錄』肅宗 21年 3月 辛卯(30日) 실

---
30) 『書經』, 「虞書」, '堯典.'
31) (漢)張衡, 「東京賦」(『文選』).
32) 『唐律疏議』, 「名例」,

059 제후가 천자를 제사지내다

신종황제神宗皇帝[만력제萬曆帝]의 사당을 건립하는 일은 이미 '나'33)의 뜻을 하유하여 여러 신하들에게 문의하였다. 이는 머지 않아 반드시 행해야 할 성대한 의례이다. 〈임진왜란 때 명군을 이끈 형개邢玠·양호楊鎬를 모시는〉 선무사宣武祠와 〈전사한 명군을 기리는〉 민충단愍忠壇에 관원을 보내어 제사를 지내는 것도 이미 결정하였다. 어제 류성운柳成運의 상소로 인하여 예관禮官에게 아뢰어서 처리하도록 하는 명을 내렸다. 다만 '나'의 마음에는 끝내 부족한 것이 있다.

아! 세월이 덧없어 옛날 갑신년[인조22, 1644]이 다시 〈갑신년으로〉 돌아왔다[숙종30, 1704]. 이번 달 18일은 곧 명나라의 운세가 〈청나라로〉 옮겨간 날이다. 세월은 덧없이 흐르고 옛 나래[명나라]를 속절없이 바라보지만 제후가 천자를 봄에 배알하고 여름에 배알할 곳이 없다. 명나라의 대대로 드문 특별한 은택과 〈조선의〉 선왕들[列聖]이 섬긴 지극한 정성을 미루어 생각하니, 단지 저절로 목메어 울어서 흐르는 눈물을 어찌할 도리가 없다. 옛날 우리 인조대왕仁祖大王은 하늘과 땅이 뒤집어지는 때[남한산성 파천]에도 향을 사르고 망궐례望闕禮를 폐하지 않았다. 곧 지금 명나라가 무너지는 날을 만났으니, 어찌 관원을 보내어 제사만 지낼 뿐이겠는가? 앞서 이른바 "부족하다"는 것은 실로 〈그 이유가〉 여기에 있으니, 이 마음이 잊혀지지 않고 녹아서 없어지지도 않는다. 앞으로 예관禮官으로 하여금 여러 대신들에게 의논하여 〈임금에게〉 아뢰고 처리하도록 하라.

---

33) 『書經』, 「虞書」, '堯典.'

『肅宗實錄』肅宗 30年 3月 丙午(7日) 실

060 대보단을 건립하다

아! 세월이 빨리 가서 신년申年[涒灘]이 거듭 돌아왔다[갑신년, 숙종 30, 1704]. 〈명나라가 멸망하여〉 하늘이 무너지고 땅이 허물어진 것도 바로 이 해이다[갑신년, 인조22, 1644]. 〈임진왜란때 명군이 관왕묘關王廟를 세웠으므로〉 관우關羽[壽亭]의 〈영혼이 도와주었다고 믿는〉 일을 미루어 생각해 보건대, 눈물이 앞을 가린다. 친히 제사를 지내지 않는다면 어찌 슬픔을 표시하겠는가? 외람되게도 '내'34)가 의리를 일으켜서 단연코 행할 것이다. 대개 하늘의 이치를 밝히고 백성의 떳떳함을 뿌리내리는 방법이기 때문이다.

아! 신종황제[만력제]가 제후의 나라[조선]를 다시 일으킨 은혜는 하늘과 땅과 크기가 같고 강과 바다로도 헤아릴 수 없으니, 실로 우리 동방이 한평생을 마치고 죽을 때까지 잊지 못할 일이다. 지금 사당을 세우는 일에 누가 다른 의견이 있겠는가? 다만 혹은 〈제후가 천자에게 제사를 지내므로〉 예절禮節에 저촉된다 하고, 혹은 일이 〈청나라에〉 누설되는 것을 염려한다. 이는 그렇지 않다. 이른바 "예절"은 확연하게 의논하고 확정해서 마땅함을 얻는 데 돌아가도록 힘쓴다면 자연히 불편한 단서는 없어질 것이다. 이른바 "누설"은 다만 사역원 관리에 달려 있으니 무거운 형벌로 신칙申飭하고 엄격하게 단속한다면 어찌 누설의 근심이 있겠는가?

---

34) 『書經』, 「虞書」, '堯典.'

아! 어찌 차마 말할 수 있겠는가? 중원[海內]의 〈경기 지역인〉 신주神州는 〈이민족의 침입으로〉 더러운 티끌로 가득하고 아득히 〈명나라 황제들의 능이 있는〉 천수산天壽山을 멀리서 바라보니, 누가 명나라의 제사를 올리겠는가?

아! 이로 말미암아 논하건대, 오늘날 사당을 세우는 것은 다만 '내'가 존중하여 보답하는 정성이 진실로 여기에 있을 뿐 아니라, 하늘에 있는 신종황제[만력제]의 신령 또한 어찌 이 동쪽땅을 그리워하지 않을지 알겠는가? 주周나라를 높이는 의리는 해와 달과 같이 밝고 '나'의 뜻이 정해진 것은 굳기가 금이나 돌과 같으니, 단연코 그칠 수 없다.

아! 성조聖祖[인조]가 뜻한 일[망궐례]35)을 미루어 생각하여 '내'가 매우 힘쓰는 것이다. 그러나 이것에 의심을 갖고 오히려 또한 행하지 않는다면, 어떻게 천하天下 후세後世에 할 말이 있겠는가? 앞으로 예관禮官으로 하여금 서둘러 〈임금에게〉 아뢰고 처리하도록 하라. '지난번에 유생의 상소 중에 〈송시열宋時烈이 사적으로 명나라 황제를 제사지내던〉 화양동華陽洞의 말이 있었는데'36) 반복하여 생각해도 끝내 편안하지 못하니 또한 해당아문[예조]에서 의논하도록 하라.

『肅宗實錄』肅宗 30年 4月 己卯(10日) 실

---

35) 『仁祖實錄』, 仁祖 14年 12月 甲午(24日).
36) 『肅宗實錄』, 肅宗 30年 2月 戊戌(28日).

061 기둥을 대신하는 첩을 만들다

'백성[生民]'37)의 '평안과 근심'38)은 '수령'39)이 현명한지 아닌지에 달려 있으니 신중히 가려 뽑지 않을 수 없다. 옛날 당唐나라 선종宣宗은 〈강도를 잡아죽인 경양현령涇陽縣令〉 이행언李行言의 이름을 침전寢殿의 기둥에 붙였다. 〈이를 본받아서〉 '내'40)가 일찍이 첩帖을 하나 만들어 "기둥을 대신하는 첩[代柱帖]"이라고 이름하고 포상을 아뢴 수령守令을 나열하여 기록해서 때때로 살펴보았다. 다만 반드시 빠진 자가 있을 것이니, 인사를 담당하는 아문[이조·병조]으로 하여금 온전히 포상만을 아뢴 '수령'을 뽑아내서 들이도록 하라.

『肅宗實錄』肅宗 34年 2月 癸未(6日) 실 승

062 왕호를 미루어 회복하다

'내'41)가 생각건대, 세조가 처음에 노산군魯山君[단종端宗]을 존중하고 받들어 "태상왕太上王"으로 부르고 또한 명하여 한 달에 세 번 문안하는 의례를 행하게 하였다. 불행히도 〈노산군〉 말년의 처분은 아마도 세조의 본래 뜻이 아니라 그 근원을 궁구해보면 〈죽은〉 여섯 신하[死六臣]에서 말미암았을 것이다. 여섯 신하는 이미 그 충성과 절의를 밝게

---

37) 『書經』, 「周書」, '旅獒'; 『詩經』, 「大雅」, '生民.'
38) 『宋書』, 「文帝本紀」.
39) 『後漢書』, 「黨錮列傳」, '杜密'; 『後漢書』, 「黨錮列傳」, '范滂.'
40) 『書經』, 「虞書」, '堯典.'
41) 『書經』, 「虞書」, '堯典.'

기렸으니, 그 옛 임금의 위호를 미루어 회복하는 데 앞으로 다시 거리낌이 있을지 알지 못하겠다. 그리고 명나라 〈영종이 토목土木의 변變으로 오이라트에게 포로로 잡혔을 때 대신 즉위했다가 영종이 돌아와서 탈문奪門의 변으로 황위를 뺏긴〉 경태제景泰帝[대종代宗]〈를 후대에 추존한〉 일은 비록 서로 비슷한 일은 아니더라도 또한 본받아 시행할 만하다. '내'가 지금 이에 〈왕호를〉 미루어 회복한다면, 더욱 세조의 성대한 덕을 빛낼 것이라고 생각한다.

아! 지난번에 올린 '신규申奎의 상소'42)를 펴서 아직 절반도 못 읽었는데, 가슴 아프고 슬픈 마음이 저절로 마음 속에 간절하였다. 그러나 이제까지 중요한 일을 가볍게 논의하여서 터럭 하나라도 불평하는 뜻이 있지 않았다. 이것이 이번에 경연 자리에서 먼저 물은 이유이다.

아! 신령의 도리와 사람의 마음은 매우 서로 멀지 않으니, 바로 하늘에 있는 '선왕들'43)의 신령이 어두움 속에서 기뻐해서 이렇게 서로 감응하는 이치가 생겼을 것이다. 소원한 신하[신규申奎]가 지극히 큰 일을 논하는 것도 "천 년千年에 한 번 있는 기회"라고 할 만하니, 일이 끝내 행해지지 못한다면 다시 어느 날을 기다리겠는가?

아! 〈남조 송宋나라 순제順帝로부터 제齊나라 고제高帝가 선위를 받았으므로〉 '천왕가天王家'44)에서 일을 처리하는 것은 자연히 평범한 사람과 같지 않으니, 이 때문에 혹은 임금이 일을 결단성 있게 처리하여 논의에 구애되지 않는 경우가 옛날부터 있었다. 일이 진실로 행할 만하면 어찌 반드시 일을 처리하지 않고 미루겠는가? 앞으로 예관으로

---

42) 『肅宗實錄』, 肅宗 24年 9月 辛丑(30日).
43) 『漢書』, 「宣帝紀」.
44) 『齊紀』, 高帝 建元 元年.

하여금 서둘러 성대한 의식을 거행하도록 하라.

『端宗實錄』肅宗 24年 실*(10月 24日) 승*(10月 28日)

제2부
전율의 군주

제4장 탕평

063 대간에게 당론을 경고하다

 나라에서 대간[사헌부·사간원]을 둔 것이 어찌 함부로 당론을 품게 하는 데 그치겠는가? 〈사간원〉 전 사간司諫 이정명李鼎命[노론]은 직임이 언관의 책임을 지고 있는데, 옳음과 그름을 밝히고 근거 없는 의논을 억제하는 방도는 생각하지 않고 도리어 민성삼閔省三[노론]의 편을 두둔하였다. 그의 논의를 주워 모아서 현저하게 자신과 다른 사람[소론]을 공격하여 제거하고 격렬하게 옳음과 그름의 실마리를 끌어내는 계획을 만들어서, 도리어 "사사로이 좋아하는 것과 미워하는 것에서 나온 것이 아니다"고 하였다. 그가 조정을 가볍게 여기고 사적인 붕당을 심으려는 것이 심하다. 먼저 파직罷職하고 서용敍用하지 말라.

『肅宗實錄』肅宗 23年 5月 辛卯(12日) 실 승

064 잇달은 재변으로 당론을 경계하다

 아! 오늘날 나라의 형세는 "아슬아슬하도다! 위태로움이여!"라고 할 만하다. 재변이 자주 일어나니 매우 놀라지 않을 수 없다. '기근이 거듭 이르고'[1] 나라의 근본[백성]이 장차 엎어지려고 한다. 게다가 이번 봄의 지독한 전염병 또한 '매우 참혹하여'[2] 서울과 외방의 백성이 죽은 경우가 '이루 다'[3] 셀 수가 없다. 백성의 부모가 되어 나[4]의 마음이 어떠하겠는가? 매번 송나라 태조太祖가 "만약 하늘의 재변이 유행한다면 원컨대 짐朕의 몸에 있게 하고 백성에게 퍼지게 하지 말라"고 했던 말을 읊조릴 때마다 일찍이 근심스러워 '임금노릇[爲君]이 즐겁지 않았다.'[5]

지난번에 '하늘[皇天][6]이 경계警戒를 보여 별이 떨어지고 겨울에 천둥이 울리는 이변이 며칠 동안 거듭해서 일어났다. 어떠한 화의 조짐이 어두움 속에 숨어 있어서 어진 하늘이 꾸짖어 알리는 것이 이처럼 '간곡한지'[7] 알지 못하겠구나! '몹시 두려워하기'[8]를 배나 간절하니 비단 〈옷〉과 '호화로운 〈음식〉'[9]이 어찌 편안하겠는가?

『시경』에는 "하늘의 노여움을 공경하여 감히 장난치거나 놀지 말라"[10]고 하였고, 〈『논어』〉「향당鄕黨」에는 공자께서는 "갑자기 천둥이 치거나 비바람이 심하게 불면 반드시 낯빛을 바꾸셨다"[11]고 하였으니, 공경하고 두려워하는 뜻이 아님이 없다. 한漢나라의 유학자 동중서董仲舒는 "하늘이 거듭 재해를 내서 경고하지만 임금[人君]이 스스로 반성하기를 알지 못하면 해쳐서 무너지기에 이른다"[12]고 하였으니, 두려워하

---

1) 『詩經』, 「大雅」, '雲漢.'
2) 『光海君日記』, 光海君 6年 4月 丙午(24日)[中草/正草].
3) 『孟子』, 「梁惠王上」.
4) 『書經』, 「虞書」, '堯典.'
5) 『論語』, 「子路」 변용.
6) 『書經』, 「虞書」, '大禹謨.'
7) 『詩經』, 「大雅」, '抑.'
8) 『宣祖實錄』, 宣祖 26年 7月 癸丑(1日).
9) 『書經』, 「周書」, '洪範' 변용.
10) 『詩經』, 「大雅」, '板.'
11) 『論語』, 「鄕黨」.
12) 『漢書』, 「董仲舒傳」 변용.

지 않을 수 있겠는가? '〈내〉'가 마땅히 '〈하늘을〉 대하는'13) 정성을 더욱 두터이 하고 능히 '마음을 가다듬고 반성하는'14) 도리를 다할 것이다.

또 생각해보건대, 화평한 기운이 상서로움을 부르고 어그러진 기운이 재이를 부르니 곧 이치의 떳떳함이다. 지금 이에 재이를 부름은 진실로 임금노릇을 제대로 하지 못하였기 때문이다. 그리고 '조정의 형세'15)가 엉클어지고 뒤죽박죽이 되어 최근보다 심한 적이 있지 않았으니, 어찌 또한 말할 만한 것이 없겠는가?

아! 조정은 사방의 근본이다. 조정이 화합하여 아주 깨끗한 마음으로 된 후에야 온갖 일을 할 수 있다. 지금의 조정은 세 갈래로 나눠지고 다섯 갈래 찢어져 정치세력을 각기 세우고 '마치 병장기를 서로 찾듯이 다투어서'16) 옳고 그름이 공평하지 못하여 사적인 뜻이 횡행한다. 마음[情志]은 막혀서 통하지 않고 의심으로 막힘이 점차 심해져서 일은 마음이 없는 데에서 나오고 반드시 터럭이라도 털어서 흠결을 찾으려고 한다. 하루가 지나고 이틀이 지나서 점점 고치기 어렵고 세찬 바람과 험한 물결은 그치지 않아 머물기를 기약하지 못하니, 조정은 '사소한 일로 서루 다투는'17) 장소가 되었으며 '나라의 계획'18)은 서로 잊어버리는 지경에 놓였다.

지난번 일로 말하건대, 신심申鐔·이해조李海朝[이상 노론] 두 사람의

---

13) 『詩經』, 「周頌」, '淸廟.'
14) 『周易』, 「震」, '象傳.'
15) 『肅宗實錄』, 肅宗 10年 9月 甲申(21日).
16) (宋)呂祖謙, 『東萊先生左氏博議』, 「鄭子家爲書告趙宣子」; (朝鮮)徐居正, 『東國通鑑』, 「進東國通鑑箋」 변용.
17) 『莊子』, 「雜編」, '則陽.'
18) 『三國志』, 「魏志」, '華歆傳'; 『世宗實錄』 世宗 元年 7月 己巳(26日).

상소는 공평한 생각으로 일을 논한 데에서 나온 것이 아니다. 비록 스스로 "나는 그릇된 짓으로 남을 속이지 않았다"고 하더라도 앞으로 누가 믿겠는가? 의견이 같으면 무리를 이루고 의견이 다르면 물리치는 논의가 한 번 나오자 대신·여러 재신宰臣[이상 소론]을 한결같이 아울러 끌어들여 자리가 거의 비었으니 광경이 아름답지 못하다. 외방에서 장계狀啓로 청한 일이 백성을 진휼賑恤하는 데 관계되어 잠시라도 늦출 수 없는 경우에도 아직 문서를 검토하여 〈임금에게〉 아뢰지 않고 있는데, 하물며 나머지 다른 주요한 정무에 있어서겠는가? 앞에서 이른바 "조정이 화합한 연후에야 온갖 일을 할 수 있다"고 한 것은 진실로 이것 때문이다. '나'는 이와 같은 것을 그만두지 않으면 나라가 망하는 것이 머지 않을까 두렵다. 당론의 폐해를 '이루 다'[19] 말할 수 있겠는가?

다만 이것만이 아니다. 맡은 직무를 게을리하는 것이 풍습을 이루고 일은 대충 처리하고 세월만 세고 있다. 높고 낮은 관직의 신료들은 직무를 다할 것을 생각하지 않고 모두 스스로 편하기만 생각하여 휴가를 신청하고 '떠들썩하게 어지럽히고'[20] 휴가를 받아다가 조정으로 되돌아와도 오직 면직되기를 바란다. 형옥刑獄이 많이 지체되었는데 잠깐 나왔다가 곧장 돌아간다. 직임이 경연관인데도 끝없이 교체되기를 도모하며, 누차 패초牌招를 어김을 고상한 듯이 여긴다.

아! '정신을 모으고'[21] '아침부터 밤까지'[22] 게으르지 않으며, 설령

---

19) 『孟子』, 「梁惠王上」.
20) (漢)王褒, 「四子講德論」(『文選』).
21) (漢)王褒, 「聖主得賢臣訟」(『古文眞寶』).
22) 『詩經』, 「大雅」, '抑' 변용.

감히 바랄 수 없다고 하더라도 힘써 일에 종사하며, 감히 수고로움을 말하지 않는 의리는 또한 따라서 없어졌다. '내'가 실로 개탄스럽다.

아! '내'가 무리를 짓는 습성을 매우 미워하여 전후로 삼가 격려한 것이 한두 번에 그치지 않았는데, 한갓 빈말로 돌아가서 조금도 실효가 없으니, 어찌 폐단과 고질이 이미 심해서 약을 구하기 어려워 그러한 것이겠는가? 아니면 '나'의 정성스러운 뜻이 신뢰를 얻지 못하여 그러한 것이겠는가?

아! 사람에게 고질병이 있으면 의원이 치료하는 방도를 쓰는 데 최선을 다하지 않음이 없으니, 치료하지 않으면 반드시 죽는다는 것을 알기 때문이다. 오늘날 당론은 마치 고질병과 같으니 만약 '서둘러서'23) 약을 쓰지 않으면 나라는 반드시 망할 것이다. 생각이 여기에 미치니, "통곡하며 눈물을 흘린다"고 이를 만하다.

아! 너희 신료들은 '나'의 말을 공경히 듣고 한 번에 옛 습관을 씻어내서 각기 스스로 힘쓰고, 오로지 '나라의 일'24)에 '찬성과 반대를 서로 표시해서 도움이 되게 하며,'25) '서로 공경하고 화합하는 데'26) 최선을 다해 힘써서 화평하고 편안해지는 데 이를 것을 기약하여, 조금이라도 하늘의 꾸짖음에 답하고 '세상을 다스리는 도道'27)를 바로잡아서 회복하도록 하라.

『肅宗實錄』肅宗 33年 11月 庚戌(2日) 실 승*(3日)

---

23) 『漢書』, 「揚雄傳上」.
24) 『禮記』, 「喪服大記」; 『史記』, 「秦始皇本紀」.
25) (宋)蔡沈, 『書經集傳』, 「尙書」, '咸有一德.'
26) 『書經』, 「虞書」, '皐陶謨.'
27) 『列子』, 「楊朱」,

065 붕당을 비판하다

아! '보잘것없는 내'28)가 '덕이 없이'29) 비할 데 없이 큰 사업을 '외람되게 이어받아'30) 오직 능히 짊어지지 못할까 두려워하였다. '아침부터 밤까지'31) '몹시 두려워하여'32) 감히 게으르고 거만하지 않았으며, 위와 아래에서 어그러지지 않기를 바란 지 이제 30여 년이 지났다. 그러나 하늘[上天]이 '나'33)를 경계하고 '나'에게 분노하여 더욱 시간이 지날수록 그치지 않으니 홍수 · 가뭄의 재해가 해마다 있지 않은 적이 없었다.

게다가 지난 봄에는 근래에 드물었던 전염성 피부병[癍疹]이 나왔고, 올해에는 열 명 중에 한 명도 낫지 않는 말라리아[虐癘]로 백성이 전염병에 걸려 죽은 사람이 수를 헤아릴 수가 없다. '나'의 마음이 애통하고 아파서, 마치 몸이 병들어 아파하는 듯하다. 지난번에 여름철[長嬴]에 가뭄이 너무 심하여 작은 연못도 적시지 못하고 밝은 해가 바로 떠올라서 사방의 들판을 붉게 태우니, '봄 농사 · 여름 농사 · 가을 농사'34)는 일을 중단하였다. 씨를 뿌리는 '시기가 어긋나서'35) '가을걷이'36)의 바람도 끊어졌다.

---

28)『書經』,「周書」,'誥命' 변용.
29)『詩經』,「小雅」,'小弁.'
30) (唐)李白,「下途歸石門舊居」.
31)『三國志』,「魏志」,'管寧傳.'
32) (宋)劉克莊,「吊錦鷄一首呈叶任道」.
33)『書經』,「虞書」,'堯典.'
34)『北史』,「薛辯傳」.
35)『周易』,「歸妹」;『詩經』,「衛風」,'氓.'
36)『書經』,「虞書」,'堯典.'

아! 천재天災·지변地變을 누가 두려워하지 않을 수 있겠는가? 그러나 급박한 근심과 불에 타는 참혹함도 아직 '가뭄[亢陽]'37)과 같은 적은 있지 않았다. 이 때문에 황급히 〈임금이〉 직접 종묘에 이르러 정성껏 명命을 청하였으나 정성이 아직 하늘에 미치지 못하였다. 〈『시경』〉「운한」에는 "부모와 선조가 어찌 차마 나를 버리겠는가?"38)고 하였다. 이것이 오늘날 '나'의 마음이다.

아! 임금[人君]이 하늘을 섬기기를 마치 자식이 부모를 섬기듯이 한다. 부모가 분노하여 기뻐하지 않으면, 자식[人子]된 자는 공경하고 효도하여 기뻐하는 데 이르기를 바라는 것이 옳겠는가? 공경하고 두려워하는 바가 없고 태만함과 소홀함에 버릇없이 익숙해지는 것이 옳겠는가? 만약 혹여 공경하고 두려워하는 바가 없다면 이것은 부모를 '스스로 끊는 것이며,'39) 부모 역시 자식으로 여기지 않는 것이니, 어찌 크게 두려워할 만한 것이 아니겠는가? 오늘부터는 '정전正殿을 피하여'40) 더욱 공경하고 두려워하는 마음으로 '마음을 가다듬고 반성하는'41) 도리를 다하고자 한다.

아! '내'가 임금노릇을 제대로 하지 못해서 하늘의 노여움을 만났다. '가만히 생각해보건대,'42) 허물은 진실로 '나'에게 있다. '나'의 병을 일찍이 스스로 점검해보고서 "기쁨과 분노가 부합하지 않고 언로言路가 열리지 않으며 〈정령을〉 시행한 것이 사리에 맞지 않아 실질적인

---

37) (漢)王充, 『論衡』, 「明雩」.
38) 『詩經』, 「大雅」, '雲漢'.
39) (宋)朱熹, 『論語集註』, 「陽貨」 ; (宋)朱熹, 『孟子集註』, 「離婁上」.
40) 『定宗實錄』, 定宗 元年 8月 丁未(10日).
41) 『周易』, 「震」, '象傳.'
42) 『詩經』, 「邶風」, '柏舟' ; 『詩經』, 「衛風」, '氓.'

혜택이 미치지 못한다"고 말했었다. '내'가 알지 못하는 병이 어찌 여기에 그치겠는가? 만약 쌓인 폐단을 고치지 못하면 백성의 곤궁이 날로 심해지고, 장법贓法이 엄격하게 다스리지 못하면 선량한 백성을 보존하지 못하고, 형옥刑獄이 오랫동안 지체되면 원통한 기운이 화평한 기운을 간섭하니, 어찌 하늘의 마음을 어겨서 재이災異를 부름이 아니겠는가?

승지는 '나'를 대신하여 교서를 기초하고 마땅히 의정부에서 널리 직언을 구하여, '과인'43)의 부족한 것과 남길 만한 것, 조정의 정사 중 잘 된 것과 잘못된 것, '백성[生民]'44)을 이롭게 하는 것과 병들게 하는 것을 모두 남김없이 말하도록 하라. 말이 행할 만하면 '내'가 장차 '모두 받아들여 시행하겠다.'45) 대저 '서로 배척하는'46) 의논이라면 '내'가 들으려는 것이 아니다.

아! 무리를 짓는 폐해를 어찌 차마 말할 수 있겠는가? '나라의 일'47)이 흩어지는 것은 당론 때문이고, '모든 법도'48)가 폐하여지는 것도 당론 때문이며, 마음[情志]이 막힌 것도 당론 때문이고, 예를 지켜 사양함을 듣지 못하는 것도 당론 때문이다. 만약 사람에 비유하면 병이 심장과 횡격막 사이에 있으면, '여러 곳을 거쳐도'49) 병은 오랫동안 낫지 않고 침鍼과 약藥도 효과가 없다. 반복해서 생각해보건대, 실제로

---

43) 『高麗史』, 「忠惠王世家」, 後3年 6月 ; 『太祖實錄』, '(總序)'.
44) 『書經』, 「周書」, '旅獒' ; 『詩經』, 「大雅」, '生民'.
45) 『書經』, 「虞書」, '皐陶謨'.
46) 『舊唐書』, 「李宗閔傳」.
47) 『禮記』, 「喪服大記」 ; 『史記』, 「秦始皇本紀」.
48) 『書經』, 「周書」, '旅獒'.
49) 『詩經』, 「周南」, '關雎'.

할 수 있는 것이 없다고 하더라도 또한 "할 수 있는 것이 없다"고 핑계 대며 손을 묶고 죽기를 기다리는 것을 차마 할 수는 없다. 생각이 여기에 미치니, 어찌 '한심하지'50) 않겠는가? 그러나 모두 선비의 부류로서 대대로 나라의 은혜를 받았으니, 만약 당론이 나라를 해치는 것이 이와 같음을 분명히 안다면, 반드시 마음을 바꾸고 생각을 고쳐야 한다. 융합하고 화합하는 것을 어찌 '나'의 상세한 말을 기다리겠는가?

아! 너희 높고 낮은 관직의 신료들은 "나의 말을 변변치 못하다"고 이르지 말고, "고질병을 치료하기 어렵다"고 이르지 말라. 삼가 관직의 차례를 공경하고 한결같이 마음으로 힘써서 우리나라로 하여금 위태로움이 편안함으로 바뀌도록 하는 것을 경卿들에게 바라는 것이다.

아! 군주와 신하·위와 아래가 서로 마음을 가다듬지 않으면 함께 그 공功을 이룰 수 없다. 힘쓰거라! 신료들이여! 앞으로 각기 공경히 받들도록 하라. 감선減膳·철악撤樂·금주禁酒 등의 일 역시 곧바로 거행하도록 하라.

『肅宗實錄』肅宗 34年 5月 甲午(19日) 실 승

066 당론이 날로 심해지다

아! '보잘것없는 내'51)가 비할 데 없이 큰 사업을 '외람되게 계승한 지'52) 이에 30여 년이 지났다. '아침부터 밤까지'53) 근심하고 두려워하

---

50) 『春秋左氏傳』,「哀公」, 15年.
51) 『書經』,「周書」, '誥命' 변용.
52) (唐)李白,「下途歸石門舊居」.
53) 『三國志』,「魏志」, '管寧傳.'

여 편안하게 거처할 겨를이 없었다. 그러나 오직 그 덕德이 얕고 정사는 흠결이 많아서 위에서는 하늘이 노여워하고 아래에서는 백성이 원망하기에 이르렀다. 홍수·가뭄의 재변이 '없는 해가 없었고,'54) 놀라운 이변異變이 달마다 생겨났다. 게다가 흉년이 더해져 올해는 더욱 참혹하여 '베틀의 북'55)마저 텅 비었으니, 어찌해야 진휼하여 구제하겠는가?

한밤중에 베개를 어루만지며 마음을 걷잡을 수가 없다. 지난번에 음의 기운인 무지개가 달을 꿰뚫고 해를 꿰뚫는 이변이 10일 동안 거듭 일어났다. 어떠한 화의 조짐이 어두움 속에 숨어 있어서 하늘이 재변을 내려 '나'56)를 경계함이 이처럼 '간곡하고'57) 간절한지 알지 못하겠구나!

아! 재변은 헛되이 생기지 않으며 반드시 초래한 것이다. 곧 그 허물을 가만히 생각해보건대, 진실로 〈내가〉 '덕이 없는 데'58) 달려 있으니 줄곧 '몹시 두려워서'59) 어찌할 바를 모르겠다. 오직 하늘이 경계를 보인 것은 본래 어질고 아끼는 데에서 나왔으나 임금[人君]된 자가 만약 자신을 반성하지 않는다면 위태롭고 어지러움이 따라오니 두려워하지 않을 수 있겠는가? '내'가 마땅히 '마음을 가다듬고 반성하는'60) 도리에 최선을 다하고 '〈하늘을〉 대하는'61) 마음을 게을리하지

---

54) 『高麗史』, 「諸臣列傳」, '李詹' ; 『太宗實錄』, 太宗 3年 6月 壬子(6日).
55) 『詩經』, 「小雅」, '大東.'
56) 『書經』, 「虞書」, '堯典.'
57) 『詩經』, 「大雅」, '抑.'
58) 『詩經』, 「小雅」, '小弁.'
59) 『宣祖實錄』, 宣祖 26年 7月 癸丑(1日).
60) 『周易』, 「震」, '象傳.'
61) 『詩經』, 「周頌」, '淸廟.'

않을 것이다.

그러나 또한 어찌 여러 신하들을 삼가 격려하여 서로 경계하는 도리가 없겠는가? 지금 '조정'⁶²⁾에는 '서로 공경하고 화합하는'⁶³⁾ 기풍氣風을 듣지 못하였으니, 오로지 당론이 날로 심한 데 말미암은 것이다. 당론이 날로 심한 것은 사적인 뜻이 횡행하여 일어난 것이 아님이 없으니, 어찌 이루 다 개탄할 수 있겠는가?

아! 너희 높고 낮은 관직의 신료들은 과인이 근심하고 두려워하는 것을 본받아 나라의 형세가 불안함을 염려하여 자신의 사사로움을 끊고 공도公道를 넓혀서 아주 깨끗한 마음으로 법을 받들고 직무를 좇아서 위로는 하늘의 꾸짖음에 답하고, 아래로는 백성의 원망을 풀어 주도록 하라. 이것이 경卿들에게 바라는 바이다.

또한 생각해보건대, 흰 무지개는 온갖 재앙의 근본인데 달을 꿰뚫는 데에 이르렀으니 그 응답이 아름답지 못한 것이다. 미리 빈틈없이 준비하는 계책을 조금도 소홀히 할 수 없으니, 또한 마땅히 유념해야 할 것이다.

『肅宗實錄』肅宗 34年 12月 丙寅(24日) 실 승

067 나라의 계획과 백성의 근심에 뜻을 두어라

아! 하늘이 경계警戒를 보임은 어찌 모두 놀랍고 두렵지 않음이 없으니, 무엇이 가뭄보다 더 크겠는가? 하물며 김을 맨 후에 가뭄이

---

62) 『春秋左氏傳』,「昭公」, 11年.
63) 『書經』,「虞書」, '皐陶謨.'

또한 봄과 여름보다 심하니, 농가에서 크게 꺼리는 것은 대개 절기가 '가을걷이'64)에 임박하였으므로 다시 희망을 가질 수 없기 때문이다.

아! 지난해 농사가 흉년에 이르지 않았고, 올 여름 보리와 밀도 조금 익었다. 낮부터 밤까지 희망을 거는 것은 오직 가을 농사가 잘 수확을 내어 내[吾]의 백성이 소생하기를 바라는 것인데, 어찌 '가뭄[尤旱]'65)의 재앙이 이처럼 극단적으로 이를 줄 예상했겠는가? 10일이 지나도록 비가 내리지 않아도 오히려 "곡식이 없게 된다"고 말하는데, 지금 비가 오지 않은 것이 며칠째인가? 바로 '여름 농사'66)는 끝내 큰 비가 인색하였고, 가을 이후 바람은 차갑기가 더욱 혹독해졌으며, 전지田地에서 허둥지둥하여 백성의 목숨이 다 죽게 생겼다. 충청도·전라도의 소식이 더욱 참혹하다. 백성의 부모가 되어 '나'67)의 마음이 어떻겠는가? '생각'68)이 여기에 미치니, '차라리 잠들어서 〈영원히〉 깨어나지 않았으면 한다.'69)

아! 이번 재변을 초래한 것은 진실로 '덕德이 없는 데'70) 말미암은 것이다. 여러 신료들을 삼가 격려하는 것 또한 매우 부끄럽지만 앞으로 서로 마음을 가다듬는 도리를 어찌 말 한 마디 하지 않을 수 있겠는가? 지금 말할 만한 것이 진실로 하나둘이 아니지만 가장 간절하고 급한 것은 조정이 화평하고 편안해질 기약이 없다는 것이다.

---

64) 『書經』, 「虞書」, '堯典.'
65) 『後漢書』, 「楊賜傳」.
66) 『書經』, 「虞書」, '堯典.'
67) 『書經』, 「虞書」, '堯典.'
68) 『詩經』, 「秦風」, '小戎.'
69) 『書經』, 「王風」, '兎爰.'
70) 『書經』, 「虞書」, '堯典.'

아! 조정이 화평하고 편안해진 후에야 '정신을 모으고,'[71] '정신을 모은' 후에야 '나라의 일'[72]을 다스릴 수 있다. '무리를 이루는 습성[黨習]'[73]이 날로 고질병이 되고 '서로 배척하기'[74]가 날로 심해져서 조금이라도 맞지 않으면 크게 화를 낸다. 한 번 작은 허물을 들으면 마치 나쁘게 기회를 이용하고자 하여 거짓을 사실로 날조하여 엮는 것이 끝이 없어 반드시 만 길이나 되는 구덩이에 사람을 빠뜨린 후에야 그칠 것이다. 이것이 진실로 어떤 마음이겠는가?

이처럼 그치지 않으니, '나'는 '나라의 일'을 다시 행할 수 없어서 〈백성이〉 날로 죽을 위기에 나아가게 될까 두렵다. 오늘의 계책은 반드시 먼저 옛 습관을 통렬히 고치고 아주 깨끗한 마음으로 오로지 '나라의 계획'[75]과 '백성의 근심'[76]에 뜻을 두는 것이다. 진실로 조정에 말할 만한 것이 있으면 일에 따라 일을 논할 것이고, '찬성과 반대를 서로 표시해서 도움이 된다면'[77] 자연히 아름다운 일이 될 것이다. 사적인 뜻으로 그 사이에서 그릇된 행동으로 남을 속이지 않는다면 조정은 '공경하며 화합하는'[78] 희망이 있을 것이고, 나라는 화평한 복을 받을 수 있을 것이다. 아! 너희 높고 낮은 관직의 신료들은 '나'의 말을 분명히 들어 각기 두려워하고 염려하여 하늘의 꾸짖음에 답하고, 지금의 어려움을 구제하도록 하라.

---

71) (漢)王褒, 「聖主得賢臣訟」(『古文眞寶』).
72) 『禮記』, 「喪服大記」; 『史記』, 「秦始皇本紀」.
73) 『光海君日記』, 光海君 2年 8月 16日(戊子)[正草/中草].
74) 『舊唐書』, 「李宗閔傳」.
75) 『三國志』, 「魏志」, '華歆傳'; 『世宗實錄』, 世宗 元年 7月 己巳(26日).
76) 『宣祖實錄』, 宣祖 27年 5月 甲辰(27日).
77) (宋)蔡沈, 『書經集傳』, 「尙書」, '咸有一德.'
78) 『書經』, 「虞書」, '皐陶謨.'

『肅宗實錄』肅宗 39年 7月 甲子(19日) 실 승

068 무리를 이루는 습성이 고질병이 되다

아! 천둥과 번개가 전보다 더욱 참혹하여 '요란하게 울리는'[79] 소리와 번쩍거리는 빛은 또한 비록 한참 더운 여름이더라도 드문데, '갑자기 일어나서'[80] 마음과 몸이 모두 놀라 새벽에 이르도록 안정을 찾지 못하였다.

아! 팔도에 흉년이 들어 백성이 바야흐로 '앓아누워 있고'[81] 나라와 민간이 매우 가난해서 구제하여 소생시킬 대책이 없으니, '호화로운 음식'[82]을 대해도 맛이 없고 잠자리에 들어도 편안하지 않다. 보통 때와 다른 재변이 또한 이렇게 거듭 이르니, 그 이유를 궁구해보면 오로지 〈내가〉 '덕이 없는 데에서'[83] 말미암은 것이므로, 자신의 허물을 반성하기에 감히 한가할 겨를이 없다. 조정 위에서는 '공경하며 화합하는'[84] 기풍이 없고, '초가집'[85] 아래에서는 근심으로 탄식하는 소리만 있다. 부역賦役이 번거롭고 무거우며 쌓인 폐단을 그대로 따르기만 한다. 게다가 기강이 무너지고 느슨하여 '모든 관원이 직임에 태만하고'[86] 문관과 무관이 직무를 게을리하고 흐늘거리며 노는 것이

---

79) (唐)韓愈,「貞女峽」.
80) 『禮記』,「孔子閒居」.
81) 『詩經』,「大雅」, '板.'
82) 『書經』,「周書」, '洪範.'
83) 『書經』,「虞書」, '堯典.'
84) 『書經』,「虞書」, '皐陶謨.'
85) (宋)張耒,「到陳午憩小舍有任王二君子惠牡丹二槩皆絕品也是日風雨大寒明日作此詩呈希古」.

습관이 되었다. 군주와 신하·위와 아래가 만약 확실하게 계획을 고쳐서 '새로워지기'⁸⁷⁾를 생각하지 않는다면 하늘의 분노가 날로 심해지고 마침내 반드시 '나'⁸⁸⁾를 버리고 다시는 경고하지 않을 것이니, 어찌 크게 두려울 만한 것이 아니겠는가?

승지는 '나'를 대신하여 교서를 기초하고 마땅히 의정부에서 직언을 널리 구하여 '내[小子]'⁸⁹⁾가 미치지 못하는 것을 바로잡도록 하라. 말이 비록 부합하지 않더라도 '내'가 너그럽게 받아들이겠다. 만약 때를 틈타 계략을 꾸며 함정에 빠뜨리는 말이라면 처음부터 보려고 하지 않을 것이다.

아! 최근 '무리를 짓는 습성'⁹⁰⁾이 날로 고질병이 되어 가니 진실로 위에 있는 사람이 되어 '임금의 표준을 세우는 것'⁹¹⁾을 다할 수 없었던 데에서 말미암은 것이니, '내'가 매우 부끄럽기만 하다. 그러나 아래에 있는 사람도 또한 반드시 마음을 지극히 공평하게 가지고서 터럭 하나라도 사적인 뜻이 그 사이에 섞이게 하지 않는다면, 화평하고 편안해질 희망이 생길 것이다.

지난해 대간[사헌부·사간원]의 상소는 말이 매우 옳지 않아서 끝내 시관試官의 추천을 가로막았다. 할아비를 위해 억울함을 호소할 때 과격함이 무슨 해가 된다고 한 번 사헌부의 관직을 교체한 후 다시 후보자를 추천하지 않으니, 이것이 어찌 화평한 도리이겠는가? 말하지

---

86) (唐)韓愈,「平淮西碑」.
87) 『漢書』,「董仲舒傳」.
88) 『書經』,「虞書」, '堯典.'
89) 『書經』,「商書」, '湯誓.'
90) 『光海君日記』, 光海君 2年 8月 戊子(16日)[正草/中草].
91) 『書經』,「周書」, '洪範.'

않을 수가 없다. 너희 높고 낮은 관직의 신료들은 '내'가 경계하고 두려워하는 뜻을 본받아 흐늘거리며 노는 습관을 통렬히 버리고 아주 깨끗한 마음으로 왕실을 위해 최선을 다하도록 하라.

『肅宗實錄』肅宗 39年 10月 丁丑(3日) 실 승*(4日)

제5장 기강

069 차비내관을 파직하다

차비내관差備內官 김기성金起聲·최세준崔世俊 등은 오늘 인접引接할 때 지극히 가까운 곳에서 방자하게 큰 소리로 떠들어 조금이라도 두려워 조심하는 뜻이 없으니, 진실로 매우 놀랍기만 하다. 파직하여 서용하지 말라. 장번내관長番內官 이응순李應順은 끝내 자세히 단속하여 바로잡지 않았으니 조사하도록 하라.

『肅宗實錄』肅宗 元年 2月 甲寅(26日) 실 승

070 사헌부의 대신 탄핵을 억제하다

〈사헌부 장령〉 신양申懹·〈사헌부 지평〉 임원구任元耉 등은 자신이 대간臺諫으로 있으면서 '나라의 일'[1]을 생각하지 않고 감히 애써 이기려는 계획을 내서 허물없는 신하[판의금부사 이정영李正英]를 탄핵하였다. 그 마음가짐이 아름답지 못한 습성을 길러줄 수 없으니, 모두 교체하도록 하라.

『肅宗實錄』肅宗 8年 正月 庚午(22日) 실 승

---

1) 『禮記』,「喪服大記」;『史記』,「秦始皇本紀」.

071 인명을 살상한 관리를 엄격히 처벌하다

　대간[사헌부·사간원]에서 법을 집행執行하는 의논은 단지 무신[武弁]에게만 행하여지고 이름 있는 문신에게는 행해지지 않으니 그 습성이 놀랄 만하다. 〈사신으로 가던 중에 도망 노비를 추궁하여 잡고자 술에 취해서 장형을 치다가 5명이 죽음에 이른〉 정제선鄭濟先의 일은 이른바 〈임금의〉 "귀와 눈과 같은 관리[사헌부·사간원]"2)가 반드시 다투는 것이 있어야 하는데 지금까지 조용하기만 하니, '내'3)가 실로 '한심스럽게 여긴다.'4)

『肅宗實錄』肅宗 11年 2月 丁酉(7日) 실

072 대간의 탄핵 오류를 지적하다

　대간[사헌부·사간원]이 사람을 논할 때 상세히 살피지 않을 수 없다. 논한 것이 사실과 어긋나면 곧바로 스스로 〈죄목罪目을 들추어내어〉 늘어놓고 논의하여 교체되는 것이 옛날 예例인데, 대간[사헌부·사간원]의 체모 역시 그러하다.
　그러나 지난번에 '〈기생을 데리고 살았다는 안주 목사〉 한구韓構의 일'5)을 갑자기 듣고 놀랐으므로 바로 〈대간의 탄핵을〉 윤허하였다.

---

2) 『新唐書』,「韓琬傳」;『高麗史』,「諸臣列傳」,'尹紹宗';『定宗實錄』, 定宗 元年 6月 丙寅(27日).
3) 『書經』,「虞書」, '堯典.'
4) 『春秋左氏傳』,「哀公」, 15年.
5) 『肅宗實錄』肅宗 11年 5月 丁丑(18日).

〈그러나〉 인사를 맡은 관리의 상소[이조판서 여성제呂聖齊·이조참의 윤경교尹敬敎]를 보게 되니, 일을 논하는 데 살피지 못한 잘못을 면하기 어렵다.

하지만 며칠이 지나도 억지로 〈혐의를〉 피하기만 하고 또한 〈관직에서〉 물러나 〈처벌을〉 기다리지도 않으면서 편안히 공무를 집행하고 있으니, 어찌 이와 같이 염치가 전혀 없는 대간[사헌부·사간원]이 있겠는가? 이미 한구가 죄를 짓지 않았음을 알았으니 파직하지 말라.

『肅宗實錄』 肅宗 11年 5月 庚辰(21日) 실

073 변명하는 대간을 질책하다

〈한구를 탄핵한 사간원〉 정언正言 김성적金盛迪이 스스로 반성하는 것은 생각하지 않고 의기양양하여 '번거롭고 길기만 하고'[6] 윤기倫紀가 없이 끌어와서 비유하며 말의 뜻을 글자로 짜맞추어 만든 문장은 앞뒤가 뒤바뀌어 거꾸로 되어 있다. 신하[人臣]로서 임금에게 아뢰는 말이 어찌 이와 같음을 받아들이겠는가? 이 혐의를 피하는 상소를 돌려주도록 하라.

『肅宗實錄』 肅宗 11年 5月 辛巳(22日) 실 승

074 내관을 유배보내다

내관內官 김삼달金三達은 타고난 성품이 위험하고 윤리倫理가 없어져

---

6) 『書經』, 「周書」, '康王之誥' ※ '장대하다'에서 '길고 번거롭다'는 뜻으로 변화함.

서 극도로 흉악한 일을 하면서 하나로 만족하지 않는다. 심지어 사람됨이 온화하지 못하고 거칠며 거만하고 이치에 맞지 않아 헤아릴 수 없는 말로 공공연히 입 밖에 내뱉으니, 이와 같은 무리는 하루도 왕도王都에 둘 수 없다. 〈전라도〉 제주목濟州牧에 모든 가족을 변방으로 이주시키고 오늘 압송하라.

『肅宗實錄』肅宗 11年 8月 戊申(20日) 실 승

075 전·현직 함경도 관찰사를 처벌하다

전부터 비록 혹은 국경을 넘어 산삼山蔘을 캐었다고 하더라도 몇 사람이 몰래 넘어간 것에 지나지 않았다. 그러나 진보鎭堡에서 변장邊將이 배를 주어 나누어 운반하고 사졸은 셀 수 없이 국경을 넘어가 함부로 다니며 난동을 부리니, 어찌 오늘날처럼 어지러운 적이 있었던가? 관찰사는 방종하여 제대로 살피지 않아서 마침내 〈청나라와 관계에서〉 나라에 욕辱을 끼치는 데 이르렀다. 단지 현직만 교체할 수 없으니 함경도咸鏡道 전 관찰사 이수언李秀彦도 잡아와서 국문鞠問하고 형벌을 정하도록 하라.

『肅宗實錄』肅宗 11年 10月 甲寅(27日) 실

076 퇴폐한 풍조를 떨쳐내라

『시경』에서 "항상 집안일도 생각하고 즐거워하되 지나침이 없도록 훌륭한 선비는 늘 조심한다"7)고 이르지 않았던가? 선유先儒의 주석註釋

에는 "항상 집안일을 생각한다는 것은 그 근심을 시작하는 것이고, 즐거워하되 지나침이 없다는 것은 그 근면함을 일으키는 것이며, 훌륭한 선비는 조심한다는 것은 그 두려움을 경계하는 것이다"고 하였다. 세 가지 말에 나라에 임금노릇하는 도리가 극진하다. 진실로 능히 군주와 임금·위와 아래가 게으름이 없고 방탕함이 없으며 '긴 안목으로 뒤돌아보며'8) 아주 깨끗한 마음으로 지극한 정성에 틈이 없을 수 있다면, 어찌 다스리는 효험도 없이 날마다 쇠퇴하는 데로 나아가는 이치가 있겠는가?

'교화를 새롭게 한'9) 후에 많은 선비가 모여 진출하였고 '조정'10)이 깨끗하고 밝아졌다. 임금이 신하에게, 신하가 임금에게 마음[情志]이 흐르고 통하여 터럭 하나도 시기하거나 의심하는 마음이 다시 없을 것이다. 이는 바로 훌륭한 정치를 할 만한 기회이다. 그러나 어찌하여 모든 관원이 직임에 태만하고 포기함이 날로 심해지고 침상寢床에서 누워 쉬면서 오직 몸이 편한 것만 도모하고 있는가? "〈해가 길 때는〉 묘시卯時[오전 5시-7시]에 출근하여 유시酉時[오후 5시-7시]에 퇴근하고 〈해가 짧을 때는〉 진시辰時[오전 7시-9시]에 출근하여 신시申時[오후 4시-6시]에 퇴근하는 것"11)이 자연히 법전法典에 있다. 그러나 태만함이 습성이 되어 사무를 보는 일이 드물다. "형벌은 형벌이 없음을 기약해야 백성이 중中에 합한다"12)는 성인聖人의 가르침이 분명하다.

---

7) 『詩經』, 「唐風書」, '蟋蟀.'
8) (朝鮮)卞季良, 「華山別曲」.
9) 『漢書』, 「禮樂志」.
10) 『春秋左氏傳』, 「昭公」, 11年.
11) 『經國大典』, 「吏典」, '考課.'
12) 『書經』, 「虞書」, '大禹謨.'

옥송獄訟이 쌓여서 지체되는 일이 최근 더욱 심해지고 있으며, 세월을 오래 끌고 미루면서 마땅히 판결해야 하는데도 판결하지 않고 있다.

대간(사헌부·사간원)은 〈임금의〉 '귀와 눈'13)을 맡은 곳이고, 홍문관은 '나라를 다스리는 도리를 의논하고 생각하는 자리인데도,'14) 별안간 들어왔다가 별안간 나가서 휴가를 신청하여 '떠들썩하게 어지럽히고 만다.'15) 한 번 부르고 두 번 부르니 〈군주와 신하 사이에〉 '나누어진 의리'16)가 손상된다. 혹은 크게 논의하거나 크게 옳음과 그름에 관계되는 데가 있으면, 문득 또한 병을 끌어대어 행적을 피할 방도를 찾는다. 승정원은 〈임금의〉 목과 혀와 같은 중임인데도 임명된 지 오래지 않아서 바로 교체되기를 도모한다.

지난날 대신이 아뢰어서 신칙申飭하였으나 폐단이 고질병이 된 지가 이미 심하다. 대저 전날과 같다면 오히려 다시 무엇으로 퇴폐한 기강을 두려워하며 삼가게 하여 '모든 정무'17)가 함께 밝아지기를 바라겠는가?

오직 이와 같기 때문에 각사各司의 관원이 일을 대충 처리하고 흐느거리며 놀면서 직임을 보기를 객사〈에 들르는 것〉처럼 여기며, 한 사람도 '나라의 일'18)을 담당하여 그 성과를 내는 것이 없다. 이는 위에 있는 사람[임금]이 능히 '정성스러운 마음'19)으로 이끌어서 이루

---

13) 『新唐書』,「韓琬傳」; 『高麗史』,「諸臣列傳」, '尹紹宗'; 『定宗實錄』, 定宗 元年 6月 丙寅(27日).
14) 『定宗實錄』, 定宗 元年 8月 庚子(3日); 『世宗實錄』, 世宗 6年 3月 甲申(8日).
15) (漢)王褒,「四子講德論」(『文選』).
16) 『荀子』,「强國」.
17) 『書經』,「虞書」, '堯典.'
18) 『禮記』,「喪服大記」; 『史記』,「秦始皇本紀」.
19) (宋)朱熹, 『大學章句』, 傳6章.

지 못한 것이 아님이 없다. 자신을 돌아보고 부끄러워 얼굴을 붉히니 어찌 그 끝이 있겠는가? 만약 '옛 습성을 통렬히 고쳐서 함께 마음을 새롭게 하지'[20] 않는다면, 나라의 근심을 '이루 다'[21] 말할 수 없을 것이다. 그러므로 이처럼 진심을 펴서 '간곡하게'[22] 힘쓰기를 격려하노라.

아! 너희 높고 낮은 관직의 신료들은 반드시 과인이 '날이 밝기 전에 옷을 입고 해가 저문 후에 음식을 먹는'[23] 지극한 뜻을 본받아 '너의 할아비와 너희 아비'[24]가 왕가王家에 부지런히 일한 충정忠貞을 미루어 생각하도록 하라. '공경하여라! 아름다움이여!'[25] 처음부터 끝까지 일관되게 바꾸지 말라.

『肅宗實錄』肅宗 15年 11月 甲寅(21日) 실 승

077 근무 시간을 준수하라

각사各司에서 사무를 보는 일은 해가 길 때는 "묘시卯時[오전 5시-7시]에 출근하여 유시酉時[오후 5시-7시]에 퇴근하고, 해가 짧을 때는 진시辰時[오전 7시-9시]에 출근하여 신시申時[오후 4시-6시]에 퇴근하는 것"[26]이 자연히 법전에 있다. 그러나 최근에 모든 관원의 게으름이 습성이

---

20) 『書經』,「夏書」, '胤征' 변용.
21) 『孟子』,「梁惠王上」.
22) 『詩經』,「大雅」, '抑.'
23) (宋)王禹偁,「爲兵部向侍郞謝恩表」.
24) 『書經』,「商書」, '盤庚上.'
25) 『書經』,「周書」, '康誥' 변용.
26) 『經國大典』,「吏典」, '考課.'

되어 그들의 집에서 누워서 날이 저물어서야 관아官衙에 나간다. 비록 한가한 공무일지라도 반드시 깊은 밤이 된 뒤에 들어와서 〈임금에게〉 아뢰니, 일이 한심하게 된 지 오래이다.

지난해 가을에 〈임금에게〉 아뢰어서 의금부에 내렸던 상언上言을 지금 비로소 〈의금부에서〉 문서를 검토하여 아뢰니, 이미 지극히 더디고 늦은 것이다. 그러나 또한 일찍 사무를 보지 않아서 깊은 밤에 들어와서 아뢰는 것을 면하지 못한다. 마땅히 경계하고 질책하는 방도가 있어야 하니, 의금부의 해당 당상관·당하관을 모두 무거운 쪽을 따라 조사하도록 하라. 지금부터 이전의 하교下敎에 따라 일이 대단한 변통에 관계되는 것 외에는 예例를 준수하여 공무는 3일 내에 문서를 검토하여 아뢰고 한결같이 『경국대전』에 따라서 사무를 보는 일을 다시 신칙하도록 하라.

『肅宗實錄』肅宗 17年 2月 壬戌(6日) 실 승*(7日)

078 모화관에서 열무하다

말을 타면서 활을 쏘는 것은 무사武士의 장기長技이다. 효종孝宗 때부터 〈같은 자리에 서서〉 관혁을 활로 맞추는 것을 폐지하고 말을 타면서 활을 쏘는 법을 세운 것은 대개 우연이 아니다. 최근 무사가 나라에서 장려하는 뜻을 본받지 않고, 나이가 아직 많이 들지 않아도 품계가 조금이라도 높아지면 〈말을 타면서 활을 쏘는 것을〉 마치 부끄러운 일처럼 생각하여 스스로 "노쇠하였다"고 하고 공공연히 '포기한다.'[27]

---

27) 『孟子』, 「離婁上」 변용.

어제 초시初試를 면제한 과거 응시자 명단을 열람해보건대, 말을 달려 화살로 짚을 맞추는 데 참여하지 않은 경우가 130명에 이르니 일이 매우 놀랄 만하다. 비록 모두 군법으로 다스리기는 어려우나 모두 〈말을 타고〉 활을 쏘는 일을 다시 하도록 과거시험장에 분부하도록 하라.

『肅宗實錄』肅宗 17年 3月 庚子(14日) 실 승*(16日)

079 대간과 어사의 다른 보고를 처벌하다

현풍현감玄風縣監 유명흥兪命興은 지난번 대간[사헌부 · 사간원]의 아룀으로 인하여 파직되었다. 지금 어사御史의 서계書啓를 보건대, 대간[사헌부 · 사간원]의 아룀과 크게 다르니, 대간[사헌부 · 사간원]에서 들은 풍문이 결코 사실과 같지 않음을 알겠다. 〈유명흥을〉 특명으로 서용하라.

게다가 옛 관리를 보내고 새 관리를 맞이할 때 간사한 아전으로 인하여 장부를 훔쳐서 재물을 훔칠 수 있고 바뀐 새 관리 역시 반드시 합당한 사람이 아닐 수 있다. 사안에 대해 〈죄를〉 논하는 신하[사헌부 · 사간원]는 반드시 이러한 폐단을 생각하여 단지 그 중에서 매우 심한 사람만 제거해야 한다.

『肅宗實錄』肅宗 17年 3月 丁未(21日) 실

080 유언비어가 피난을 부른다

나라의 풍속이 얕아지고 백성의 뜻이 견고하지 못하다. "한 번이라도 유언비어를 들으면 문득 동요하고, 서울 안의 사대부도 서로 유언비어에 흔들려 가족을 데리고 향촌으로 내려가는 사람이 길에서 보따리를 매고 마을 입구에서 떠들썩하게 한다"고 한다. 무지하고 어리석은 '백성[氓]'28)은 반드시 깊이 죄줄 필요는 없으나 신분이 사대부가 되어 조금이라도 〈군주와 신하 사이에〉 '나누어진 의리'29)를 아는 사람은 마땅히 환히 말하고 진정시킬 겨를이 없어야 한다.

그러나 흔들리지 않아야 하는 말에 흔들려서 먼저 각기 자신만 보존하려는 마음만 품는다. 만약 전란의 경보가 있을 때 오히려 어떻게 임금을 위해 맨 앞으로 말을 몰아서 〈대적對敵하기를〉 바랄 수 있겠는가?

앞으로 '한성부'30)로 하여금 오부五部에 거듭 신칙하여, 두드러져 눈에 띄게 사대부가 놀라고 흔들려서 향촌으로 내려간 사람을 정교하게 조사하여 아뢰도록 하라.

『肅宗實錄』肅宗 18年 正月 乙丑(15日) 실 승

081 무신을 능멸하지 말라

문신文臣이 무신武臣을 가벼이 보고 능멸하는 것이 이미 고질적인 폐단이 되었으니 진실로 '한심하다.'31) 무릇 순라를 도는 장관은 비록 궐문을 지나가더라도 말에서 내리지 않는 것이 자연히 군문軍門을

---

28) 『詩經』, 「衛風」, '氓.'
29) 『荀子』, 「强國」.
30) 『漢書』, 「百官公卿表上」.
31) 『春秋左氏傳』, 「哀公」, 15年.

통행하는 규정이다.

그러나 사관史官[실제 주서注書]이 화를 내서는 안 되는 곳에서 화를 냈고, '번거롭고 길게'32) 승정원에 글[사유서]을 보냈다. 해당아문[병조]에서 추궁하여 조사하기에 이르러 마침내 사실과 다른 것으로 귀결되었다. 무신의 〈실제 행동을〉 뛰어넘어 거짓을 얽어매고 없는 것을 날조한 정황이 자못 심하니 놀랍고 괴이하다. 해당 주서注書[정한주鄭漢柱]를 파직하도록 하라.

『肅宗實錄』肅宗 18年 9月 壬申(26日) 실 승

082 세자책봉을 받지 못한 주청사를 처벌하다

곧바로 주청사奏請使의 장계狀啓와 예부자문禮部咨文의 등본謄本을 보건대, 맡은 일[세자책봉]을 주청하여 인준을 받지 못했으니, 실로 이는 만의 만 번이나 생각지도 못한 바이다. '나도 모르게'33) 놀랍고 한탄스럽다. 저 사람[청나라인]이 인용한 『(대청大淸)회전會典』에 "왕王과 비妃의 50세가 되고서도 적자嫡子가 없으면 비로소 서장자庶長子를 세워 왕세자王世子를 삼는다" 등의 말은 극히 이치가 없고 근거가 없다. 사신이 된 자가 마땅히 머리가 부서지도록 죽을 힘을 다해 다투어야 하는 것인데, 이처럼 하지 않고 몇 차례 다투고 고집하다가 그대로 돌아왔다. 지금 만약 다시 사신을 보내어 허락하지 않는다면 또한 장차 이처럼 돌아올 뿐이겠는가? 그 임금[君父]을 욕되게 한 것이 심하

---

32) 『書經』, 「周書」, '康王之誥' ※ '장대하다'에서 '길고 번거롭다'는 뜻으로 변화함.
33) (漢)張衡, 「東京賦」(『文選』).

다. 정사正使 서문중徐文重・부사副使 이동욱李東郁・서장관書狀官 김홍
징金弘楨은 모두 관작을 삭탈削奪하고 성 밖으로 내쫓도록 하라. 주청사
奏請使로 대신을 후보자로 추천하여 들이고 다음 달에 가서 표문表文을
받는 일을 맡기도록 하라.

『肅宗實錄』肅宗 23年 3月 壬戌(11日) 실 승

083 군율을 준수하라

병조 당하관[정랑正郞 이탄李坦]이 〈군진을 충돌하여 지나가려다가
군사의 제지를 받고〉 이미 군령軍令을 범하였으나 〈훈련도감에서〉
군율軍律로 죄를 청하지 않았다. 훈련대장訓鍊大將 신여철申汝哲은 조사
하고, 병조 당하관은 훈련도감에서 곤형을 집행하며, 군사軍士[범선봉
范善奉]는 후한 쪽을 따라서 상賞을 주도록 하라.

『肅宗實錄』肅宗 23年 10月 辛亥(4日) 실 승

084 보고를 하지 않은 참봉을 처벌하다

지난 가을에 대신[좌의정 윤지선尹趾善]이 〈광릉참봉光陵參奉〉 이정
신李正臣을 〈과장 보고로〉 잡아오도록 청한 후에 이미 이런 폐단이
있을 것을 근심하였는데 지금 과연 그러하다. 이 능陵의 일은 만약
봉심奉審의 행사가 아니었으면, '내'[34]가 알 수 없었을 것이다. 보고한
능관陵官[광릉참봉]은 〈의금부에〉 나아가 심리를 받고 〈제사지낼 때〉

---

34) 『書經』, 「虞書」, '堯典.'

시동尸童처럼 자리만 지키는 능관[현릉참봉]은 편안하게 있으니, 가벼움과 무거움이 거꾸로 되었음이 아직 이보다 더 심한 적이 없었다. 현릉참봉顯陵參奉도 아울러 잡아와서 국문鞫問하여 형벌을 정하도록 하라.

『肅宗實錄』 肅宗 23年 11月 甲辰(28日) 실 승*(27日)

085 장형으로 백성을 죽인 유신일을 징계하다

〈회양부사淮陽府使〉 유신일兪信一〈이 장형으로 사람을 죽이고서 전염병으로 죽었다고 변명한〉 살인 사건은 〈의금부에서 조사하여〉 환히 드러나 숨기기 어려우니, 형벌을 '법'35)대로 적용하면 어찌 죽음을 면하겠는가? 설령 죽음을 용서하라는 명이 특별한 은택에서 나왔더라도 직임이 승지이니 마땅히 간쟁하고 고집해서 〈사면을 막아야〉 한다. 하물며 판결한 글의 뜻이 실로 〈피살자의 목숨에 대해 살인자의〉 목숨으로 갚는 형벌을 중요하게 여기고 죽은 사람의 원통함을 위로하여 나온 것에 있어서겠는가? 이는 한때의 기쁨과 분노에 관계된 것이 아니다. 곧바로 〈승지가〉 '서둘러'36) 다시 아뢰어 〈왕명을〉 되돌려서, 〈유신일을 비호하여〉 죽을 죄에 의심이 생겨 죄를 경감하여 살리는 의논을 하려고 하는 것은 어찌 놀라움이 심하지 않겠는가? 승지 조태채趙泰采 · 이정겸李廷謙은 모두 파직하도록 하라.

『肅宗實錄』 肅宗 25年 閏7月 甲辰(8日) 실 승*(9日)

---

35) 『史記』, 「酷吏列傳」.
36) 『漢書』, 「揚雄傳上」.

086 이만상과 홍우서를 파직하다

무신武臣 이만상李萬相과 〈승정원〉 가주서假注書 홍우서洪禹瑞는 오늘 출입할 때 허리를 굽히고 빨리 걷지 않으니 자못 매우 거만하다. 모두 파직하도록 하라.

『肅宗實錄』 肅宗 29年 8月 庚辰(7日) 실 승

087 남의 아내를 겁탈한 자는 관직에 둘 수 없다

우성적禹成績은 남의 아내를 겁탈한 정황이 밝게 드러났는데, 사면령赦免令으로 인해 용서받아 그에게는 또한 다행이지만 죽을 때까지 폐기해도 조금도 아까울 것이 없다. 그런데 〈평안병사〉 이혜주李惠疇가 감히 먼저 〈우성적을〉 '수령'37)에 추천하였으니, 일이 매우 놀랄 만하다. 〈이혜주는〉 무거운 쪽을 따라 조사하고, 우성적은 추천명단에서 제외하도록 하라.

『肅宗實錄』 肅宗 30年 2月 甲戌(4日) 실 승

088 백성을 죽인 이희태를 하옥하다

지금 〈제주목사〉 송정규宋廷奎의 계본啓本을 보건대, 〈전 제주목사〉 이희태李喜泰의 행동은 〈계본의〉 한 구절 한 구절마다 형편이 없다. 아! 사람의 목숨은 지극히 중요한 것이니, 임금[君上]의 존귀함으로

---

37) 『後漢書』, 「黨錮列傳」, '杜密' ; 『後漢書』, 「黨錮列傳」, '范滂.'

도 사형수를 삼복三覆하여 반드시 죽어야 하는 사람도 살리려고 하는데, 이희태는 어떠한 사람이기에 감히 사적인 분노로 별도로 큰 장杖을 만들어 이틀 사이에 여섯 차례의 형신刑訊을 혹독하게 시행하여 많은 사람의 목숨을 때려 죽였으니 이처럼 그는 꺼리낌이 없는가? 하물며 그 소장訴狀을 낸 것은 다섯 사람에 지나지 않는데, 억지로 이름을 적게 하여서 일제히 같은 목소리로 고소한 것처럼 하였다. 그리하여 또한 비변사를 기만하여 보고하고 핑계댈 바탕으로 삼으려고 하였다. 그가 마음을 쓰는 것이 더욱 극히 간사하고 교묘하다.

그러나 지난번 경연 자리에서 들어와 모시던 여러 신하들이 서로 잇따라 구하였으니, 이희태는 "세력이 있는 사람"이라고 할 만하다. 그가 죄를 범한 것을 논하면 만의 만 번이라도 매우 통탄스럽기만 하다. 이러한 것을 만약 별도로 처단하지 않는다면 사적인 분노를 품고 '허물없는 사람'38)을 함부로 죽일 것이고, 조금이라도 세력이 있으면 공공연하게 범죄 혐의에서 벗어나는 폐단을 막을 수 없을 것이다. 이희태는 곧바로 잡아와서 가두고 엄하게 국문鞫問하여 형벌을 정하도록 하라.

『肅宗實錄』肅宗 31年 9月 丁卯(6日) 실 승*(7日)

089 성균관 유생의 교육을 당부하다

선비의 습성이 거칠고 세련되지 못함이 최근보다 심한 적이 없었다. 크고 작은 과거시험장에서 일찍이 한 번도 편안하고 조용한 때가

---
38) 『書經』, 「商書」, '湯誥'.

없었고 성균관에서 황감黃柑을 내릴 때는 갑자기 서로 다투며 움켜쥐는 폐단이 있었다. 이는 혹은 시종이 난잡해서 일어난 데에서 말미암기도 하였으나 선비의 습성이 옛날 같지 않음을 또한 미루어 알 수 있다.

아! 임금[人上]이 되어 교화가 크게 행해져서 '〈많은 선비가〉 모여드는'39) 아름다움은 감히 바랄 수 없더라도 오늘날 선비의 습성이 반드시 여기에 이르지는 않아야 하는데, 그 허물은 누구를 탓하겠는가? '내'40)가 매우 부끄럽기만 하다. 〈성균관〉 대사성大司成으로 하여금 성균관 유생을 가르치는 책임을 다하여, 조금이라도 선비의 습성을 변화시키도록 하라.

『肅宗實錄』肅宗 31年 10月 乙巳(15日) 실 승

090 사적으로 청탁한 정호를 처벌하다

지금 충청좌도어사忠淸左道御史 류술柳述의 별단別單을 보건대, "정호鄭澔는 자신이 재상의 반열에 있으면서 나라의 법을 지키지 않고 10여 집을 허물고 사사로이 공전公田을 바꾸어 방자하게 장지葬地에 넣었으니 찰방이 사적인 부탁에 〈법을〉 굽혀 따랐으므로 역졸驛卒이 원통함을 호소할 수 없었다"고 한다. 만약 통렬하게 징계하지 않는다면 나라의 법은 단지 '열악한 백성'41)에게만 행해지고 세력이 있는 집안에는 행해지지 않을 것이다. 정호와 해당 찰방察訪을 모두 잡아와서 형벌을

---

39) 『詩經』,「大雅」,'文王.'
40) 『書經』,「虞書」,'堯典.'
41) 『書經』,「商書」,'微子.'

정하도록 하라.

『肅宗實錄』 肅宗 32年 4月 庚寅(3日) 실 승

091 기행을 일삼은 이이명을 파직하다

예전부터 〈세자시강원世子侍講院〉 빈객賓客이나 궁관宮官이 세자世子의 수필手筆을 청하여 얻는 것은 비록 이것이 보통 때의 일이라고 하더라도 심지어 작은 종이를 꺼내어 들이면서 바로 이것에 따라서 써주기를 청한 것은 일찍이 있지 않던 일이다. 어제 〈왕세자의〉 서연書筵 때에 좌빈객左賓客 이이명李頤命이 소매 속에서 효종孝宗이 이이명의 선조先祖에게 답한 차비箚批를 베낀 문서를 꺼내서 이것으로 써주기를 청하였으니, 일의 체모가 편안하지 않음이 무엇이 이보다 심하겠는가?

다만 이것만이 아니다. 추국推鞫은 일의 체모가 지극히 엄격하고 또한 중요하므로, 무릇 죄인을 잡아오거나 풀어주기를 청하는 데는 반드시 의논이 합의되어 하나로 돌아가기를 기다린 후에 하는 것은 대개 국옥鞫獄은 일의 체모를 중요하게 여기기 때문인데, 〈판의금부사〉 이이명은 홀로 자신이 〈임금을〉 뵙기를 청해서 도사都事 외에 두 사람을 제멋대로 잡아와서 신문할 것을 청하였다. 이러한 길이 한 번 열리면 한 사람은 잡아오기를 청하고 한 사람은 풀어주기를 청해서 오직 하고 싶은 대로 할 것이니, 종국에는 폐해를 '이루 다'42) 말할 수 있겠는가?

게다가 죄인의 죄가 있고 없는 것은 자연히 공론이 있는데, 마치기

---

42) 『孟子』, 「梁惠王上」.

를 기다리지 않고 곧장 먼저 번거롭게 아뢰는 것은 또한 매우 해괴하다. 결코 그대로 두고서 〈죄를〉 논하지 않을 수 없다. 〈좌빈객과 판의금부사를 겸직하고 있는〉 병조판서兵曹判書 이이명을 파직하여 서용하지 말라. 들여온 베낀 종이는 이미 내어줄 것을 명하였다. 〈세자시강원〉 빈객賓客의 이러한 행동은 극히 편하지 않다. 그러나 들어와서 모시는 세자시강원 관원이 조용히 한 마디 말도 하지 않고 '서둘러서'43) 받아들였으니 체모를 잃은 것이 심하다. 정신을 차리도록 꾸짖을 방도가 없을 수 없으니, 필선弼善 한배하韓配夏·설서說書 정찬선鄭纘先을 모두 교체하도록 하라.

『肅宗實錄』 肅宗 32年 6月 丁酉(11日) 실 승

092 국청에서 단독으로 처리한 민진후를 파직하다

국청鞫廳을 설치한 옥사는 일의 체모가 극히 엄격하고 중요하다. 하물며 사람을 형벌하고 사람을 죽이는 것은 결코 한 사람의 의금부 당상관이 감히 스스로 제멋대로 하는 것이 아니다. 그러나 의금부義禁府 지사知事 민진후閔鎭厚가 국청 죄인의 일로 홀로 〈임금에게〉 아뢰어 바로 판결문을 만들었으니, 이것은 일찍이 아직 있지 않던 것으로 진실로 놀랄 만하다. 훗날 폐단에 관계되므로 결코 그대로 두고 〈죄를〉 논하지 않을 수 없으니 파직하도록 하라.

『肅宗實錄』 肅宗 32年 7月 丁卯(12日) 실 승

---

43) 『漢書』, 「揚雄傳上」.

093 국문을 일찍 재개하지 않음을 질책하다

겨우 친국親鞫을 중단했다가 이어서 국청을 재개再開하라는 명이 있으면 일의 체모가 가볍지 않으니, 마땅히 일찍 모여서 엄격하게 국문鞫問해서 실정을 알아내야 한다. 그러나 해가 이미 정오가 되었는데도 아직 사무를 보지 않으니 극히 편안하지 못하다. 해당 승지를 조사하도록 하라.

『肅宗實錄』肅宗 32年 9月 甲戌(19日) 실 승 비

094 김일경의 행태를 지적하다

〈경원부원군慶恩府院君 겸 돈녕부 영사 김주신金柱臣[인원왕후仁元王后 부친]이 돈녕부의 노비를 돈녕부 판결사 김일경이 황성하黃聖河에게 돌려준 것을 중단시키자〉 김일경金一鏡이 〈격분하여 올린〉 상소는 스스로 반성하는 것을 알지 못하고 다투어 이기는 데 뜻이 있다. 일의 체모를 헤아려 보건대 극히 놀랄 만하다. 그리고 〈김일경의 상소를〉 공공연하게 받아들였으니 매우 편하지 않다. 해당 승지는 교체하고 이 상소는 돌려주도록 하라.

『肅宗實錄』肅宗 33年 8月 戊子(9日) 실 승

095 형벌을 남용하여 사람을 죽이지 말라

옛날 송나라 태조는 일찍이 마음이 들떠서 한 가지 일을 잘못 판결하여 하루가 끝날 때까지 즐거워하지 않았다. '내'⁴⁴⁾가 일찍이 무진년[숙종14, 1688]에 한 번의 기쁨과 분노로 인하여 법을 받드는 관리를 함부로 죽여서 통렬히 스스로 뉘우치고 자신을 꾸짖으며 마음에 항상 잊지 않고 있었다. 어찌 다만 한 가지 일을 잘못 판결하고서 하루가 끝날 때까지 즐거워하지 않을 뿐이겠는가?

그가 비록 지극히 천하다고 하더라도 인명은 지극히 중요하고 받드는 것은 법인데, 머리를 늘어뜨리고 목숨을 잃었으니 가엾게 여기는 마음이 오래도록 그치지 않는다. 앞으로 해당아문[형조]에 명하여 법관의 아내와 자식에게 쌀과 면포를 넉넉히 지급하라.

아! 임금[人主]의 존귀함으로도 '허물 없는 사람'⁴⁵⁾을 죽이고 뉘우치며 꾸짖음이 여기에 이르렀으니 하물며 다른 사람이겠는가?

『肅宗實錄』肅宗 33年 11月 庚戌(2日) 실 승*(3日)

096 내의원 제조 3인의 관작을 삭탈하다

아!『춘추』에는 "〈세자가 부왕의〉 약을 맛보지 않았다고 해서 특별히 임금을 시해[弑害]했다고 썼다."⁴⁶⁾ 하물며 자신이 〈임금을〉 보호하는 직임을 띠고 바야흐로 내의원[內醫院]에 근무하면서 임금[君父]의 병환을 가볍게 보고 오직 일은 대충 처리하고 있으니, 어찌 이와 같은 〈군주와 신하 사이에〉 '나누어진 의리'⁴⁷⁾와 도리가 있겠는가? 교체하는 벌이

---

44)『書經』,「虞書」,'堯典'.
45)『書經』,「商書」,'湯誥'.
46)『春秋左氏傳』,「昭公」, 19年 변용 ; (漢)董仲舒,『春秋繁露』,「王道」 변용.
47)『荀子』,「强國」.

164 ǁ 제2부 전율의 군수

"너무 가볍다"고 이르는 것이 옳다. 신하[人臣]된 자가 어찌 감히 비호하는 마음을 싹틔우는가? 만약 무겁게 추궁하지 않는다면 훗날의 근심을 '이루 다'48) 말할 수 없을 것이다. 승지는 모두 곧바로 잡아와서 국문하고 엄격히 신문하여 형벌을 정하도록 하라.

『肅宗實錄』肅宗 36年 正月 丙子(10日) 실 승

097 내의원을 책망하다

아! 내의원의 신하가 다만 일을 대충 처리하고 병환을 돌보는 데 삼가하지 않은 죄를 바로잡지 않을 수 없다. 이는 '내'49)가 직접 본 것이니 애매한 일이 아니다. 그러나 승정원·홍문관·사헌부·사간원에서 서로 잇따라 구제하여 마치 죄를 얽어서 그렇게 된 것처럼 하니, 방자하고 무엄하기가 이보다 심할 수 없다.

아! 의리義理가 어두워지고 막혀서 여기에 이르렀으니, '나'는 실로 마음이 아프기만 하다. 승정원은 자세히 알도록 하라.

『肅宗實錄』肅宗 36年 正月 丁丑(11日) 실 승

098 자문을 분실한 동지사를 처벌하다

마침내 〈동지사冬至使가 자문咨文의 부본을 분실하였으니〉 비록 〈정본은〉 무사無事하다 하더라도 이는 실로 아직까지 전례가 없던 일이다.

---

48) 『孟子』, 「梁惠王上」.
49) 『書經』, 「虞書」, '堯典.'

만약 엄중하게 경계하고 타일러서 보호하여 지키게 했다면 어찌 이러한 근심이 있있겠는가? 그것은 〈청나라 예부에서 처벌을 청했으나 청나라 황제가 조선 국왕에게 처벌을 맡겼으니〉 임금의 명命을 욕되게 한 것이 심하다. 정사正使 조태구趙泰耉·부사副使 임순원任舜元·서장관書狀官 구만리具萬理를 파직하도록 하라.

『肅宗實錄』肅宗 36年 3月 乙酉(20日) 실 승

제6장 인사

099 평안도 수령과 변장을 가려 뽑도록 하다

무릇 천하를 다스리는 자는 사람을 근본으로 삼는다. '백성'[1]을 안락하게 하려는 것은 오직 '수령'[2]에게 달려 있다. 수령이 이미 많으나 반드시 모두 현명하지는 않으니, 특별히 좋은 관리를 얻어야 나라 전체가 소생할 것이다. 최근 평안도의 수령은 혹은 적절하지 않은 사람이 추천되어 대간[사헌부·사간원]에서 연이어 탄핵하는 상소를 내고 있다. 지금부터 더욱 마음을 다해 임용하는 일은 인사를 담당하는 아문[이조]에 신칙申飭하고, 변장邊將 역시 가려서 보내는 일은 병조에 말하도록 하라.

『肅宗實錄』肅宗 元年 12月 甲子(11日) 실 승*(12日)

100 시무상소를 평가하다

곧 〈종사랑從仕郎〉 이제李㫙의 상소를 보건대, 혹은 현실과 거리가 먼 염려가 있고, 혹은 전에 없던 것을 만들어낸 사안도 있으며, 혹은

---

1) 『書經』, 「虞書」, '堯典.'
2) 『後漢書』, 「黨錮列傳」, '杜密'; 『後漢書』, 「黨錮列傳」, '范滂.'

'남에게 팔꿈치가 잡혀서'3) 행하기 어려운 일도 있으니, 별도로 받아둘 만한 의논이 없다.

〈그러나〉 "회시會試를 서울에서 시행하면 반드시 주主·객客이 함께 곤란한 폐단이 있다"고 하였는데, 이 일은 〈참고할 만한〉 의견이 없지 않다. 이러한 한 가지 사안은 대신에게 물어보도록 하라.

『肅宗實錄』 肅宗 元年 12月 戊寅(25日) 실 승

101 어사와 병사의 인사고과 차이를 지적하다

전에 평안도어사平安道御史 홍만종洪萬鍾의 서계書啓로 인하여 비변사에서 대답하여 "구령만호仇寧萬戶 유희업劉熙業이 굶주린 백성을 잘 진휼賑恤하고, 사졸士卒과 함께 수고로움과 괴로움을 같이하며 '정성스러운 마음'4)으로 진鎭을 지키고 쇠잔한 보堡를 통제한다"고 아뢰었으므로 첨절제사僉節制使로 임명하였다. 그 뒤에 평안도 병마절도사兵馬節度使 류비연柳斐然이 인사고과에 "하下"로 써서 채웠으니, 어사御史가 칭찬하여 아뢰었던 것과 서로 다르다. 이것이 혹여 암행暗行에서 살피지 못하였다면 이는 어사가 사사로이 〈서계를〉 쓴 책임이다. 〈혹은〉 인사고과에서 사실이 잘못되었다면 이는 병마절도사가 평가에 밝지 못한 과오이다. 그 사이에 복잡한 사정은 누가 옳은지 상세하지 않으니 밝게 살펴서 아뢰도록 하라.

『肅宗實錄』 肅宗 元年 12月 己卯(26日) 실

---

3) (秦)呂不韋, 『呂氏春秋』, 「審應覽」, '具備'.
4) (宋)朱熹, 『大學章句』, 傳6章.

102 충익부의 병조 이속을 금하다

지금 능평군綾平君 구일具鎰의 상소문을 보건대, "선왕들[列聖]의 이름을 함께 녹권錄卷 안에 기재한다"고 하여서 '내'5)가 매우 놀랐다. 충익부는 이미 원종공신原從功臣을 위해서 설치하여 세운 곳인데 곧 병조에 이속시킴은 일의 체모가 평안하지 않을 뿐만 아니라, 300년 동안 훈신勳臣을 우대優待한 뜻이 어디에 있겠는가? 이러한 뜻을 비변사에서 의논하도록 하라.

『肅宗實錄』肅宗 4年 8月 丙申(28日) 실 승*(29日) 비*(29日)

103 임금의 인사권에 도전하지 말라

무릇 나라에서 사람을 쓰는데 저쪽과 이쪽을 논하지 말고 재주에 따라 등용하라는 뜻을 전후하여 하교하기를 마치 간절한 듯이 하였다. 또 지난번에 불러서 보았을 때 류상운柳尙運[서인]의 글재주가 발탁하여 쓰기에 합당하다고 하교하였다. 곧 〈이조〉판서 이원정李元禎[남인]이 직접 전교[聖教]를 받들었는데 별다른 말이 없었다.

오늘에 이르러 감히 공의를 핑계 대고 임금의 명을 따르지 않으니, 이미 극히 방자하여 거리낌이 없는 것이다. 하물며 류상운의 상소가 위에 올린 것과 다름이 있는 데도 반드시 막으려고 하는 것은 또한 어떤 의도인가? 앞으로 임금의 명을 거만하게 어기고 함부로 자신이 사람을 쓰려는 상황은 진실로 매우 놀랍기만 하다. 이원정을 파직하고

---

5)『書經』,「虞書」, '堯典.'

서용하지 말라.

『肅宗實錄』 肅宗 5年 11月 庚申(29日) 실 승

104 청남과 탁남의 대립

홍우원洪宇遠[청남]이 머리카락이 하얗게 센 나이로 나라의 두터운 은혜를 받았으니, 마땅히 만에 하나라도 보답할 겨를이 없을까 헤아려야만 할 것이다. 그러나 이러한 것은 하지 않고, 처음에 간악한 이옥李沃·이발李淳[이상 청남]의 일로 인해서 두 개의 붕당[청남·탁남]으로 나누어지고 '나라의 일'6)을 돌아보지 않았다. 이내 한때의 마른 풀이나 낙엽 부스러기 같은 분노로 옳음과 그름을 어지럽혀서 오로지 권대재權大載[청남] 등이 보복하는 것만을 위하니, 현명함과 사악함의 구분이 과연 어느 사람에게 있겠는가?

『肅宗實錄』 肅宗 5年 7月 庚戌(18日) 실 승

105 인사 원칙을 준수하라

특지特旨로 외직에 임명된 사람은 해당아문[이조]의 예例에 따라 감히 청직淸職의 선발에 가벼이 후보자로 추천하지 못한다. 그러나 지난날 인사고과에서 울진현령蔚珍縣令 오도일吳道一을 후보자로 추천한 것은 자못 매우 편안하지 못하다. 이조 당상관·당하관을 모두 조사하도록 하라.

---

6) 『禮記』, 「喪服大記」; 『史記』, 「秦始皇本紀」.

『肅宗實錄』肅宗 11年 2月 丁酉(7日) 실

106 춘천방어사를 무관으로 고정시키다

하나의 도道 안에는 '관찰사7)'와 절도사가 각기 맡은 직임이 있으니, '관직을 설치한'8) 뜻이 실로 우연이 아니다. 그러나 오직 이 강원도 한 도만은 홀로 〈관찰사가 겸직하여〉 절도사의 소임을 정해 놓지 않아서 군정軍政을 살펴보면 자못 거칠어서 염려스럽다. 병마절도사는 비록 갑자기 만들어 둘 수는 없으나 춘천방어사春川防禦使를 문관文官과 무관武官으로 교대로 임명하지 말고 매번 종2품 무신을 보내고, 반드시 명망이 현저하여 절도사가 될 만한 사람을 가려 뽑아 맡겨서 군정軍政에 뜻을 기울이도록 하라.

『肅宗實錄』肅宗 20年 12月 戊午(25日) 실

107 이조 전랑의 권한을 회수하다

〈이조吏曹에서〉 인사를 맡는 당하관[정랑·좌랑]은 권한이 중요하므로 말의 뜻이 극히 엄격하다. 심지어 "한漢나라 법으로 논한다면 목을 베어 저자에 버리는 형벌을 면하기 어렵다"고 하였다. 그리하여 명하니, 지금부터 당하관이 등용하거나 등용하지 않거나 하는 등의 일에 간여하는 것을 모두 영구히 그만두게 하라. 혹여 다시 '앞 수레의

---
7) 『禮記』, 「王制」.
8) 『周禮』, 「天官冢宰」.

바퀴 자국[이전 사람의 잘못]9)을 밟는 자가 있으면 사방의 먼 끝으로 물리쳐서 단연코 '용서하지'10) 않을 것이다. 승정원은 이를 자세히 알고 선포하도록 하라.

『肅宗實錄』肅宗 11年 7月 戊寅(20日) 實

108 오직 재주에 따라 등용할 뿐이다

나라에서 사람을 쓰는 데 한 가지 방도만 있는 것이 아니니, 혹은 차례를 따라 승진하는 경우도 있고, 혹은 여럿 중에 뽑아내어 초월하여 발탁하는 경우도 있다. 대개는 '오직 재주에 따라 취하고'11) 나이가 많은지 적은지나 품계가 높은지 낮은지에는 구애받지 않는다. 하물며 현명한지 아닌지를 판별하고 임명과 면직·'강등과 승진'12)은 임금의 큰 권력이다. 이미 그 사람의 재주와 인망人望이 '한 도道를 감당할'13) 수 있는지 알고 있는데, 마침 진휼賑恤이 바야흐로 시급할 때를 만나서 인사고과도 행하기가 쉽지 않다면 이처럼 특지特旨로 제수하는 조치가 있더라도 '나'14)는 인사고과의 체모에 해가 되는지 알지 못하겠다.

대간臺諫[사헌부·사간원]의 상소上疏는 단지 국법이 혹여 폐해질까 염려하였을 뿐이며, 본래 탄핵하는 뜻에서 나온 것은 아니다.

---

9) 『漢書』, 「賈誼傳」 변용.
10) 『後漢書』, 「史弼傳」 ; 『後漢書』, 「陳寵傳」.
11) (明)劉基, 『郁李子』 변용.
12) 『書經』, 「周書」, '周官' 변용.
13) 『太宗實錄』, 太宗 7年 7月 辛巳(30日) 변용.
14) 『書經』, 「虞書」, '堯典.'

〈그런데도〉 곧 이것 때문에 자신을 탓하고 혐의를 받았다고 여겨서 〈군주와 신하 사이에〉 '나누어진 의리義理'15)는 생각하지 않고 여러 차례 패초牌招를 어기니, 그 일의 체모體貌가 전혀 편안하지 못하다. 강원도 관찰사 이이명李頤命을 조사하고, 다시 〈임금에게〉 숙배肅拜하도록 패초하여서 여러 날이 지나기 전에 하직인사하고 〈출발〉하도록 하라.

『肅宗實錄』肅宗 13年 正月 丙申(17日) 실 승

109 성균관에서 인재를 뽑다

'〈하나라〉교校·〈은나라〉서序·〈주나라〉상庠·〈하나라·은나라·주나라〉학學을 설치하여서'16) 사방의 선비를 기르는 것은 대개 바른 학문을 연구하여 선善을 가려내고 몸을 가다듬어서 "인륜을 근본으로 하고 만물의 이치를 밝히는 것이니," 17) 어찌 한갓 글을 지어 녹祿을 구하는 것뿐이겠는가? 옛날 전손사顓孫師[자장子張]가 녹을 구하는 법을 묻자, 공자孔子께서 "많이 들어 의심스러움을 없애고 그 나머지를 삼가하여 말하면 허물이 적을 것이고, 많이 보아 위태로움을 줄이고 그 나머지를 삼가하여 행하면 뉘우침이 적을 것이다"18)고 하셨다. 진실로 능히 "배우는 것이 넓고 가려내는 것이 정밀하고 지키는 것이 견고하다면," 19) 녹은 구하지 않아도 저절로 이를 것이다. 이것이 어찌

---

15) 『荀子』, 「强國」.
16) 『孟子』, 「滕文公上」.
17) (宋)朱熹·呂祖謙, 『近思錄』, 「治法」.
18) 『論語』, 「爲政」.

만세의 격언格言이 아니겠는가?

최근 내가 살펴보건대, 세상이 기울고 풍속이 어지러워져 선비의 습성이 옛날 같지 않아서 경학經學에 밝고 행실이 착하여 '다스림의 요체'20)에 훤히 통달한 사람은 적으나 문장을 숭상하여 경학을 버리고 녹祿의 이익을 좇는 사람은 '쏟아져나오니,'21) 어찌 우리 '선왕들'22)이 학교를 일으켜 인재를 양성하는 본래 뜻이겠는가? '나'23)는 이것에 대해 일찍이 '세상을 다스리는 도道'24)를 위해 한 번도 탄식하지 않은 적이 없었다.

그리하여 기억해보건대, 옛날 〈송대宋代〉 안정호공安定胡公[호원胡瑗]이 〈지금 강소성江蘇省〉 소주蘇州와 〈지금 절강성浙江省〉 호주湖州의 교수敎授였을 때 '부지런히 돌보고'25) 단아하고 조심스러웠다. 그 제자들의 말의 기운이 보통 사람과 달랐다. 하물며 저 훌륭한 선비들이 밀접하여 아주 가까운 거리에 있어서 위와 아래의 마음[情志]이 여유 있게 잘 통하니, 이끌고 도와주며 격려하는 것이 어찌 여기에 달려 있지 않겠는가?

아! 너희 '여러 선비'26)는 '나'의 가르침을 삼가 듣고 마음속 깊이 새기고 잃지 말며 점점 연마하여 이루어낸다면, 앞으로 나라와 유학[斯文]의 행운이 되리라는 것을 '이루 다'27) 말할 수 있겠는가? 진심을

---

19) (宋)朱熹, 『論語集註』, 「爲政」 변용.
20) (宋)朱熹·呂祖謙, 『近思錄』, 「治體類」.
21) 『詩經』, 「齊風」, '載驅'; 『詩經』, 「大雅」, '江漢.'
22) 『漢書』, 「宣帝紀」.
23) 『書經』, 「虞書」, '堯典.'
24) 『列子』, 「楊朱」,
25) 『書經』, 「虞書」, '益稷.'
26) 『書經』, 「周書」, '多士.'

내어 마땅히 각기 맹렬히 성찰해야 할 것이다.

『肅宗實錄』肅宗 17年 8月 壬辰(10日) 실 승

---

27) 『孟子』, 「梁惠王上」.

제7장 왕실

110 숙안공주를 감싸고 돌다

숙안공주淑安公主[효종孝宗의 딸, 홍치상洪致祥의 어머니] 궁방宮房이 김해金海 지역에서 간척한 전지田地를 떼어준 지 이미 오래되었는데, 김해부사가 간사한 백성의 무함誣陷하는 고발을 믿어서 면세된 전답田畓을 임의로 빼앗아 주었으니 매우 근거가 없는 것이다. 그러므로 혹여 수본手本으로 인해서 〈토지를 뺏어다 지급했거나〉 혹여 상언上言으로 인해서 〈토지를 뺏어다 지급했던〉 것은 아울러 모두 시행하지 말고 그대로 숙안공주 궁방에 속하도록 하라. 곧 두 차례나 〈임금이〉 판결하였으나 "본읍의 '수령1)[김해부사]'은 전후한 판결을 유지하지 않고 처음부터 끝까지 일관되게 〈궁방의 땅을〉 빼앗아 김연상金連上 등에게 주었다"고 한다. 일이 매우 놀랄 만하다. 해당 김해부사를 잠시 무거운 쪽을 따라 조사하도록 하라.

『肅宗實錄』肅宗 11年 8月 己酉(21日) 실

---

1) 『後漢書』, 「黨錮列傳」, '杜密'; 『後漢書』, 「黨錮列傳」, '范滂.'

111 장렬왕후의 회갑에 휘호를 올리도록 명하다

최근 나라에 변고變故가 많았으므로 진연進宴의 성대한 의례를 오랫동안 행하지 못하여 마음은 항상 부족하게 여겼다. 어제 대왕대비전大王大妃殿[장렬왕후]에 삼가 장수를 축하하는 의례를 행하였다. 자손이 두루 모여서 밤이 끝날 때까지 신하들과 연회를 가졌고, 잔을 들어 장수를 축하하며 화평한 기운으로 화목하고 평화로웠다. 이는 실로 보기 드문 일이다. 어찌 기뻐하여 손뼉 치는 정성을 감당해내겠는가?

지나간 옛날을 추억해 보건대, '나도 모르게'2) 슬픔을 억누르기 어렵다. 그리하여 생각하건대, 지극히 존귀하신 분의 회갑이니 이보다 더 큰 경사가 없다. 곧 휘호徽號를 올리는 의례가 비록 〈사관을 시켜 조사해온〉 실록實錄〈의 발췌 기록〉 안에 상세히 드러나 있지 않다고 하더라도 정情이나 예禮로 헤아려 보아도 그만둘 수 없다. 앞으로 예관禮官으로 하여금 곧 여러 대신들에게 물어서 〈임금에게〉 아뢰도록 하라.

『肅宗實錄』 肅宗 12年 閏4月 辛酉(8日) 실 승

112 새 가마를 잘못 만든 이들을 처벌하다

대왕대비전[장렬왕후]에서 타는 가마는 해가 오래되어 색이 바랬으므로 옛 가마를 상의원尙衣院에 내어주고 이것에 근거해서 새 가마를 제작하여 들이게 했다. 그 후 이치에 맞지 않아 헤아릴 수 없는 말이

---

2) (漢)張衡, 「東京賦」(『文選』).

여러 사람의 입에 오르내리고 떠들썩하여 감당할 수 없었다. 이를 그대로 둔다면 장차 나라의 체모를 엄격히 하고 요사스러운 말을 그치게 하지 못할 것이다. 그러므로 처음부터 전교를 들은 상의원의 해당 아전을 이미 무거운 쪽을 따라서 장형에 처하였고, 가마 역시 이미 상의원에서 내어와서 태우도록 했다. 그리고 그때 제작을 감독했던 당하관도 그 죄가 동일하니 잡아와서 형벌을 정하도록 하라.

『肅宗實錄』肅宗 12年 7月 己丑(7日) 실 승*(8日)

113 종친을 중용하다

형벌과 포상·'강등과 승진3)'은 임금의 큰 권한이다. 여기에서 하나라도 빼앗긴다면 장차 어디에 손과 발을 두겠는가? 나라를 다스리는 도리는 정승을 두는 것보다 중요한 것이 없다. 그러나 지난가을의 일을 보건대, 과연 신중하게 선택하려는 뜻에서 나온 것인지 알 수 없다. 그러므로 올여름에 정승을 뽑을 때 여러 차례 추가로 추천하라는 명을 내렸던 것이다. 처음에 추가로 추천한 사람이 삼정승[三事]에 합당하지 못했기 때문이 아니다. 대개 옛사람이 차례차례 추천한 제도를 본받으려고 했으나 일찍이 한 달이 지나지 않아 시끄러운 단서가 크게 일어났고 곡절이 많은 일이 거듭 나와서 대신이 그 자리를 편안하지 않도록 하여서 뒤에 그만두었다. 그 이유를 궁구해보면, 군주의 권세가 존중받지 못하고 나라를 경멸輕蔑하여 생긴 일이 아님이 없다. '내'4)가 실로 애통하게 여긴다.

3) 『書經』, 「周書」, '周官' 변용.

지난번에 동평군東平君[이항李杭]을 혜민서惠民署 제조提調로 특별히 제수한 것은 단지 친족親族을 가까이 하려는 뜻이었다. 그러나 한 부류의 괴이하고 망령된 무리가 3개월이 지나고서야 비로소 대간[사헌부·사간원]의 논의를 정지하게 만들었으니, 이른바 "너무 급하게 끝장을 본다"는 것이다. 몹시 흥분하여 충동적인 대간[사헌부·사간원]은 승부를 겨룰 것만 계획하니, 그들의 마음이 있는 곳을 환히 알 수 없다.

『肅宗實錄』肅宗 13年 8月 癸亥(17日) 실 승*(18日)

114 동평군을 보호하라

동평군[이항李杭]은 인조대왕仁祖大王의 친손親孫으로 다른 종친宗親과는 자연히 대수代數의 멀고 가까운 차이가 있다. 곧 설령 나아가 뵙기를 자주하고 물품을 내려주는 데 넉넉함이 있다고 하더라도 원래 이상한 일이 아니다. 하물며 본래 이런 일도 없는데 한 번 제조提調에 특별히 제수한 뒤로 종친과 인척 사이에 실로 시기하고 질투하는 것이 많아져서 겉모습에 나타나기에 이르렀다. 생각지도 못했는데 이같이 얽어서 모함하는 말이 〈임금에게〉 아뢰는 글에 오르기에 이르렀다. 일이 매우 놀라우니 종친부宗親府로 하여금 오늘 안에 조사하여 서계書啓로 〈올리도록〉 하라.

『肅宗實錄』肅宗 14年 7月 甲申(14日) 실 승*(13日)

---

4) 『書經』, 「虞書」, '堯典.'

115 종친 간 음해 사건을 처벌하다

〈선조宣祖의 증손曾孫 전평군全坪君 이곽李漷은〉 같은 종친을 해치기를 모의하고 나라를 헐뜯어서 마음을 쓰는 것이 바르지 못하다. 여러 종친을 아직 조사하지 못하여 형벌을 정하기 전에는 결코 문안問安하는 반열에 참여시킬 수 없다. 두 왕자王子[인조仁祖의 아들 숭선군崇善君 이징李澂·낙선군樂善君 이숙李潚]와 동평군東平君 형제兄弟[인조의 손자 숭선군崇善君 이강李棡] 외에는 모두 문안하는 데 참여시키지 말라.

『肅宗實錄』肅宗 14年 7月 甲申(14日) 실 승

116 종신을 편전에 불러 술을 내리다

종신宗臣으로 가난한 사람이 매우 많아서 보기가 가엾다. 앞으로 종친부宗親府로 하여금 조사하여 〈임금에게〉 아뢴 후에 해당아문[호조]에서 옷감과 먹을 것을 넉넉히 지급하여 '내'5)가 가까운 사람을 두터이 하는 뜻을 표시하도록 하라.

『肅宗實錄』肅宗 17年 6月 癸酉(19日) 실

117 상궁 박씨를 숙원에 봉하다

상궁尙宮 박씨朴氏[명빈明嬪, 연령군延齡君의 모친]가 후궁의 자리에 함께 있은 지 거의 10년이 지났다. 지난 가을 후궁後宮을 봉작封爵하는

---

5) 『書經』, 「虞書」, '堯典.'

날에 내전內殿[인현왕후仁顯王后]이 특히 〈『시경』〉「교목樛木」[후비의 덕][6]의 은혜를 미루어 한꺼번에 봉작하려는 뜻을 상세히 말하였으나 아직 옮길 처소를 기약하지 못해서 어려워했다. 지금 이미 임신을 하였고, 내전[인현왕후]이 또한 이것으로 말을 하니 그를 숙원淑媛에 봉하도록 하라.

『肅宗實錄』 肅宗 24年 11月 乙亥(4日) 실

118 전라도 유생이 효종의 존호를 청하다

한쪽 편[남인]에서는 〈전라 유생 233명이〉 '정신을 모아서'[7] 오로지 선정先正[송시열, 서인]을 터무니없이 얽어 무함하여 화禍를 조정朝廷에 전가하려고 계획하니, 〈효종에게〉 존호를 올리는 일과 〈현종을 불천위不遷位로 만들어〉 세실世室을 설치하는 일은 평계에 지나지 않는다. 명하여 홍이범洪履範[남인]을 가장 먼 변방으로 유배하고 그 상소는 돌려주도록 하라.

『肅宗實錄』 肅宗 37年 3月 辛亥(22日) 실 승

---

6) 『詩經』,「周南」, '樛木.'
7) (漢)王褒,「聖主得賢臣訟」(『古文眞寶』) 변용.

제8장 갑인환국

119 장렬왕후의 복제를 정하다

대왕대비大王大妃[장렬왕후]의 복제服制는 처음에 참최斬衰 3년으로 하여 고례古禮를 대략 모방하여 제도를 정하였다. 지금 대신과 여러 신하들의 말을 들건대, 『예경禮經』에 명백하게 근거할 만한 글이 없다고 하니 참최로 마련하지 말라.

『肅宗實錄』肅宗 元年 8月 戊辰(13日) 실 승*(14日)

120 심수량을 처벌하다

전前 〈홍문관〉 수찬修撰 심수량沈壽亮[서인]은 스스로 신하가 되어 임금이 내려준 녹祿을 먹고 임금이 내려준 옷을 입으면서 '서로 공경하고 화합하는'1) 뜻을 생각하지 않으며 나라를 원망하는 마음을 품고 한 편의 상소를 투척하여 고의로 중한 죄를 범하였다.

아! 송시열・송준길宋浚吉・이유태李惟泰[이상 서인] 등은 그 마음의 자취를 살펴보면, 어찌 도량이 보잘것없거나 간사하여 아첨을 잘하는 '공임孔壬'2)의 이름을 면할 수 있겠는가? 심수량은 이내 "차라리 임금과

---

1) 『書經』, 「虞書」, '皋陶謨.'

아비를 저버리더라도 스승의 은혜는 잊지 못한다"고 하였다. 앞으로 임금을 잊고 붕당을 위해 죽으려 한 죄는 무겁게 다스리지 않을 수 없으니, 관원 명부에서 삭제하도록 하라.

『肅宗實錄』 肅宗 元年 11月 甲午(10日) [실] [승]

121 이세화가 파란을 일으키다

어제 대간[사헌부・사간원]에게 내린 비답批答은 마치 간절한 듯했는데 미처 반포하지 않았을 때 갑자기 다른 논의가 나왔다.

아! 옛날부터 권신權臣이 어느 시대인들 없었겠는가마는 어찌 송시열[서인]의 무리처럼 심한 적이 있었겠는가? 〈승정원 우승지右承旨〉 이세화李世華 또한 송준길[서인]의 죄가 신령과 사람에게 이른 것을 알고 있다. 그러나 '나'3)의 하교를 본받지 않고 〈송준길의 추탈에 반대하니〉 '나'는 실로 오늘날 '나라의 일'4)이 어찌할 수 없음을 매우 한스럽게 여긴다. 승정원은 모두 자세히 알도록 하라.

『肅宗實錄』 肅宗 元年 12月 甲寅(1日) [실] [승]

122 영릉을 찾아가다

영릉寧陵[효종・인선왕후의 능]을 마땅히 〈인선왕후의〉 소상小祥 때에 성묘해야 할 때, 마침 〈현종의 훙거로〉 숭릉崇陵[현종릉]에 먼저

2) 『書經』, 「虞書」, '皋陶謨.'
3) 『書經』, 「虞書」, '堯典.'
4) 『禮記』, 「喪服大記」 ; 『史記』, 「秦始皇本紀」.

예禮를 행하였으므로 지극한 정情을 이루지 못하였다. 오는 2월에 인선왕후仁宣王后[효종비] 대상大祥이 지난 뒤에 마땅히 〈효종·인선왕후의〉 능[園陵]에 이르러 한 번 추모追慕의 정情을 펴려고 한다. 일관日官으로 하여금 3월 보름 전에 날을 가려서 들이도록 하라.

『肅宗實錄』 肅宗 元年 12月 甲子(11日) 실 승*(13日)

123 송시열·송준길을 구호하는 이들을 처벌하다

아! 최근 공의公義를 등지고 붕당을 위해 죽으려는 습성이 갈수록 더욱 심해지고 있다. 홍득우洪得禹[서인] 등은 변변치 못하고 간사한 무리로 감히 흉악한 상소를 투척하여 "송준길[서인]의 학문을 〈은나라의 현명한 신하〉 감반甘盤에 비할 만하다"고 하였다.

아! 감반은 〈은나라〉 고종高宗의 현명한 스승이다. 송준길의 보잘것없고 간악함이 어찌 만에 하나라도 비슷할 수 있겠는가? 송준길의 무리는 죄가 극에 달한 신하로서 하늘이 반드시 주살할 것이고, 귀신이 반드시 책망할 것인데, 어찌 한 사람[송시열]은 살고 한 사람[송준길]은 죽었다고 해서 국법에 누락할 수 있겠는가? 홍득우 등은 반드시 송준길을 죄줄 수 없는 지경에 두려고 하였으니, 그 의도하는 것이 교묘하고 참혹하다. 만약 밝게 판별하여 물리치지 않으면, 서로 연이어 일어나는 것을 또한 징계하지 못한다. 홍득우·조상우趙相愚·안세징安世徵[이상 서인]은 잠시 먼지 관원 명부에서 삭제하고, 고회高晦·안상억安相億[이상 서인]은 모두 과거의 응시 자격을 정지하도록 하라.

『肅宗實錄』 肅宗 元年 12月 庚辰(27日) 실 승*(28日)

제9장 경신환국

124 무장을 교체하다

아! 재이가 '거듭 이르고,'[1] 의심이 나서 불안함이 많아지며, 유언비어가 떠들썩하니, 왕도에서 친위부대의 장수를 임명하는 것은 나라에 가까운 친족으로 직위가 높은 사람으로 하지 않을 수 없다. 광성부원군光城府院君 김만기金萬基[숙종의 장인, 서인]를 훈련대장訓鍊大將으로 삼으니 오늘 안에 병부를 받아서 직임을 살피도록 하라.

류혁연柳赫然[남인]은 세 임금의 조정에 걸쳐 오래된 장수이므로 '내'[2]가 매우 의지하고 중요하게 여긴다. 그러나 20년 동안 장기간 이러한 소임에 있었고 지금은 연로하여 근력이 이미 쇠했으니 잠시 해임한다. 총융사摠戎使는 신여철[서인]에게 제수하니 또한 오늘 안에 병부를 받아서 공무를 집행하도록 하라.

『肅宗實錄』肅宗 6年 3月 丁巳(28日) 실

---

1) 『詩經』, 「大雅」, '雲漢.'
2) 『書經』, 「虞書」, '堯典.'

125 복선군을 교형에 처하다

〈복선군福善君〉 이남李柟은 왕실王室에서 가까운 친족으로 효종·현종으로부터 궁중에 길러져 세상에 드문 은혜를 입었다. 그가 비록 역모를 모의했다고 하더라도 '내'3)가 차마 나라의 형벌대로 처단할 수 없으니, 특별히 교형絞刑을 행하도록 하라.

『肅宗實錄』肅宗 6年 4月 辛未(12日) 실 승

126 내관을 처벌하다

장번내관長番內官 최상앙崔尙仰·박두경朴斗卿 등은 가까이 모시는 내관으로 임금의 녹祿을 먹고 은혜에 보답하는 것을 생각하지 않고 감히 패악하고 오만한 말을 방자하게 아뢰었다. 이와 같이 나라를 저버리는 무리는 징계하지 않을 수 없으니, 잠시 먼 변방으로 유배하도록 하라.

『肅宗實錄』肅宗 6年 4月 乙亥(16日) 실 승

127 내관의 죄상을 밝히다

내관 최상앙은 감히 "허적許積의 가산家産을 적몰籍沒하는 것은 부당하다"고 말하였고, 박두경은 "여항閭巷의 백성이 모두 허적이 만약 혹시 연좌되면 우리들은 마땅히 대가代價를 바쳐서 죽을 죄를 용서받아야 한다" 등의 말을 방자하게 아뢰었으니, 조금도 뒷일을 염려하거나

---

3) 『書經』, 「虞書」, '堯典.'

꺼리는 것이 없다. 무릇 일이 역모를 모의하는 데 관계되면 비록 대신이나 대간[사헌부 · 사간원]이라 하더라도 감히 경솔하게 거론하지 못한다. 하물며 역모의 정황이 명백하여 이미 나라의 형벌을 받은 적신賊臣에게 그들이 어찌 감히 이와 같이 하겠는가? 이것으로 심문할 사안을 목록으로 내어 물어보고 〈임금에게〉 아뢰도록 하라.

『肅宗實錄』肅宗 6年 4月 乙亥(16日) 실 승*(17日)

128 조정의 관원을 교체하다

〈남인에서 서인으로 정권을 교체하여〉 인재人才가 적은 것이 요즈음보다 심한 적이 없으니, 별도의 방식으로 선발하는 방도가 없을 수 없다. 앞으로 삼정승, 전직대신, 육조 판서, 홍문관 · 사헌부 · 사간원의 장관長官으로 하여금 재주와 명망이 있는 사람을 각기 3인을 추천하여 등용하도록 하라.

『肅宗實錄』肅宗 6年 4月 丁丑(18日) 실 승

129 갑인예송의 재론을 경고하다

〈남인에서 서인으로 정권을 교체했으나〉 이미 〈남인의 예설을 채택하여〉 바로잡은 국가의 의례를 만약 강한 신하와 흉악한 잔당이 감히 앞장서서 나아가 상소를 투척하여 나라의 방침을 어지럽힌다면 이내 종묘宗廟와 선왕先王의 죄인이 될 것이니, 곧바로 역률逆律로 논하여 처벌하겠다. 위로는 의정부 · 육조 · 홍문관 · 사헌부 · 사간원부터 아래로는 모든 관원과 사대부까지 이러한 뜻을 자세히 알게 하고 또한 중앙과 외방에 반포하도록 하라.

『肅宗實錄』肅宗 6年 4月 戊寅(19日) 실 승

130 과거 응시 자격을 회복시키다

여러 해 동안 과거의 응시 자격을 정지하여서 과거를 볼 수 없었다. 다만 '많은 선비[서인]'4)가 억울할 뿐만 아니라, 또한 인재를 배양培養하는 도리가 아니다. 지난번에 과거의 응시 자격을 정지한 유생에게 모두 정지를 해제하도록 명하라.

『肅宗實錄』肅宗 6年 4月 庚辰(21日) 실 승

131 공신을 책봉하다

아! 옛날부터 역란逆亂이 어느 시대인들 없었겠는가? 그러나 역적 허견許堅과 역적 〈복선군福善君〉 이남李柟과 같이 심한 적은 아직 있지 않았다. 역적 허견은 나라를 맡은 영의정[허적許積]의 아들로서 죄가 쌓이고 악惡이 차서 훗날 주살誅殺을 면하기 어려움을 스스로 알아서 마침내 친족이 많은 가까운 종친宗親과 결탁하고 이미 폐지된 체찰사부體察使府를 회복하였다. 완력이 강한 무사武士를 뽑아서 안에서 거사를 계획하였고 골싸기에 둔을 친 병사를 빌어서 밖에서 습격을 도모하였다. 아비[허적]의 권세를 훔쳐서 농단하고 형세가 이미 커지자, 이남복

---

4) 『書經』, 「周書」, '多士.'

선군]을 호위하여 궁궐에 들어가는 계책이 강만철姜萬鐵의 2차 공초 기록에서 드러났다. "〈군복인〉 호복胡服으로 아비를 위협하겠다"는 말이 또한 이경의李景毅의 공초 기록에서 나왔다. "궁중宮中에서 따르지 않으면 먼저 한두 명의 중신重臣을 가두겠다"는 말은 흉악한 모의가 헤아릴 수 없으니, 역적의 정황이 어지럽게 흩어져 있다. 이남[복선군] 의 형제는 모두 인조대왕仁祖大王의 손자로서 효종孝宗이 궁중에서 거두 어 기른 은혜를 입었다.

그러나 타고난 성품이 어리석고 흉악하여 은혜에 보답하는 것을 생각하지 않는다. 바랄 수 없는 것을 몰래 도모하여 망령되게 왕위를 엿보면서 역적 허견·이태서李台瑞와 더불어 왕래하며 서로 결탁하여 피를 마시고 함께 맹세하고 맹세한 글까지 갖추어져 있다. 그 흉악한 역모의 정황을 보건대, 실로 〈한나라〉 회남왕淮南王[유안劉晏]·무안후 武安侯[전분田蚡]의 일보다 심한 것이다. 지금 정원로鄭元老의 고변에 근거하여 그들의 우두머리를 주살하였고, 그 나머지 무리를 모두 국청 鞫廳으로 하여금 유배형에 처할 것을 의논하여 아뢰도록 하였다. 이것 이 모두 '종묘·사직'5)이 묵묵히 돕고 여러 신하가 힘쓴 공이 아님이 없다.

'내'6)가 『국조고사』를 살펴보건대, 〈유자광柳子光의 무고로 일어 난〉 강순康純·남이南怡의 난亂에 이미 익대공신翊戴功臣[예종즉위년, 1468]의 공훈功勳을 기록한 일이 있고, 이후 〈정여립鄭汝立의 난을 진압 한 뒤〉 평난平難[선조22, 1589]이나 〈심기원沈器遠의 역모를 진압한

---

5) 『書經』, 「商書」, '太甲上' 변용.
6) 『書經』, 「虞書」, '堯典.'

뒤〉 영국寧國[인조22, 1644]이 모두 역도를 주살하고 난을 없애는 것으로 공훈功勳을 감정勘定하였다. 지금 공신功臣을 감정하지 않을 수 없으니, 대신과 여러 신하들은 모두 자세히 알아서 담당아문[충훈부忠勳府]에 분부하여 거행하도록 하라.

『肅宗實錄』肅宗 6年 4月 丙戌(27日) 실 승

132 송시열의 유배지를 옮기다

당초 송시열[서인]이 예禮를 그르쳤다는 죄목은 오로지 가공언賈公彦의『의례주소儀禮注疏』중 "체體이면서 정正이 아니다"고 한 말을 가져다가 선왕에게 지목하여 장차 의례와 종통宗統을 어지럽힘을 의심하는 데로 귀결됨을 면치 못할 것이므로 특별히 유배형을 실시한 것이다. 지금 이유태李惟泰[서인]의 상소문을 보건대, 갑인년[현종15, 1674]에 송시열과 주고받은 편지에서 "송宋나라 영종英宗은 방계旁系에서 들어가 대통을 계승했으나 정자程子[정이程頤]는 적자嫡子라고 하였는데 하물며 효종은 다음 적자에서 승격되어 적자가 되었으니 적자가 아니라고 말할 수 있겠는가?"라고 하였다. 송시열 역시 그렇게 생각했다.

송시열의 "적통嫡統이 어디로 돌아갈 것인가라는 말은 저것[이유태 견해]과 이것[송시열 견해]이 서로 비슷하다"고 했다. 조정에서 형벌을 쓰는 것은 본래 앞으로 '스스로 새로워지는7) 뜻을 열어주려는 것이다. 지난해에 이유태를 먼저 방면하였으니 또한 이 때문이다. 지금 송시열의 뜻이 이유태와 다름이 없으니, 홀로 그대로 가시울타리 속에 둘

---
7) (宋)朱熹,『大學章句』, 經1章.

수가 없다. 특별히 가시울타리를 풀고 유배지를 중간 지점으로 옮기도
록 하라.

『肅宗實錄』肅宗 6年 5月 庚子(12日) 실 승

133 이사명을 발탁하다

〈성균관〉전적典籍 이사명李師命은 문학文學으로 등용하기에 합당하
다고 비변사의 여러 신하들이 이미 특별히 추천했을 뿐만이 아니라,
지난 감제시柑製試 및 어제 정시庭試에서 연이어서 장원을 차지했으니,
역시 글재주가 특이함을 알 수 있다. 이러한 사람은 경연經筵에 발탁하
여 〈임금의〉 자문에 대비하도록 하라. 이번에 비변사[都堂]에서 〈홍문
관 관원의 후보를 추천하는〉 홍문록弘文錄을 작성할 때는 한꺼번에
권점圈點하여 재주 있는 사람이 누락되는 한탄이 없도록 하라.

『肅宗實錄』肅宗 6年 6月 丙寅(9日) 실

134 윤휴를 옹호한 관료를 처벌하다

죄인 윤휴尹鑴[남인]의 전후에 죄악을 국법으로 논한다면 죽여서
시신을 보이는 형벌을 피하기 어렵다. 그러나 특별히 가벼운 법을
좇아서 사사賜死한 것은 실로 관대한 뜻에서 나온 것이다.
지금 함경도 관찰사의 장계를 보건대, 길주목사吉州牧使 이구李球[남
인]가 감히 "희중希仲[윤휴]의 집안일은 참혹하여 차마 말할 수 없으니
어찌하겠는가? 어찌하겠는가?" 등의 말을 함부로 편지에 썼으니, 조금

도 뒷일을 염려하거나 꺼리는 것이 없다. 진실로 매우 나쁜 것이다. 이는 나라의 기강이 엄격하지 않은 데에서 말미암은 것이다. 이같은 역적을 두둔하고 나라를 저버린 무리를 만약 무겁게 다스리지 않는다면, 훗날 폐단을 막지 못할 것이다. 잡아와서 국문鞫問한 뒤에 형벌을 정하도록 하라.

『肅宗實錄』肅宗 6年 6月 乙酉(28日) 실 승*(29日)

135 이이의 문묘종향을 고수하다

임금의 명령이 이미 내려지고 공의公議가 크게 정해진 뒤에 국법을 두려워하지 않고 서로 이어서 상소를 투척하여 유현儒賢[이이李珥]을 악랄하게 헐뜯으니, 조금도 뒷일을 염려하거나 꺼리는 것이 없다. 그 마음이 있는 곳이 더욱이 매우 한탄스럽다. 상소를 연명한 이들 중 우두머리인 고세장高世章은 멀리 유배 보내도록 하라.

『肅宗實錄』肅宗 8年 正月 丁丑(29日) 실

136 송시열과 대립했던 인사들을 처벌하다

영중추부사領中樞府事 송시열[서인]은 머리카락이 하얗게 센 원로元老[大老]로서 효종·현종의 은혜를 입고 한 세상의 두터운 인망을 짊어지고 있고 과인이 사모하여 우러러보며 나라 사람이 삼가 본보기로 삼는다. 어찌하여 이현석李玄錫[남인]은 마음을 고쳐서 보답하는 의리는 생각하지 않고 거드름을 피우며 거만하게 상소를 투척하였는가?

그 말의 뜻이 윤기倫紀가 없고 만든 문장이 음험하고 교활하여 조정의 원로로 하여금 그 자리를 편안하지 않도록 만드는 것은 또한 어떤 의도이겠는가?

진실로 놀랍고 괴이할 만하다. 이같이 법을 멸시하고 현명한 사람을 우습게 여기는 무리를 만약 징계하여 다스리지 않는다면, 편파적이고 사특한 말이 반드시 장차 연이어 생길 것이니, 잠시 먼저 파직하고 서용하지 말라.

『肅宗實錄』 肅宗 8年 10月 戊子(15日) 실 승*(16日)

137 송시열을 위로하다

지금이 어떠한 때인가? 하늘의 마음이 편안하지 않고 재앙의 징조가 거듭 이르고, 기강이 해이해져 예禮·의義·염廉·치恥가 펼쳐지지 않는다. '여러 해 동안 풍년이 들지 않아서'8) 백성의 곤궁이 바야흐로 극에 이를 것이니, '굶주려 죽는'9) 근심이 아침부터 저녁까지 임박했다. '아침부터 밤까지'10) 삼가 두려워하여 혹여 편안할 데가 없다. 마음에 잊혀지지 않는 오직 한 가지의 생각은 오직 재주가 뛰어난 사람을 두루 찾고 구하여 좌우에 두는 것이다. 이러한 때에 이러한 직임은 경[송시열]의 큰 덕과 두터운 인망이 아니면, 〈임금을 자문하는〉 태사太師·태보太保의 책임을 맡길 사람이 그 누구이겠는가? 이렇게 위급하여 삶과 죽음이 나누어지는 시기에 한 가지 마른 풀이나

8) 『漢書』, 「嚴助列傳」 변용 ; 『晉書』, 「傅玄列傳」.
9) 『孟子』, 「滕文公下」.
10) 『三國志』, 「魏志」, '管寧傳.'

낙엽 부스러기 같은 혐의만 있어도 황량한 마을에 물러나 누워서 오히려 서두르는 데 인색하니, 또한 〈송시열은 효종과 현종을 모셨으므로 제갈량諸葛亮이〉 '선제先帝[유비劉備]를 미루어 생각하여 폐하[유선劉禪]에게 보답하는'11) 도리에 어긋나지 않겠는가?

『肅宗實錄』 肅宗 8年 12月 戊戌(25日) 실 승

---

11) (蜀)諸葛亮, 「前出師表」(『文選』) 변용.

제10장 기사환국

138 세자책봉으로 환국을 꾀하다

 "원자元子"로 이름을 세워서 '종묘·사직'[1]을 맡는 것과 군주와 신하 사이에 나누어진 의리가 크게 정해졌으니, 누가 감히 그 사이에 다른 뜻이 있겠는가? 이는 진실로 사람의 마음과 '하늘의 이치'[2]가 동일한 것인데, 지난번 왕자王子가 이미 탄생한 뒤에 친척이 〈궐〉 안에서 하례를 올렸는데 혹은 빠뜨린 것이 있어서 마음이 항상 놀라고 이상하게 여겼다. 그러므로 주고받다가 말이 〈원자 명호를 반대한〉 '이조판서[남용익南龍翼]에게 미쳤다.'[3] 이것은 단연코 다른 뜻이 없으나 만일 혹여 '나'[4]의 본래 마음을 믿지 못하여 이로 인해서 편안하지 못하였으니, 이것이 어찌 화평和平한 복福이겠는가?
 아! 군주와 신하 사이에는 서로 마음을 아는 것이 귀하다. 죄의 정황이 밝게 드러나면 유배형에 처해서 쫓아내도 옳지 않을 것이 없으나 어찌 아랫사람을 다스리는 데 시샘하고 의심하여 사람마다 저절로 위험에 이르게 할 수 있겠는가? 이에 진심을 펴서 군주와

---

1) 『書經』, 「商書」, '太甲上' 변용.
2) 『禮記』, 「樂記」.
3) 『肅宗實錄』, 肅宗 15年 正月 戊寅(10日).
4) 『書經』, 「虞書」, '堯典.'

신하 사이에 마음[情志]의 막힘이 없게 하였다.

게다가 생각하건대, '〈효종의〉 추숭追崇은 논의가 한결같지 못하여'5) 유배형에 이르렀으나 〈효종비 인선왕후仁宣王后의 국장에 복제를 바로잡는〉 '대례大禮를 정하는 데 미쳐서는'6) 감히 헐뜯는 의논이 있지 않았다. 신하[臣子]에게 '나누어진 의리'7)는 자연히 이와 같아야 한다. 하물며 '종묘・사직'의 큰 계획이 겨우 정해졌으니, 어찌 '투덜거리면서'8) 근거 없는 의논이 그 사이에서 행해지겠는가?

이는 비록 '삼 척三尺밖에 안 되는 어린아이'9)라도 또한 쉽게 알 것이다. 그러나 이제 류위한柳緯漢[남인]의 상소는 오로지 여러 신하들[서인]을 얽어서 날조하고 화禍를 조정朝廷에 전가하는 계획에서 나왔으니 지극히 위험하므로, 이미 명백히 변별하여 통렬히 물리쳤다. 하지만 요괴 같은 무리가 또한 잇달아 와서 일어나는 경우가 있다면 마땅히 무거운 형벌로 다스리도록 하라.

『肅宗實錄』肅宗 15年 正月 壬午(14日) 실

139 송시열과 갈라서다

원자[儲嗣: 경종景宗]를 이미 세워 군주와 신하 사이에 '나누어진 의리'10)가 크게 정해졌다. 그러나 송시열[서인]은 유림儒林의 영수로서

---

5) 『肅宗實錄』, 肅宗 13年 7月 癸卯(27日).
6) 『肅宗實錄』, 肅宗 卽位年 11月 庚申(1日).
7) 『荀子』, 「彊國」.
8) 『詩經』, 「豳風」, '鴟鴞.'
9) 『宋史』, 「胡銓傳」.
10) 『荀子』, 「彊國」.

만족하지 않은 뜻을 드러냈으니, 류위한[남인]의 상소 가운데 "기쁘게 복종하지 않았다"고 한 것은 〈사실과〉 다른 말이 아니었다.

『肅宗實錄』 肅宗 15年 2月 己亥(1日) 실 승

140 송시열을 맹비난하다

아! 송시열[서인]은 흉악함이 궁극에 달해 모두 자세히 거론하기 어렵다. 그러나 잠시 그 중 가장 중요하고 가장 큰 것으로 말하면, 효종을 〈체體이면서 정正이 아니다고〉 폄하하였고 〈예송에서〉 현종[先朝]을 속이는 데 미쳤으며 원자[國本: 경종]를 흔들었으니, 실로 이는 『춘추春秋』의 '임금을 시해하려는 것'[11]이며 한漢나라 법法의 "부도不道"이다. 이를 하늘이 만물을 덮고 땅이 만물을 싣도록 편히 쉬게 하여 왕법王法을 바르게 하지 않는다면 앞으로 어찌하여 신령과 사람의 분노를 풀어주겠는가? 이기주李箕疇[서인] 등도 사람일 뿐이니, 어찌 송시열의 죄가 쌓이고 악이 가득차서 하늘의 뜻을 받들어 토벌하는 것을 면하기가 어렵다는 것을 알지 못하겠는가?

그러나 이에 감히 국문을 명한 뒤에 서로 연이어 상소를 투척하여, 혹은 "스승과 제자"라고 하고, 혹은 "연좌되기"를 청하여서 지어낸 뜻이 교묘하고 참혹하며 〈임금에게〉 올린 말이 위험하다. 오늘날 나라에 조금이라도 '기강'[12]이 있다면 어찌 감히 이와 같이 무엄無嚴하겠는가? 임금을 잊고 붕당을 위해 죽음을 무릅쓰는 무리는 무거운

---

11) 『春秋公羊傳』, 「莊公」, 32년.
12) 『書經』, 「夏書」, '五子之歌.'

형벌을 적용하여 악惡을 엄격하게 징계하는 법으로 다스리지 않을 수 없다. 상소를 연명한 이들 중 우두머리인 이기주・이탁李晫[이상 서인]은 모두 가장 먼 변방에 멀리 유배하도록 하라.

『肅宗實錄』肅宗 15年 5月 乙丑(30日) 실

141 홍치상을 처벌하다

유학幼學 홍치상[숙안공주의 아들, 서인]은 몸가짐과 일처리가 볼 만한 것이 하나도 없고 낮부터 밤까지 도모하는 것은 다만 사귀면서 함부로 비방하고 나라를 얽어매어 어지럽히는 것일 뿐이다. 잠시 바로 가장 큰 것으로 말하면, 공주의 집안主家에서 매일 글을 올려 '동조東朝[장렬왕후]'13)께 안부를 묻는 것이 예禮이다. 그러나 지난해 봄 홍치상의 집에서 글을 올렸는데 〈궐〉문이 열리기를 기다려 가장 먼저 도착하여 뜯어보니, 단지 〈한글이 아니라〉 한문일 뿐이었다. 그러므로 '내'14)가 직접 펴 보니, 그가 스스로 여러 사람의 성씨를 썼는데 마치 익명匿名으로 비방하는 듯했다.

아! '동조[장렬왕후]'께 안부를 묻는 것은 무엇보다 중요하고 큰 것인데 그가 감히 새벽을 틈타 투서投書하여 이와 같이 〈왕실을〉 경멸하는가? 그 외에도 놀라운 사건이 하나둘에 그치지 않는다. '동조[장렬왕후]'께서 병이 위독한 날에 '나'의 손을 잡으시고 "홍치상의 마음이 날로 더욱 위험하여 주상主上을 핍박하여 말하는 데 거리낌이 없으니,

---
13) 『史記』, 「劉敬叔孫通列傳」, '叔孫通.'
14) 『書經』, 「虞書」, '堯典.'

어찌 마음이 아프지 않겠는가?"15)라고 하셨다.

〈장렬왕후의〉 옥음玉音을 미루어 생각해보건대, '나도 모르게'16) 목이 메인다. 그러나 마음을 썩이며 세월을 보내며 끝내 감히 말하지 않은 것은 진실로 토죄討罪하는 데에 이로울 것이 없어서 도리어 당시 사람과 당인들의 의심과 분노만 더할 뿐이었기 때문이다. '하늘의 도'17)가 '밝고 밝아서'18) 송시열[서인]의 '임금을 시해하려는'19) 말이 인지하지 못하고 자각하지 못하는 사이에 완전히 드러났으니, 그 또한 다행이다. 홍치상은 마땅히 무거운 형벌로 다스려야 하지만 다른 신료들과 차이가 있으니 연로한 숙안공주가 집에 계신다. 그가 비록 나[我]를 저버리더라도 나[我]는 차마 그를 버리지 못하니, 다만 유생 명부에서 영구히 삭제하고 성문 밖으로 내쫓도록 하라.

『肅宗實錄』肅宗 15年 2月 壬寅(4日) 실 승

142 홍치상과 박태손을 처벌하다

흉적凶賊 홍치상[서인]은 '임금을 기만하고 도리에 맞지 않는'20) 흉악함이 극에 달하였으니, 신하[人臣]된 사람은 마땅히 걱정으로 마음이 썩고 원통함이 뼈에 사무쳐서 한꺼번에 성토聲討하기를 청할 겨를이

---
15) 『肅宗實錄』肅宗 14年 12月 乙卯(16日).
16) (漢)張衡, 「東京賦」(『文選』).
17) (宋)朱熹, 『中庸章句』, 第24章.
18) 『詩經』, 「魯頌」, '泮水.'
19) 『春秋公羊傳』, 「莊公」, 32年.
20) 『大明律』, 「名例」, '十惡'; 『經國大典』, 「刑典」, '推斷.' ※ '不道'가 아니라 '謀大逆' 내지 '亂言律'로 적용된다.

없어야 한다.

그러나 정묘년[숙종13, 1687] 9월 비변사를 불러 보았을 때 '내'21)가 "말의 뿌리가 지극히 가까운 사람에게서 나왔다"고 하니 곧 들어와 모시던 신하들이 한 사람도 들은 것을 믿지 않았다. 심지어 승지 박태손朴泰遜[서인]은 감히 "외방外方에서 이러한 말을 듣는다면 전하殿下를 어떻게 생각하겠습니까?"라고 하며, 말의 기운이 화가 나서 평온하지 않았고 조금도 뒷일을 염려하거나 꺼리는 것이 없었다. 지금 〈숙안공주의 아들〉 홍치상이 죄를 받았으니, 박태손을 징계하여 다스리지 않을 수 없다. 가장 먼 변방에 멀리 유배하도록 하라.

『肅宗實錄』 肅宗 15年 閏3月 癸亥(26日) 실 승

143 윤휴를 신원하다

윤휴尹鑴[남인]는 경학經學을 연구한 선비로서 대대로 나라의 은혜를 받았고 지위地位는 '재신[卿宰]'22)에 올랐으나 오직 시무時務에 익숙하지 못하여 논의가 서툴렀다. 그러나 나라를 걱정하고 임금[人君]을 아끼는 충심은 실로 '내'23)가 알고 있는 바이다.

불행히도 경신년[숙종6, 1680: 경신환국]에 간사한 무리가 송시열[서인]을 위하여 보복하여 그 죄罪를 늘어놓고 얽어매서 무함하지 않음이 없었다. 바로 가장 큰 것으로 말하면, "조관照管"24) 두 글자는 옛말을

---

21) 『書經』, 「虞書」, '堯典.'
22) 『南史』, 「王思遠傳」.
23) 『書經』, 「虞書」, '堯典.'
24) 『肅宗實錄』, 肅宗 元年 4月 癸丑(25日).

인용하여 뜻을 받들어 "조관"이라 이른 것에 지나지 않았다. 비밀스럽게 〈임금에게 올린〉 차자箚子에는 단지 나라를 위해 매우 깊이 염려하였다. 그러나 혹은 "행동을 단속하였다"25)거나 혹은 "〈경신환국 때 역모를 고변한〉 김환金煥과 서로 내응했다"고 하면서 방자하게 '임금[天聰]'26)을 속이고 가려서 마침내 〈사약賜藥을 내려서〉 일찍이 예우하던 유현儒賢으로 하여금 영구히 끝없는 아픔을 품게 하였다. 해가 여러 번 바뀌었지만 아직 억울함을 말하여 밝히지 못하였다. 이는 '나'의 본래 마음이 아니다. 앞으로 해당아문[이조]으로 하여금 관작을 회복하고 제사를 지내도록 하라.

『肅宗實錄』肅宗 15年 3月 壬申(5日) 실 승

144 이이·성혼의 문묘종사를 철회하다

두 신하[이이·성혼成渾]는 〈문묘文廟에서〉 제기를 늘어놓는 곳에 오를 수 없는데, '나'27)의 변고變故로 인해서 문묘를 더럽혔다. 지금에 이르러 미루어 생각해보건대, 항상 후회와 한탄이 간절하다. 성균관의 '많은 선비'28)의 상소上疏는 말이 엄격하고 의리가 바르니, '나'의 뜻과 서로 부합하므로 청한 것을 기쁘게 윤허한다.

〈진사進士〉 심제현沈齊賢[서인]은 여우와 쥐 같은 무리로 감히 치우치고 음험한 말로 임금[君上]을 비방하여 '내'가 주장하는 것이 없는 듯이

---

25) 『肅宗實錄』, 肅宗 6年 4月 丙戌(27日).
26) 『書經』, 「虞書」, '皐陶謨'.
27) 『書經』, 「虞書」, '堯典'.
28) 『書經』, 「周書」, '多士'.

하였다. 나라를 경멸하고 모욕하며 붕당을 비호하기를 달갑게 여기는 정황을 징계하지 않을 수 없다. 심제현은 유배하도록 하라.

『肅宗實錄』 肅宗 15年 3月 甲申(17日) 실 승

145 이사명의 죄상을 적시하다

전前 도사都事 김도연金道淵[숙정공주淑靜公主 손녀사위, 김석주金錫胄의 아들, 서인]은 이사명李師命[서인]과 서로 사귀어 친해진 정情이 친밀하여, 지난 을축년[숙종11, 1685]에 감히 이사명을 훈련대장으로 옮겨 임명하여 기찰譏察을 편리하게 하려는 뜻을 방자하게도 임금[天聽]에게 아뢰었다. 그때 훈련대장은 신여철[서인]이었으나 이사명이 권세를 탐하고 즐기니 반드시 다시 기찰을 일으켜서 한쪽 편 사람[남인]을 해칠 모의를 하였다. '내'29)가 매우 미워하였으므로 엄격히 물리고 통렬히 끊었다. 그러나 이사명이 이미 실정을 숨김없이 말하고 복주伏誅되었다. 곧 평소에 악인惡人을 편들던 무리[김도연]를 결코 관원 명부에서 삭제하는 데 그칠 수 없으니 외딴섬에 멀리 유배하도록 하라.

『肅宗實錄』 肅宗 15年 閏3月 丙午(9日) 실

146 영빈을 처벌하다

김씨金氏 여인[영빈寧嬪, 김수항金壽恒의 종손녀從孫女]은 궁궐에 들어

---
29) 『書經』, 「虞書」, '堯典.'

온 뒤 조금도 삼가 순종하는 행동이 없어서 시기와 질투로 놀라운 것이 하나로 충분하지 않았다.

밖으로는 김수항 및 '공주의 집안[主家]'30)과 서로 결탁하여 화답하고 임금의 행동을 엿보았고 궁중의 모든 일이 누설되지 않음이 없었다. 또한 신하들을 불러보았을 때 한 말을 적어 놓은 종이를 훔쳐서 몰래 스스로 뜯어보고 소매 속에 넣어두었으며, 여러 차례 추궁한 뒤에야 비로소 반환하여 바쳤다. 고의로 음흉한 음모를 꾸민 것을 실로 헤아리기 어렵다.

안으로는 교묘히 속이고 간사한 부인[인현왕후]과 더불어 낮부터 밤까지 어긋나게 아첨하였고, 피로 맹세하여 붕당을 맺고 유언비어를 만들어 비방하며 못하는 말이 없었다. 나라를 얽어매어 어지럽히고 임금[君上]을 무함하고 핍박했으며 실로 순리를 거스르고 도리에 맞지 않는 죄罪를 범하였으니, 마땅히 무거운 법으로 다스려야 한다. 그러나 잠시 관대한 법에 따라 작호爵號를 거두어들이고 정상을 알맞게 고려하여 폐출廢黜시키니 너희들은 마땅히 자세히 알도록 하라.

『肅宗實錄』肅宗 15年 4月 庚寅(24日) 실 승

147 인현왕후 폐위에 반대하는 사람들

〈전 목사〉 박태보朴泰輔[서인] 등은 임금을 망각하고 〈인현왕후 폐위를 반대하여〉 절의節義를 세우기 위해 죽음을 무릅쓰는 자들이니 실로

---

30) '主家'는 의미상 ①공주가 혼인한 집안과 ②아내의 친정을 가리키는데 이 사료에서 두 가지 해석이 가능하다. 여기서는 숙종대 많이 쓰인 '공주의 집안'으로 통일하였다.

흉역凶逆보다 더 심한 자들이다. 하찮은 목숨을 보존할 수 있었던 것도 그들에게는 또한 다행이었다.

그러나 〈의정부〉 좌참찬 이관징李觀徵[남인]이 방자하게 상소를 투척하여 "살릴 방도를 굽어 살피소서"라고 하였다. 오늘날 나라에 조금이라도 '기강'31)이 있다면 어찌 감히 이럴 수가 있겠는가?

아! 관대하고 두터운 덕은 진실로 임금[人主]의 아름다운 일이지만 사면赦免하기 어려운 죄에 대하여 사형을 용서한 것도 부족하여 또한 연이어 살릴 방도를 찾는다면 거의 선종禪宗의 자비慈悲에 가까워서 끝내 무너진 기강을 엄숙하게 바로잡지 못할 것이다. 바로잡아 경계시키지 않을 수 없으니, 이 상소를 돌려주고 이관징은 잠시 무거운 쪽을 따라 조사하도록 하라.

『肅宗實錄』 肅宗 15年 4月 癸巳(27日) 실 승

148 인현왕후를 비호하는 이들을 처벌하다

'내'32)가 양조兩朝[성종·중종]에서 폐비廢妃할 때 고사故事를 살펴보건대, 〈그 중〉 윤씨尹氏가 잘못한 것은 단지 투기妬忌에 있었으나 죄상이 이미 드러나자 성종이 '종묘·사직'33)을 위해서 깊이 근심하고 멀리 생각하여 단연코 폐출하였다.

하물며 오늘날 민씨[인현왕후]는 잘못을 저지른 것이 윤씨보다 더하고, 윤씨에게 없던 행동까지 아울러 하여서 "선대의 왕과 선대의 왕비를

---

31) 『書經』, 「夏書」, '五子之歌.'
32) 『書經』, 「虞書」, '堯典.'
33) 『書經』, 「商書」, '太甲上' 변용.

〈꿈에서 뵈었는데 숙원淑媛은 아들이 없으며 경신환국에서 실각한 무리 [남인]와 연결되어 나라에 이롭지 못하다고〉 말씀하셨다"34)고 만들어내어 '종묘·사직'에 죄를 지었음에 있어서겠는가? 앞으로 예관禮官으로 하여금 〈민씨를〉 폐하여 서인庶人으로 삼고 사제私第로 돌려보내도록 하라. 종묘에 고하고 교서를 반포하며 그 부모의 봉작封爵을 박탈하는 등의 일은 한결같이 옛 예例에 따라 곧 서둘러 거행하도록 하라.

『肅宗實錄』肅宗 15年 5月 丁酉(2日) 실 승

149 인현왕후의 죄상을 적시하다

〈성종대〉 폐비廢妃 윤씨는 단지 투기妬忌를 저질렀고 또한 원자元子[儲嗣: 연산군燕山君]가 있었으나 성종이 단연코 폐廢하여 물리쳤고 조금도 용서하지 않았다. 여러 신하들이 힘써 간쟁한 것은 또한 원자[國本]가 곤란하였던 데에 지나지 않았을 뿐이다. 어찌 일찍이 〈인현왕후 폐비를 반대한〉 박태보의 무리[서인]와 같이 함부로 구는 자가 있었겠는가?

아! 옛날부터 왕비가 투기로 인하여 원망하고 화내는 것은 진실로 혹은 있기도 했으나 지금처럼 그렇지는 않았다. 투기하는 것 외에도 별도로 간사한 계획을 꾸며, 스스로 "선대 왕과 선대 왕비를 〈꿈에서 뵈었는데 숙원은 아들이 없으며 경신환국에서 실각한 무리[남인]와 연결되어 나라에 이롭지 못하다고〉 말씀하셨다"35)고 지어냈고, 공공

---

34) 『肅宗實錄』肅宗 15年 4月 丁亥(21日).
35) 『肅宗實錄』肅宗 15年 4月 丁亥(21日).

연히 '나'36)에게 큰 소리로 "숙원[희빈禧嬪]은 전생前生에 짐승의 몸이었는데 주상께서 쏘아 죽여서 묵은 원한을 갚고자 세상에 태어났으므로 경신년[숙종6, 1780: 경신환국] 역옥逆獄 후에 '불평불만을 품고 제멋대로 하는'37) 무리[남인]와 서로 결탁하여 화禍가 장차 헤아리기 어려울 것이며 또한 운명에 본디 아들이 없어서 주상이 노력해도 공이 없으나 내전[인현왕후]에게는 자손이 많아서 장차 선조 때와 다름이 없을 것이다"고 하셨다고 말했다. 이는 비록 '삼 척三尺밖에 안 되는 어린아이'38)라도 반드시 들은 것을 믿지 않을 것이다. 하물며 지금 '선왕들'39)이 묵묵히 도와 '원량元良[경종景宗]'40)이 태어나서 흉측한 계획이 더욱 드러났으니 그 누구를 속이겠는가?

아! 한 나라에 국모로 자리하여 신하와 백성이 우러러 받드는데, 이런 간사한 정황이 있다는 것은 아주 먼 옛날에도 듣지 못한 것이다. 이것을 참을 수 있다면 무엇을 참을 수 없겠는가? 이미 이는 윤씨[폐비]에게도 없는 죄인데, 박태보 등이 〈인현왕후를 위해〉 죽음을 무릅쓰고 절의節義를 세운다고 하면서 임금[君上]을 무함한 것은 또한 성종대에도 있지 않았던 것이다. 성종이 폐비廢妃할 때 "만약 후궁의 참소를 듣고 잘못으로 이러한 일을 행한다면 하늘과 땅〈의 신령〉, '선왕들'이 위에서 밝게 바로잡을 것이다"고 하교하였다.

지극하도다! 왕의 말씀이여! 경들은 생각해 보아라. 아침이나 낮이

---

36) 『書經』, 「虞書」, '堯典.'
37) 『春秋左氏傳』, 「襄公」, 10年.
38) 『宋史』, 「胡銓傳」.
39) 『漢書』, 「宣帝紀」.
40) 『書經』, 「商書」, '太甲下.'

나 말과 행동이 투기하고 원망하여 분노하지 않음이 없었다. 이것도 부족하여 "시아버지와 시어머니의 말씀"을 지어내어 '과인'41)을 능멸하여 〈과인의〉 총애를 오로지 하고 〈나라를〉 얽어매어 어지럽히고 화禍를 조정에 전가하였다. 곧 이른바 "서로 핍박하고 서로 배척한다"는 말이 과연 비슷할 것이다! 하늘과 땅의 신령이 위에 자리해 있고 옆에서 바로잡을 수 있으니, 결코 무함할 수 없다. 이처럼 속으로 '임금을 시해하려는 마음'42)을 품고서 임금을 잊은 흉역凶逆한 무리에게는 악惡을 징계하는 법이 없을 수 없다. 박태보 · 오두인吳斗寅 · 이세화李世華 등의 아들 · 사위 · 동생 및 삼촌 · 조카를 모두 영구히 〈관작을〉 삭탈하고 금고禁錮하도록 하라.

『肅宗實錄』 肅宗 15年 5月 丁酉(2日) 실 승

150 인현왕후는 후사가 없음을 지적하다

민씨閔氏[인현왕후]의 죄악이 드러난 것은 하루아침이나 하룻저녁의 일이 아니다. '내'43)가 몰래 참으면서 때를 기다린 것이 여러 해가 지났으나 뉘우치고 고치는 마음이 없고 더욱 어그러진 행동이 많았다. 그러므로 '종묘 · 사직'44)을 위해 깊이 근심하고 멀리 생각하여 이러한 폐출의 의논이 있었다. 이는 바로 이른바 "하늘에 죄를 얻으면 빌 곳이 없다"는 것이다. 하물며 성종대 윤씨를 폐출할 때 여러 신하가

---

41) 『高麗史』, 「忠惠王世家」, 後3年 6月 ; 『太祖實錄』, '(總序).'
42) 『春秋公羊傳』, 「莊公」, 32年.
43) 『書經』, 「虞書」, '堯典.'
44) 『書經』, 「商書」, '太甲上' 변용.

반복하여 힘써 간쟁한 이유는 오로지 원자[國本]가 난처했기 때문이다. 그러나 오늘날 일은 이와 크게 동일하지 않다. '나'의 뜻이 굳게 정해져 비망기를 이미 내렸는데, 어찌하여 감히 서로 이끌고 와서 뵙기를 청하며 처음부터 끝까지 일관되게 구하려는 것이 이처럼 방자하고 무엄한 것인가?

게다가 생각건대, '하늘의 도道'45)가 '밝고 밝아서'46) 화禍와 복福은 반드시 먼저 알게 한다. 〈인경왕후仁敬王后가 훙서하고 이듬해인〉 신유년[숙종7, 1681] 〈혼인날을 정하여〉 날짜를 알리고 〈인현왕후를〉 왕비로 책봉冊封하는 날에 두터운 대지가 진동하였으니, 진실로 근래나 과거에도 드문 재변이다. 그러므로 항상 마음 속에 우울한 것이 있었다. 지금 덕德을 잃은 것으로 보니, 거의 하늘의 뜻이었다. 이것을 그대로 둔다면 나라의 화禍가 그칠 때가 없을 것이다. 이윤수李允修·심계량沈季良[이상 남인]을 잡아와서 국문鞫問하여 형벌을 정하도록 하라.

『肅宗實錄』 肅宗 15年 5月 丁酉(2日) 실 승

151 인현왕후 폐출을 정당화하다

전대의 역사서와 〈사관을 시켜 조사해온〉 우리나라의 실록實錄〈의 발췌 기록〉을 차례로 살펴보건대, '왕비가 죄로 폐출된 경우는 진실로 하나둘이 아니다.'47) 그러나 지금과 같은 간흉奸凶은 아직 없었으므로

---

45) (宋)朱熹, 『中庸章句』, 第24章.
46) 『詩經』, 「魯頌」, '泮水.'
47) 漢武帝의 陳后, 成帝의 許后, 和帝의 陰后, 光武帝의 郭后, 宋仁宗의 郭后, 魏武帝의 甄后 등이다.

'종묘·사직'48)의 큰 계획을 위하고 '선왕들'49)의 고사故事에 따라서 겨우 폐출하는 법을 행하였다.

지난번에 영중추부사領中樞府事 이상진李尙眞[서인]이 차자를 한 편 투척하였는데, 말의 기운이 매우 분해하였다. 혹은 "성군의 치세에 차마 할 수 있는 것이 아니며, 진실로 오늘날 처음 보는 것이다"고 하였고, 혹은 "화가 나고 놀라서 흔들리는 것은 사람의 마음이 동일한데 하늘을 우러러보고 땅을 굽어살펴도 바로 살 생각이 없다"고 하였다. 방자하게도 이미 폐출한 뒤에 절의를 세워서 훗날 구실을 붙여 핑계를 댈 바탕으로 삼았으니, 그 마음이 있는 곳이 이미 극히 흉악하다. 또한 "송宋나라 인종仁宗은 손톱에 긁힌 자국을 명백히 보였으나 유신儒臣이 오히려 백옥白玉의 티라고 불렀다"고 하였다. 오늘날의 일은 죄가 있어 폐출된 것이 아니라고 하니, 그 임금을 잊고 나라를 저버림이 누가 이러한 사람보다 심하겠는가?

성종의 폐비 때는 처분이 아직 정해지지 않았으므로, 여러 신하들이 진실로 힘써 간쟁한 것이 많았으나 폐하여 서인庶人이 되자 한 사람도 감히 옳음과 그름을 따지는 이가 없었다. 군주와 신하 사이에 '나누어진 의리'50)는 자연히 마땅히 이와 같아야 한다. 세상이 그릇되어 풍속이 어지러우니, 붕당이 점차 심해지고 자연히 "차라리 임금[君父]을 저버릴지라도 사적인 붕당을 구하지 않을 수 없다"고 여긴다. 이러한 것은 성종대에는 있지 않던 일인데, '과인'51)의 덕이 얕고 말이 가벼워

---

48) 『書經』, 「商書」, '太甲上' 변용.
49) 『漢書』, 「宣帝紀」.
50) 『荀子』, 「强國」.
51) 『高麗史』, 「忠惠王世家」, 後3年 6月 ; 『太祖實錄』, '(總序).'

신뢰할 만하지 않아서 그러한 것인가? 예컨대 "한 나라의 중전이 지금 서인庶人이 되었다"는 말은 더욱 통탄할 만하다.

아! 나라가 다스려지는 것과 어지러워지는 것은 실로 왕비가 어질고 어질지 못함에 관계된다. 그러나 지금 '종묘·사직'에 죄를 얻은 사람으로 하여금 억지로 중전의 위치에 올려 한 나라의 국모로 자리하게 한다면, 이것이 어찌 종묘·사직을 중요하게 여기는 도리이겠는가? 그 정황을 논하면 만의 만 번이나 매우 한탄스럽기만 하다. 만약 무겁게 추궁하지 않는다면 장차 반드시 모두 역적 강씨姜氏[逆姜: 소현세자빈昭顯世子嬪, 민회빈愍懷嬪]와 더불어 신원伸冤하여 마침내 나라[人國]를 망하게 한 후에야 그칠 것이다. 이상진은 가장 먼 변방에 가시울타리를 치고 유배하도록 하라.

『肅宗實錄』 肅宗 15年 5月 戊戌(3日) 실 승*(4日)

152 인현왕후 폐출 반대에 역률로 대응하다

'내'52)가 춘추관春秋館에서 〈사관을 시켜서〉 조사해온 실록實錄〈의 발췌 기록〉을 살펴보건대, 민씨閔氏[인현왕후]를 마땅히 폐해야 하는 죄가 실로 윤씨보다 더하였다. 그러나 세상이 그릇되어 풍속이 어지러우니, 〈군주와 신하 사이에〉 '나누어진 의리'53)는 땅을 쓸어내듯이 없어지고 당론은 성행하였다. 이상진의 억울함을 일컬은 차자箚子가 이미 폐출한 뒤에 갑자기 이르렀다. 말의 뜻이 극히 방자하여 겨우

---

52) 『書經』, 「虞書」, '堯典.'
53) 『荀子』, 「强國」.

이미 분명히 변별하고 통렬히 물리쳤다.

그러나 만약 엄격하게 세부 규정을 세워서 통렬하게 막지 않는다면, 〈효종대 소현세자빈을 신원하려고 했던〉 김홍욱金弘郁의 무리가 장차 반드시 연이어 일어나서 마침내 훗날 구실을 붙여 핑계를 대고 나라에 화禍를 전가轉嫁한 뒤에야 그칠 것이다. 지금부터 강한 신하와 흉악한 잔당이 감히 다시 제기한다면 바로 역률로 논하여 처벌하고 단연코 용서하지 않겠다는 일을 중앙과 외방에 반포하도록 하라.

『肅宗實錄』肅宗 15年 5月 戊戌(3日) 실 승*(4日)

153 인현왕후의 처우 개선도 금지하다

어제 판부判付는 말의 뜻이 매우 엄격하였으니, 나라를 위해 근심하는 뜻이 "깊고 멀다"고 이를 만하다. 곧 신하[臣子]의 도리로서 어찌 감히 이미 정지하라는 임금의 명령이 내려진 뒤에 다시 제기提起하여, 훗날 사악한 논의의 효시嚆矢가 되는 바탕으로 삼겠는가? 이일익李日翼[남인]은 잠시 무거운 쪽을 따라 조사하고 이 상소를 돌려주도록 하라. 지금부터 이러한 상소는 절대로 받아들이지 말라.

『肅宗實錄』肅宗 15年 10月 壬辰(29日) 실

154 정시한이 인현왕후를 언급하여 처벌받다

간사한 붕당[서인]을 물리친 후[기사환국]에 일부 도깨비 같은 무리가 뜻을 잃고 불만에 가득차며 원한이 뼈에 사무쳐서 말을 만들어 함부로 비방하여 백성의 마음을 미혹시키고 어지럽히니, 위태롭고 의심스러운 단서를 이루 다 헤아릴 수 없다. 지난번에 정시한丁時翰[남인]이 상소 하나를 투척하였으나 말의 뜻이 매우 어그러져 있어서 차마 바로 보지 못했다.

아! 홍치상[숙안공주의 아들, 서인]의 죄는 위로 하늘에 통했으나 그 자신을 주살하는 데 그쳤고, 심정보沈廷輔[숙명공주淑明公主의 장남, 서인] 등은 죄를 지은 것이 작은 변고는 아니었으나 유배를 오래지 않아 곧 돌아오게 하였으니, 모두 다 공주를 염려한 데에서 나온 것이다. 곧 더하려는 것이 무슨 예禮이며, 풀어주려는 것은 어떤 일인지 알지 못하겠다.

서인庶人[인현왕후]의 악惡은 윤씨보다 더하니, 이는 실로 '종묘·사직'54)의 죄인이다. 그러나 감히 "사람의 마음이 세월이 지날수록 더욱 답답해진다"는 말을 방자하게도 임금에게 아뢰는 글에 써서 사악한 논의의 효시嚆矢가 되는 바탕으로 삼았다. "〈광무제光武帝는 폐위한〉 곽후郭后를 후하게 대우하였고 〈명제明帝도〉 선제先帝의 뜻을 잘 미루어 생각하였다"55)는 말은 더욱이 신하[人臣]로서 감히 입 밖으로 낼 수 있는 것이 아니다. 세자시강원의 관원들은 이미 한때에 최선을 다해 선발하였는데, 어찌하여 행동이 치우치고 〈편을〉 쪼개어 가르는 것이 이토록 심한가?

그리고 이내 두세 명의 신하를 등용하는 것과 등용하지 않는 것을 마치 사람의 마음이 순종하고 이반하는 것과 나라의 형세가 안정되고

54) 『書經』, 「商書」, '太甲上' 변용.
55) 『肅宗實錄』, 肅宗 17年 正月 甲寅(28日).

위태로워지는 것에 관계되는 듯이 말하였다. 어찌하여 〈임금에게〉 올린 말이 위험하기가 한결같이 여기에 이르렀는가?

'큰 악인을 복주伏誅한 것'56)은 신령과 사람이 모두 기뻐하는 것이다. 그러나 감히 "나라의 명맥이 점점 손상되고 있다"57)고 하면서 임금을 잊고 붕당을 위하여 죽음을 무릅쓰니, 법으로 마땅히 국문鞫問해야 한다. 또한 "말하는 사람을 때려 죽였다"58)고 하면서 남몰래 조정을 바르지 않은 곳으로 돌리고 훗날 절의를 세울 계획으로 삼았으니, 그 마음이 있는 곳을 진실로 헤아릴 수가 없다. 정시한은 잠시 먼저 관작을 삭탈하도록 하라.

『肅宗實錄』肅宗 17年 正月 甲寅(28日) 실 승*(29日)

155 경신환국 이후 무함한 죄인은 용서하지 않겠다

〈경신환국 이후〉 무옥誣獄이 억울하고도 참혹한 것은 신유년[숙종7, 1681]·임술년[숙종8, 1682] 옥사獄事만한 것이 없다. 그때 얽어매서 날조하여 없는 죄로 법망에 걸려들게 하여 '허물없는 사람[남인]'59)을 죽인 적도賊徒는 이미 〈사형에 처하여〉 법을 바로잡았다. 나머지 두 옥사에 관계되어 〈이번에〉 유배된 사람[서인]은 앞으로 해당아문[의금부]에서 사면하는 법에 대해 영구히 거론하지 말라.

『肅宗實錄』肅宗 17年 11月 庚辰(30日) 실

---

56) 『書經』, 「周書」, '康誥' 변용.
57) 『肅宗實錄』肅宗 17年 正月 甲寅(28日).
58) 『肅宗實錄』肅宗 17年 正月 甲寅(28日).
59) 『書經』, 「商書」, '湯誥.'

156 이이·성혼 문묘 출향

무릇 천하의 일은 반드시 일마다 다 선善할 수는 없다. 간혹 앞에서 잘못되더라도 뒤에서 고치기도 하고, 오늘의 옳음을 깨닫고는 어제의 그름을 깨우치기도 하니, 이미 그 잘못을 살피고 또 그 그름을 알고서도 "내가 이미 행했으니 옛 습성을 따르는 것이 무슨 방해가 되겠는가?"라고 한다. 그 부류의 해악이 날로 쇠약한 지경에 나아간다면 아무 일도 할 수가 없을 것이니, 어찌 이런 이치가 있겠는가?

아! 문묘文廟에 종향從享하는 것은 이것이 얼마나 중대한 일인가? 마땅히 올려야 하는데 올리지 못한 것은 한때의 흠이 되는 일에 지나지 않으나 올려서는 안 되는데 억지로 올린 것은 그것이 문묘를 더럽히고 유학[斯文]을 욕되게 하는 것이니 어찌하겠는가? 이이·성혼은 본래 덕을 갖춘 사람이 아니고 또한 가리기 어려운 결점이 많은데도 '내'[60])가 살피지 못하고서 외람되게 올림을 면하지 못하였다. 곧 그것을 "내가 이미 행했다"고 하면서 그 잘못을 바로잡고 옳음과 그름을 밝힐 도리를 생각하지 않겠는가? 이것은 '교화를 새롭게 하는'[61]) 초기에 공론公論을 속시원하게 좇았기 때문이다.

다만 그때 혹은 이이·성혼을 위해 두둔하거나 혹은 조정의 명령을 거스르고 곧바로 출향黜享하지 않은 경우가 있었다. 이렇게 사람의 마음은 곤경에 빠지고 의리는 어두워지고 막히는 날에 '야윈 돼지가 날뛰는 조짐'[62])이 점차 일어나는 것과 사악한 말이 방자하게 퍼지는

---

60)『書經』,「虞書」,'堯典.'
61)『漢書』,「禮樂志」.
62)『周易』,「姤」변용.

근심을 예견하여 엄격히 막지 않을 수 없다. 지금부터 감히 이이·성혼의 일로 공의公議를 돌보지 않고서 앞장서서 기치를 세우는 사람은 마땅히 문묘를 모욕한 죄로 논할 것이니, 반드시 마땅히 명백하게 알리도록 하라.

『肅宗實錄』肅宗 20年 正月 丙辰(18日) 실 승

제11장 갑술환국

157 홍치상의 관작을 회복하다

홍치상[숙안공주의 아들, 서인]의 죄를 범한 것은 작지 않으니 이미 구하려는 자는 역률로 논하라고 명하였다. '내'[1]가 또 반복하여 생각해 보건대, 그가 비록 제멋대로 한 일이 있더라도 지극히 가까운 친족에 속하고 나이가 많은 〈숙안〉공주가 집에 계시니 '내'가 차라리 실수하여 떳떳하지 않더라도 특별히 관작을 회복하도록 하라. 홍치상의 관작을 이미 회복하였으니, 공초 기록에 언급된 여러 사람들도 마땅히 관대하게 용서해야 한다. 이징명李徵明·심권沈權[이징명의 매제]은 모두 방면하고 조형기趙亨期[이상 서인]는 서용하라.

『肅宗實錄』肅宗 20年 4月 己卯(12日) 실 승

158 인현왕후를 별궁으로 옮기다

강한 신하와 흉악한 잔당이 감히 폐인廢人[인현왕후]을 구하려는 사람은 역률로 논하여 처벌하겠다고 명백히 중앙과 외방에 선포하였다. 이것은 오로지 억울함을 풀고 죄명을 씻어내어 다시 지위를 회복하

---

1) 『書經』, 「虞書」, '堯典.'

는 것과 우리 '나라의 일'²⁾을 어지럽히는 것을 엄격히 막으려는 데에서 나온 것이다.

다만 옛날부터 제왕帝王은 이러한 일에 대해서 비록 이미 죄를 밝혀 폐출하였더라도 반드시 알맞게 고려하여 좋은 방법으로 처리하고 은혜와 위엄을 아울러 베풀어서 관대하게 용서하는 도리를 해치지 않았다.

지난해에 '한 대신[영의정 권대운權大運]이 폐인[인현왕후]을 별궁別宮으로 옮겨두는 일로 차자箚子를 올려서'³⁾ 윤허하였다. 다시 생각해 보건대, 폐하여 둔 지 오래지 않았고 세자가 아직 보모를 떠나지 못하고 있는데, 이렇게 처분하는 것은 아직 너무 갑작스러움을 면하지 못하였으므로 잠시 중단하고 시행하지 않았다. 지금은 은혜를 베푼 예禮가 온전히 없을 수 없다. 앞으로 해당아문[예조]으로 하여금 〈인현왕후를〉 별궁[어의동궁於義洞宮: 인조잠저仁祖潛邸]에 옮겨두고 〈별궁을〉 지키고 비용을 지급하는 일을 알맞게 고려하여 거행하도록 하라.

『肅宗實錄』肅宗 20年 4月 丙子(9日) 실 승

159 인현왕후를 복위시키다

기사년[숙종15, 1689: 기사환국]의 일을 다시 생각하니 '나도 모르게'⁴⁾ 마음속은 부끄럽기만 하다. 정성을 살피지 못하고 말만 들추어내서 아내를 잘못 의심하여 드디어 은혜로운 의례는 줄어들었고 억울함

---

2) 『禮記』,「喪服大記」;『史記』,「秦始皇本紀」.
3) 『肅宗實錄』, 肅宗 15年 5月 丁酉(2日).
4) (漢)張衡,「東京賦」(『文選』).

은 말할 수 없었다. '내'⁵⁾가 일찍이 평안한 마음으로 천천히 살피고 잠깐 사이에 깨달아서 크게 뉘우치고 한탄하여서 깨어 있을 때나 잘 때에도 '이리저리 뒤척인 지'⁶⁾ 몇 년이 지났으니, 어찌 다만 오늘에 그치겠는가?

그리하여 지금 '윤음綸音'⁷⁾을 내어 중전의 자리를 다시 바로잡는다. 이것은 '하늘의 이치'⁸⁾의 공정함을 회복하고 '종묘 · 사직'⁹⁾이 조용히 돕는 데에 의뢰하여 나온 것이다. 마땅히 '글을 짓는 신하[지제교]'¹⁰⁾에게 명하여 앞으로 내릴 교서 안에 이 뜻을 명백하게 글로 만들어 넣도록 하라.

『肅宗實錄』肅宗 20年 4月 辛卯(24日) 실 승

160 환국의 조짐이 나타나다

아! 전에 중앙과 지방에 반포한 하교는 매우 명백한데도 전 〈사헌부〉 감찰監察 연최적延最績[서인]이 감히 금령禁令이 있지 않은 듯이 앞장서서 상소를 투척하고 주장하여 일을 꾸민 것이 흉악하고 참혹하다. 올린 말은 음험하니 한 글자 한 구절이 화禍를 전가하거나 해치고 어지럽히는 수단이 아닌 것이 없다. 이미 매우 마음이 아프다.

그 중 "육례六禮로서 닦는다"¹¹⁾ 등의 말은 더욱 모질고 패악하여

---

5) 『書經』, 「虞書」, '堯典.'
6) 『詩經』, 「周南」, '關雎.'
7) 『禮記』, 「緇衣」 변용.
8) 『禮記』, 「樂記」.
9) 『書經』, 「商書」, '太甲上' 변용.
10) 『定宗實錄』, 定宗 2年 11月 辛酉(1日).

신하[人臣]가 차마 입 밖에 낼 수 없는 것이 아니었다. "〈경희궁〉 영소전 永昭殿[숙종정비肅宗正妃 인경왕후仁敬王后 혼전魂殿]에 옮겨 봉안奉安할 때 나아가 참여한 여러 신하[남인]가 매우 드물었다"12)고 한 것은 마음씀이 참혹하고 악독하여 거의 뱀과 살무사보다 심하다. 그 정황을 논하면 만의 만 번이라도 매우 안타깝다. 이와 같은 난적亂賊은 형벌로 명백하게 바로잡아 악惡을 엄격히 징계하지 않을 수 없다. 이전의 비망기備忘記에 따라 곧바로 국청鞠廳을 설치하여 엄격하게 범죄 사실을 상세히 묻도록 하라.

『肅宗實錄』肅宗 19年 8月 丁丑(6日) 실 승

161 폐비복위 운동의 조사를 중단시키다

지난번에 〈궐내 고위 관료들이〉 회의한 날짜는 왕실의 제삿날이었으나 '서둘러'13) 와서 모인 것이었다. 생각건대 "변방의 사정이 아니면 서로 옳음과 그름의 실마리를 일으킬 것이다"고 하였다. 입시入侍할 때 〈의정부〉 우의정右議政 민암閔黯[남인]이 과연 함이완咸以完의 일을 아뢰었다. 그리하여 의금부로 하여금 가두고서 추궁하여 조사하기를 청하였으므로 '내'14)가 원래는 윤허하였다.

그러나 나는 민암이 홀로 함이완을 만나 주고받은 것이 있음을 의심하였다. 겨우 하루가 지났는데 의금부 당상관이 방자하게 〈임금〉

---

11) 『肅宗實錄』肅宗 19年 8月 丁丑(6日).
12) 『肅宗實錄』肅宗 19年 8月 丁丑(6日).
13) 『漢書』,「揚雄傳上」.
14) 『書經』,「虞書」, '堯典.'

뵙기를 청하여 옥사獄事의 실정을 크게 벌려서, 옛날에[경신환국] 가두어 조사당했던 사람[남인]이 지금 도리어 국문鞠問하게 되었고, 옛날에 [경신환국] 형벌을 정하던 사람[서인]이 지금 도리어 극형을 당하게 되었다. 하루 이틀 만에 목·손·발에 채우던 세 가지 형구를 쓴 죄수가 의금부를 가득 채웠고, 서로 돌아가면서 고하고 끌어대어 갑자기 양자의 얼굴을 보며 신문할 것을 청하였으며, 양자의 얼굴을 보며 신문하는 것이 겨우 끝나면 거의 다 처형을 청하였다. 이와 같은 것이 그치지 않는다면 그 전후에 끌어들인 사람 역시 장차 차례로 거짓으로 꾸면서 법망에 걸려들게 할 것이다.

그렇다면 공주의 집안[숙안공주·숙명공주·숙휘공주淑徽公主]과 한쪽 편 사람[서인]을 고문하여 때려서 유배가는 죄를 면할 사람이 드물 것이다. 임금을 우롱하고 '관원'15)을 생선과 짐승 고기처럼 짓밟아서 으깨는 상황이 매우 안타깝다. 국청에 참여한 대신 이하는 모두 관작을 삭탈하여 성 밖으로 내쫓고, 민암과 의금부 당상관은 모두 외딴섬에 유배하도록 하라.

『肅宗實錄』肅宗 20年 4月 戊辰(1日) 실 승*(2日)

162 한밤중에 조정 관원을 교체하다

비망기가 승정원에 내려진 지 이미 오래이다. 밤 시간을 알리는 북은 절반이나 지났는데, 임금의 뜻을 전하는 것이 아직도 〈해당 아문 [이조]에〉 들어가지 않으니, 그 머리를 모으고 서로 의논하여 반드시

15)『莊子』,「雜編」, '天下'.

구하려는 정상이 참으로 매우 놀랍다. 입직入直한 승지·홍문관 관원을 모두 파직하도록 하라. 지금 이렇게 다시 아뢰어서 반대하려는 논의는 집에 있는 승지·홍문관·사헌부·사간원도 반드시 알지 못할 이치가 없으니 한꺼번에 파직하도록 하라.

『肅宗實錄』 肅宗 20年 4月 戊辰(1日) 실 승*(2日)

163 옥사의 정당성을 부정하다

옥獄은 천하의 대명大命이다. 이 때문에 옛날의 신하는 임금에게 경계를 아뢰면 반드시 "공경하소서! 공경하소서! 형벌을 삼가소서!"16)라고 하였다. 그러나 오늘날의 신하는 각박한 형벌을 임금[人主]에 권하니, 어찌 '한심하지'17) 않겠는가?

판중추부사判中樞府使 류명천柳命天[남인]은 일찍이 김기문金起門[서인]의 옥사獄事로 국청鞫廳을 설치하기를 청하며 "의금부의 형신刑訊이 가벼워서 사실을 말하게 하기 어렵다"고 하였다. 어찌 국문鞫問하지 않아야 하는 데도 급히 승복을 받아내기에 바빠서 법이 아닌 것으로 임금을 이끄는 사람이 있겠는가? 파직하여 서용하지 말라.

『肅宗實錄』 肅宗 20年 4月 己巳(2日) 실 승

---

16) 『書經』, 「虞書」, 舜典.
17) 『春秋左氏傳』, 「哀公」, 15年.

164 국왕의 반성문

'내'[18]가 생각하건대, 임금이 신하에 대한 것은 아비가 자식에 대한 것과 같은데, 무슨 말을 숨길 수 있겠는가? '내'가 품고 있는 생각을 다 말하고 이어서 서로 마음을 가다듬는 도리에 이르는 것이 옳을 것이다.

아! 증자曾子의 모친처럼 현명한 사람도 〈아들이 사람을 죽였다는 거짓 소문을 계속 듣게 되자〉 '베틀의 북을 내던지는 것'[19]을 면하지 못하였다. 이 때문에 옛날부터 "말하기 어려운 것은 아비와 자식 사이보다 어려운 것이 없고, 움직이기 쉬운 것은 아비와 자식 사이보다 쉬운 것이 없다"고 하였다. 초기에 세자世子를 세우는 날에 류위한[남인]이 〈바로 세자를 책봉해야 한다는〉 상소를 갑자기 제기하였고,[20] 또한 〈송시열[서인]이〉 "병이 있어야 비로소 책봉한다"[21] 등의 말이 있었다.

아! '내'가 전대前代의 역사서에서 대략 이미 보건대, 틈을 엿보아 위험한 말로 마음을 움직이게 하는 수단이 매번 이러한 곳에 있고 오직 아비와 자식 사이만이 남에게 동요되기 쉽지 않음을 알지 못하는 것은 아니다. '나'의 병은 항상 거칠고 사나운 데 있다. 이러한 병은 뿌리 깊이 박혀서 좀처럼 낫지 않으니, 발발하면 반드시 착오가 생긴다. 지난번의 처분이 마땅함을 넘어선 것도 오로지 여기에서 말미암은

---

18) 『書經』, 「虞書」, '堯典.'
19) (漢)劉向, 『戰國策』, 「秦策」, '昔者曾子處費.'
20) 『肅宗實錄』, 肅宗 15年 正月 壬午(14日).
21) 『肅宗實錄』 肅宗 15年 2月 己亥(1日).

것이다. 일찍이 한가할 때에 평안한 마음으로 천천히 살펴보고 스스로 다음과 같이 말하였다. "오늘날 세자를 세우는 것은 '종묘·사직'22)의 큰 계획이고, 오늘날 신하는 '대대로 녹祿을 받은 옛 신하'23)이니 '종묘·사직'을 위한 큰 계획을 정하는 데 '대대로 녹祿을 받은 신하'24)가 이치를 거스르지 않는 사람이라면 감히 터럭 하나라도 그 사이에 다른 뜻이 있겠는가? 그랬다면 류위한의 〈서인을 몰아내려던〉 흉악한 계획이 실현될 수 없었을 것이며, 여러 신하들[서인]의 본래 마음도 아직 드러나지 못했던 것이 아니겠는가?" 이것으로 항상 스스로 뉘우치고 한탄하였음은 실로 〈하늘과 땅 사이에〉 신령이 아는 바이다.

또한 내가 보건대, 기사년[숙종15, 1689] 이후 저들[남인]이 한 것이 마치 사적인 것을 따르고 공적인 것을 업신여겨서 곧 모두 도리를 거스르고 윤기倫紀에 어그러지는 것을 좇지 않음이 없었다. '내가 이에 결국 그들이 '나라의 일'25)을 더불어 하기에 충분하지 않음을 알고 있었으나 나라에서 일을 처리하는 것이 또한 어찌 쉽게 되겠는가? 잠시 참으면서 한밤에 한탄한 지 오래였다. '지금 다행히 하늘이 〈사람들의〉 마음을 인도하여서,'26) 민암[남인]이 함이완과 함께 음모하여 임금[君父]을 속이고 '관원'27)을 생선과 짐승 고기처럼 짓밟아 으깨려는 계획이 남김없이 완전히 드러났다. 이러한 때에 만약 엎어지는 것만 염려하여 임금이 일을 결단성 있게 처리할 것을 생각하지 않는다면

---

22) 『書經』, 「商書」, '太甲上' 변용.
23) 『孟子』, 「梁惠王下」 변용.
24) 『孟子』, 「梁惠王下」.
25) 『禮記』, 「喪服大記」 ; 『史記』, 「秦始皇本紀」.
26) 『춘추좌씨전』, 「僖公」, 28年 변용.
27) 『莊子』, 「雜編」, '天下.'

잘못을 알고도 고치지 않는 것이니, 그 얻는 것과 잃는 것이 무엇이 가볍고 무엇이 무겁겠는가?

아! 현재에 과거를 징계하여 미래를 경계하는 도리로 삼는 것은 장차 어찌해야 하겠는가? 바로 마땅히 사적인 뜻을 잘라내고, 의심으로 막히는 것을 통렬히 끊어내며, 마음을 열고 정성을 드러나게 하여 예禮로서 아랫〈사람〉을 대하는 것이다. 〈또한〉 거리낌 없이 말할 수 있는 언로를 열어서 충성스럽고 곧은 논의를 받아들이되, 말이 옳으면 '모두 받아들여 시행하고'28) 말이 옳지 않으면 버려둘 뿐이다. 설령 광망狂妄하여 맞지 않는 말이 있더라도 또한 반드시 너그럽게 받아들이고 조금이라도 꺾지 않을 것이니, 실로 이것이 간절하고 서둘러 힘쓸 것이다. 이는 과인이 크게 스스로 마음에 경계하고 또한 신하들에게 꾸짖고 권장하여 서로 마음을 가다듬는 이유이다. 종이 한 장으로 반포하지만 말은 진심[肝膈]에서 나온 것이다. 아! 너희 여러 신하들은 삼가 듣도록 하라.

『肅宗實錄』肅宗 20年 4月 戊寅(11日) 실 승

165 왕후에서 희빈으로 강등하다

나라의 운세가 〈『주역周易』〉 '태괘泰卦[통함]'29)로 돌아가서 중전[인현왕후]이 자리를 회복하였으니, 백성에게 두 사람의 주인이 없는 것은 옛날부터 지금까지 통하는 의리이다. 장씨張氏의 왕후王后 도장과

---
28) 『書經』, 「虞書」, '皐陶謨' 변용.
29) 『周易』, 「泰」.

인끈을 거두어들이고, 이어서 희빈禧嬪의 옛 작호를 내리되 세자世子가 '저녁에는 잠자리를 보아 드리고, 아침에는 문안을 드리는'30) 의례는 폐廢하지 않도록 하라.

『肅宗實錄』肅宗 20年 4月 己卯(12日) 실 승

166 궁녀 정숙을 처형하다

〈희빈을 모시던〉 죄인 〈궁녀〉 정숙正淑은 사람됨이 간사하고 악독하여 온갖 악惡을 갖추어서 임금[君父]을 업신여기고 방자하게 품고 있는 생각을 행하였고 허무한 것을 날조하였으며 눈을 흘기는 사소한 원망에도 반드시 보복하여서 지난해 외딴섬에 유배보냈다. 그가 범한 것을 논하면 여기에서 그칠 수 없다. 앞으로 해당아문[형조]으로 하여금 서둘러 〈사형에 처하여〉 나라의 형벌을 바로잡도록 하라.

『肅宗實錄』肅宗 20年 4月 甲申(17日) 실 승

167 과도한 공세를 억제하다

〈사헌부 지평〉 김시걸金時傑[노론]은 '교화를 새롭게 하는'31) 초기[갑술환국]에 함께 구제하는 의리를 생각하지 않고 '서로 배척하는'32) 계획을 행하려고 종이에 가득히 글로 적어 나열한 것이 얽혀서 만든 일이 아님이 없다. 감히 국청鞠廳에 참여한 대신·중신重臣[이상 소론]

---

30) 『禮記』,「曲禮上」.
31) 『漢書』,「禮樂志」.
32) 『舊唐書』,「李宗閔傳」.

을 모두 바르지 않은 처지로 내몰았으니, 마음 씀이 바르지 않은 것이 어찌 여기에 이르렀는가? 바로 이는 경박하고 일 만들기를 좋아하니, 이미 곧아서 광망狂妄한 부류는 아니지만 또한 '관원들이 서로 바로잡는 데'33) 비할 바도 아니다. 지금 별도의 하유가 겨우 내려졌음을 빙자하여 전혀 경계하는 것이 없다면, 어떻게 조정을 높이고 잘못된 습성을 고치겠는가? 잠시 파직하고 서용하지 말라.

『肅宗實錄』肅宗 20年 4月 丁酉(30日) 실

168 희빈 처분의 확대 요구를 논파하다

아! 정사가 초야草野에 있다는 것은 본시 나라의 아름다운 일이 아니다. 하물며 지금 중전[인현왕후]이 지위를 회복하였고 간사한 붕당이 멀리 유배되었으며 나라의 방침이 징계하여 토벌하는 것도 이미 엄격하게 하였으니, 더욱이 한 사람의 유생[박상경朴尙綱, 노론]이 상소를 올려 간여할 바가 아니다. 천하의 일이란 한결같이 속시원하게 하면 부합하는 경우가 드물다. 승정원이 아뢴 것과 '글을 짓는 신하[지제교]'34)가 찬술撰述한 것은 단연코 다른 뜻이 없음을 '내'35)가 잘 알고 있다. 그러나 감히 신하[臣子]가 '차마 들을 수 없는'36) 말로 억지로 구절을 판단하였다. 〈궁녀〉 정숙正淑 등의 처벌[사형]은 원래 중전[인현왕후]과 관계가 없는 것이니, 이른바 "철저히 조사하라"는 것이 무슨

---

33) 『書經』, 「夏書」, '胤征' 변용.
34) 『定宗實錄』, 定宗 2年 11月 辛酉(1日).
35) 『書經』, 「虞書」, '堯典.'
36) 『高麗史』, 「諸臣列傳」, '金仁存'; 『太宗實錄』, 太宗 11年 6月 甲午(5日).

일인지 알지 못하겠다. "이간하고 폐위를 도모했다" 등의 말은 남몰래 말이 '과인'37)에게 미치고 있으니, 실로 백성의 위에 임할 면목이 없다.

아! 기사년[숙종15, 1689: 기사환국]에 〈인현왕후가〉 사제私第로 나간 후로 민암이 왕언王言을 속여서 말을 지어 유입流入한 죄와 〈희빈의 오빠〉 장희재張希載〈의 바람〉을 들어주어 말을 전한 정황은 진실로 이미 밝게 드러나서 가릴 수가 없고 임금[君父] 앞에서 서로 헐뜯어 관계를 멀어지게 했다거나 〈인현왕후가〉 폐출하기 전에 폐출을 도모한 것은 다만 터럭 하나라도 비슷하지 않음이 없다. 후한後漢의 광무제光武帝나 명明나라 선종宣宗의 치세에는 아직 이러한 말이 있었음을 듣지 못했다. 돌이켜보건대, '내'가 '덕이 얕아서'38) 설령 감히 두 임금에 비할 수는 없지만 '교화를 새롭게 하는'39) 초기에 〈망령되이 옥사를 확대하고자〉 시도한 것이다. 중앙과 외방에 반포한 비망기의 뜻을 살펴본다면 과인의 본래 마음을 충분히 알 수 있을 것인데, 오히려 박상경[노론]은 오직 임금[君父]의 밝은 하교를 믿지 않고, 반드시 실정 밖의 것을 미리 잘못 예측하여 의심해서는 안 될 것을 의심하였다.

말의 기운이 마치 전혀 저울이 균형을 이루지 못하듯이 치우쳐 있으니 이미 극히 놀랍기만 하다. 그리고 대신[소론]에게 죄를 묻는 정황으로 삼는 이유도 못하는 말이 없었다. 한 번은 "역적을 비호하는 데에 〈맹자의 말을〉 인용하였으니, 이는 그들[소론]의 마음에는 단지 장희재가 있음을 알고 전하와 중궁이 있음을 알지 못하며, 아울러 맹자까지 무함하였으니 '이루 다'40) 통탄할 수 있겠습니까?"라고 하였

---

37) 『高麗史』, 「忠惠王世家」, 後3年 6月 ; 『太祖實錄』, '(總序).'
38) 『春秋左氏傳』, 「莊公」, 32年.
39) 『漢書』, 「禮樂志」.

다. 한 번은 "불행하게도 대신의 잘못으로 사형死刑을 감면하는 하교를 내리기에 이르렀으니 거리의 노래나 의논이 먼저 장희재를 비호하는 사람에게 미치고 있는데, 대신[소론]이 홀로 여론을 물리쳤고 게다가 많은 사람들의 분노를 건드리면서까지 죽을 힘을 다하여 다투어 한때의 귀와 눈을 덮는 계획을 행하였으니 또한 유독 무엇 때문입니까?"라고 하였다. 한 구절 한 구절에 깊이를 더하니 꾸짖고 욕하는 것이 거의 천민[輿儓]과 동일하게 다루었고, 그 외에 여러 신하들을 침해하고 물리치는 데 주저함이 없었다.

아! 그는 어떠한 사람이기에 곧 감히 방자하고 무엄하기가 여기에 이르렀는가? '내'가 마땅히 하나하나 분별하여 깨뜨려서 그렇지 않음을 분명히 하겠다. 아! 장희재의 죄가 애매하지 않았다면 내가 어찌 '용서할'41) 마음이 생겼겠는가? 이것은 단연코 장희재의 처지를 위해서 굽힌 것이 아니다. 또한 할 말이 있으니, 만약 장희재가 사형을 당한다면 일의 단서가 옮겨가서 세자는 마음이 크게 편안하지 않을 것이니, 이러한 곳에 이른다면 높고 낮은 관직의 신료들은 두려워하여 어찌할 바를 모를 것임은 이미 말로 설명할 수 없으며 아비와 자식 사이에 지극한 정情으로도 앞으로 과연 편안하겠는가? 편안하지 않겠는가?

아! 국모國母[인현왕후]가 무함을 당한 일은 진실로 변론하지 않을 수 없으나 세자는 한 나라의 근본이요, 아비와 자식은 오륜五倫의 으뜸이다. 박상경[노론]도 한 사람의 신하로서 여기에서 두 가지 큰 의리보

---

40)『孟子』,「梁惠王上」.
41)『後漢書』,「史弼傳」;『後漢書』,「陳寵傳」.

다 중요한 것이 없는 데도 조금도 생각하려 하지 않고 오직 '서둘러서'42) 논의한 것도 유독 어째서인가?

지난번에 비망기 중에 세자는 '저녁에는 잠자리를 보아 드리고, 아침에는 문안을 드리는'43) 의례는 폐하지 말라는 하교가 있었고, 오늘날 장희재를 참작하여 처리하라는 하교가 있었다. 전후하여 생각이 저절로 서로 부응하니 언제 일찍이 대신의 말에 흔들려서 갑자기 사형을 감면하는 하교를 했겠는가?

대신의 뜻은 또한 '나'의 뜻이니 어찌 감히 장희재를 비호하여 나왔겠는가? '나'의 이러한 마음은 진실로 이미 헤아려서 금과 돌과 같이 지켰으니 끝내 흔들려 뺏길 수 없다. 그리고 큰 일에 대해서도 변하지 않는 것은 자연히 대신의 직임이니, 이와 같이 지극히 중요한 일에 관계되는 것은 '나'도 영의정[남구만]의 뜻이 혹은 바뀌지 않는 것을 알고 있다.

아! 과거를 깊이 후회하고 다스리는 교화가 '새로워졌고'44) 옛 신하들에게 맡기기를 도모하여 마음[情志]이 통하였으니, 바로 마땅히 화합하고 크게 화평하여 끝없는 복에 이르기를 기약해야 할 것이다. 그러나 하잘 것없는 한 명의 썩은 유생이 감히 앞장서서 스스로 감당하여 임금[君父]을 의심하고 조정을 가볍게 여기는 것이 이처럼 심하니, 이와 같이 사리에 어그러지고 과격한 습성을 막는 방법을 생각하지 않는다면 우리 나라를 혼란시키는 부류가 여기에서부터 일어날 것이다. 이 상소는 돌려주고 박상경은 잠시 과거의 응시 자격을 정지시키도록 하라.

42) 『漢書』, 「揚雄傳上」.
43) 『禮記』, 「曲禮上」.
44) 『漢書』, 「董仲舒傳」.

『肅宗實錄』肅宗 20年 閏5月 丁丑(11日) 실 승

169 희빈 조사를 요구한 박상경을 유배하다

〈양주楊州의 유학幼學〉 박상경[노론]은 다만 한때 일 만들기를 좋아할 뿐만 아니라 임금[天聽]을 현혹시키고 조정을 의심으로 혼란시켜 못하는 말이 없었으니, 좋아하는 것과 미워하는 것을 명백하게 보이지 않을 수 없다. 먼 변방 지역으로 유배하도록 하라.

『肅宗實錄』肅宗 20年 閏5月 庚辰(14日) 실 승

170 박상경을 비호한 박권을 교체하다

〈양주楊州의 유학幼學〉 박상경[노론]에게 유벌儒罰을 먼저 시행한 것은 너무 가볍게 처리한 실수였다. 그러나 〈사간원〉 정언正言 박권朴權[노론]이 공론을 걱정하지 않고 '서둘러서'[45] 〈왕명을〉 중지하기를 청하였고, 심지어 "언로言路" 두 글자를 이러한 무리에게 더하였다. 하물며 바야흐로 '조정'[46]이 한꺼번에 텅빌 것을 염려하여 박권이 또한 승지로서 패패牌를 받은 사람의 교체를 청한 것은 바로잡아서 경계하게 하지 않을 수 없으니 그를 교체하도록 하라.

『肅宗實錄』肅宗 20年 閏5月 庚辰(14日) 실 승*(15日)

---

45) 『漢書』, 「揚雄傳上」.
46) 『春秋左氏傳』, 「昭公」, 11年.

171 정사신이 권대운·목내선을 두둔하다

〈홍문관 수찬 정사신丁思愼은 권대운·목래선睦來善[이상 남인]을 두둔하여〉 옳음과 그름을 혼란시켜 임금[天聽]을 현혹하려 했으니, 임금을 망각하고 붕당[남인]을 위해 죽으려 한 죄를 엄격하게 징계하지 않을 수 없다. 정사신은 관작을 삭탈하고 성문 밖으로 내쫓도록 하라.

『肅宗實錄』 肅宗 20年 8月 乙卯(20日) 실 승

172 이이를 다시 옹호하다

아! 선정신先正臣 이이의 도덕道德과 학문學問은 과인이 존경하고 신뢰하는 바일 뿐 아니라, 또한 사림士林에서도 우러러보는 바이다. 하물며 문묘文廟에 종향從享하였고 옳음과 그름은 이미 정해졌으니, 어찌하여 감히 간사한 의논을 주워모아 방자하게 바른 사람을 헐뜯으려고 하는가?

박행의朴行義[소론]가 한 번 상소를 투척하여 서둘러『성학집요聖學輯要』의 강독을 정지하기를 청하는 데 이르렀고, 그 글에는 "신이 들은 바는 본래 스승으로 삼을 만한 사람이 아닙니다"고 하였다.

아! 이것이 무슨 말인가?『성학집요』라는 한 권의 책은 자신의 마음을 가다듬고 남을 다스리는 도리가 밝게 갖추어져 있으며 간추린 것이 정교하고 간절하니, 이이가 억측으로 말한 것이 아니고 바로 성현聖賢의 가르침이다. 곧 박행의가 이이를 무함하고 헐뜯은 것은 마침내 성현을 무함하고 헐뜯은 것이 되기 때문이다. 관작을 삭탈하도록 하라.

『肅宗實錄』肅宗 23年 12月 丙子(30日) 실 승

173 원론적인 탕평을 논하다

아! 나라가 불행하여서 동인東人·서인西人을 내세운 지 거의 백 년이 지났다. '엎치락뒤치락하여'47) 고질병이 되었으니, '이루 다'48) 탄식할 수 있겠는가? 그러나 위에 있는 사람[임금]이 한결같이 보는 도리로 보면 '왕의 신하가 아닌 사람이 없으니,'49) 비유컨대 아비와 어미가 여러 자식들에게 본래 아낌과 미움의 구별이 없는 것과 같다. 하물며 우리나라는 좁고 작으며 문벌門閥을 숭상하여 사람을 쓰는 길이 이미 넓지 못한 것을 근심한다. 하지만 조정에서 한쪽 편이 출사하면 한쪽 편이 사직하여 나라 절반의 사람이 또한 많이 무성하게 적체됨이 많으니, 이러한 폐단을 제거하지 않는다면 어찌 나라를 다스리겠는가?

그 근원을 미루어 살펴보면, 실로 '내'50)가 크게 공평하고 지극히 바른 도리로 위에서 '임금의 표준을 세우지'51) 못하여 일어난 것이다. '내[我]'가 자신을 책망하니 마음은 부끄럽기만 하다. 〈그러나〉 아래에 있는 사람들 역시 어찌 옳지 못한 것이 없겠는가? 인사를 담당하는 아문[이조·병조]은 공론을 채택하여 받아들이는데도 혹은 병을 핑계 삼아 오지 않고, 혹은 잠시 나왔다가 곧바로 물러가니 전혀 성실한

---

47) 『詩經』, 「周南」, '關雎.'
48) 『孟子』, 「梁惠王上」.
49) 『詩經』, 「小雅」, '北山.'
50) 『書經』, 「虞書」, '堯典.'
51) 『書經』, 「周書」, '洪範.'

뜻이 없다. 예컨대 이식李湜·목임중睦林重[이상 남인]이 〈갑술환국 이후 계속 등용했으나 사직한〉 일이 이것이다. 위의 이른바 "옳지 못하다"는 일이 이것이다.

아! 지금 절박한 근심은 백성의 일만 한 것이 없다. 조정은 곧 사방의 표준이니, 진정시키고 화합하게 하는 것이 오히려 가장 급한 일이 아니겠는가?

아! 양의 기운인 봄이 비로소 돌아와서 화평한 기운이 넘친다. 이때와 더불어 새로워지는 것은 어찌 지금이 아니겠는가? 앞으로 인사를 담당한 신하[이조·병조]로 하여금 명의名義에 관계되는 사람을 제외하고는 그 허물을 감면하여 등용하고 그 재주가 있으면 천거하여서 '탕평蕩平'52)의 도道에 최선을 다하도록 하라.

아! 너희 여러 신하들은 마음을 씻고 생각을 바꾸어서 예전처럼 하지 말고, 함께 구제하는 계획에 힘쓰도록 하라. 그러나 옳음과 그름이 있는 것은 하나로 정하지 않을 수 없으니 흔들리지 말라. 만약 두 현명한 신하[이이·성혼]를 무함하고 헐뜯어서 흉적凶賊 민암[남인]을 구하려는 사람이 있으면 북쪽으로 유배하여 악惡을 엄격히 징계하도록 하라.

『肅宗實錄』 肅宗 24年 正月 乙未(19日) 실 승

174 정시윤의 관작을 삭탈하다

아! 오늘날 사람의 마음과 '세상을 다스리는 도道'53)는 다시 할 수가

---

52) 『書經』, 「周書」, '洪範.'

없다. 별도로 하유를 겨우 선포하여서 함께 구제하기를 꾸짖어 격려하였고 상세한 말의 뜻은 '정성스러운 마음'54)에서 나왔으니, 용해되어 화합할 희망이 있을 것이다.

하지만 〈세자시강원 필선〉 '정시윤丁時潤[남인]이 〈기근이 들었는데 목민관이 제대로 보고하지 않고 있다는〉 상소 하나를 투척하였는데,'55) 올린 말이 무엄하고 일찍이 〈군주와 신하 사이를〉 '해쳐서 멀게 하려고'56) 하였으니 마음을 쓰는 것이 바르지 않다.

아! 정시윤도 역시 하나의 사람일 뿐인데, 어찌 상황을 가리기 어려워 손발이 모두 드러나는지를 알지 못하겠는가? 그러므로 이것 [상소]에 마음을 달갑게 여긴 것은 다름이 아니라 반드시 그가 〈서인이 집권한〉 조정에 〈출사하여〉 서지 않으려고 그렇게 한 것이다. 신하[人臣]의 '나누어진 의리'57)가 여기에 이르렀으니 땅을 쓸듯이 다한 것이다.

아! 옛날 당唐나라 덕종德宗이 봉천奉天 〈파천시〉 조서詔書로 교만한 장수와 사나운 군졸로 하여금 울지 않은 사람이 없게 했던 것은 어째서인가? 그것이 마음에서 감응하여 나왔기 때문이다. 고집이 센 번진藩鎭도 오히려 이와 같은데, '나'58)는 능히 같은 조정의 신하도 감화感化시킬 수 없으니 실로 매우 부끄럽고 개탄스럽다. 조정을 가벼이 여기고 멸시한 죄는 징계하지 않을 수 없으며 '야윈 돼지가 날뛰는 조짐'59)을

---

53) 『列子』,「楊朱」.
54) (宋)朱熹, 『大學章句』, 傳6章.
55) 『肅宗實錄』, 肅宗 24年 3月 乙酉(10日).
56) 『春秋左氏傳』,「定公」, 4年.
57) 『荀子』,「强國」.
58) 『書經』,「虞書」, '堯典.'

막지 않을 수 없으니, 먼저 가장 가벼운 형벌에 처하고 관작을 삭탈하고 성 밖으로 내쫓아 보내도록 하라.

『肅宗實錄』 肅宗 24年 3月 丙戌(11日) 실 승

175 장희재를 처형하다

대행왕비大行王妃[인현왕후]가 병을 만난 지 2년이 지났으나 희빈禧嬪 장씨張氏는 비단 한 번도 문안하지 않았을 뿐만 아니라, "중궁전中宮殿"이라 하지 않았고 반드시 "민씨閔氏"라고 일컬었으며, 또 "민씨는 실로 요사스러운 사람이다"라고 하였다.

다만 이것뿐만이 아니다. 몰래 취선당就善堂의 서쪽에 신당神堂을 설치하고, 매번 두세 명의 비복婢僕과 사람을 물리치고 기도하니, 극히 빈틈없이 준비하였다. 이것을 참을 수가 있다면 무엇을 참을 수 없겠는가? 제주에 유배시킨 죄인 장희재를 먼저 서둘러 〈처형하여〉 나라의 형벌을 바로잡도록 하라.

『肅宗實錄』 肅宗 27年 9月 丁未(23日) 실 승

176 궁녀 영숙을 처형하다

궁녀宮女 영숙英淑의 죄상은 〈궁녀〉 정숙正淑과 한가지인데, 사면을 만나서 함께 방면된 후에도 조금도 뉘우치거나 두려워하지 않아서 행동이 방자放恣하니, 결코 '용서할'[60] 수 없다. 앞으로 담당아문[형조]

---

59) 『周易』, 「姤」 변용.

으로 하여금 서둘러 〈처형하여〉 나라의 형벌을 바로잡도록 하라.

『肅宗實錄』肅宗 27年 9月 戊申(24日) 실 승

177 희빈에게 자진을 명하다

옛날에 한漢나라 무제武帝는 〈외척이 정치에 참여하는 것을 꺼려하여 태자[소제昭帝]의 생모인〉 구익부인鉤弋夫人[첩여倢伃 조씨趙氏]을 죽였으니, 결단할 일을 결단하였음에도 오히려 〈사전에 방비하지 못하였으니〉 최선을 다하지는 못함이 있었다. 만약 장씨張氏로 하여금 운명이 〈중전과〉 같지 않음을 알게 하였다면 〈첩을 정실正室로 삼지 말라는〉『춘추春秋』의 대의大義를 밝히고 분명히 법으로 만들어서 충분히 방비할 수 있었을 것이니, 어찌 반드시 구익부인처럼 했겠는가? 이것은 그렇지 않다. 죄가 이미 밝게 드러났으니, 만약 잘 처리하지 않는다면 훗날의 근심을 말로 형용하기 어려울 것이다. 실로 나라를 위하고 세자世子를 위한 데에서 나온 것이다. 장씨로 하여금 스스로 목숨을 끊도록 하라.

『肅宗實錄』肅宗 27年 9月 己酉(25日) 실

178 희빈의 죄상을 적시하다

몰래 신당神堂을 설치하여 사람을 물리치고 기도하면서 내전[인현왕후]을 모해謀害하였으니, 이것이 어떠한 흉악한 역모인가? 그러나 동부승지同副承旨 윤지인尹趾仁[소론]은 〈임금이 후회할까봐〉 감히 의금부

---

60)『後漢書』,「史弼傳」;『後漢書』,「陳寵傳」.

에서 추국推鞫하자는 등의 말을 아뢰었다.

아! '내'[61]가 낮부터 밤까지 '이를 갈면서'[62] 지극한 한恨을 씻지 못하였는데, 신하[臣子]가 국모國母[인현왕후]에게 모략을 써서 해친 역적을 쉬엄쉬엄 보는 것이 한결같이 여기에 이르렀다. 극히 마음이 아프기만 하다. 관작을 삭탈하여 성 밖으로 내쫓도록 하라.

『肅宗實錄』肅宗 27年 9月 己酉(25日) 실 승

179 소론에게 경고하다

아! 의리義理가 밝지 못한 것이 아직 오늘보다 심한 적이 없었다. 홍경렴洪景濂[소론]이 임창任敞[노론]을 지목하여 '〈인현왕후의 죽음의 책임을 희빈에게 묻는〉 흉악한 상소'[63]〈를 올렸다〉고 하여서 극에 달하였다. 비록 최근 인사[銓注]의 일로 말하더라도 한두 가지 말할 만한 것이 없지 않다.

신사년[숙종27, 1701] 가을 직접 국문하겠다는 명을 내린 때에 윤지인[소론]은 조금도 놀라서 움직이지 않고 오로지 막는 것만 일삼았고 오직 미치지 못할까 두려워하였다. 이는 작은 허물에 비할 바가 아니므로, 오래도록 〈관작의〉 '회복'[64]을 아낀 이유가 진실로 여기에 있다. 여필용呂必容·이인엽李寅燁[이상 소론]이 서로 잇따라 탑전榻前에서 시끄럽게 한 것은 이미 온당한 도리가 아니다. 그러나 거두어 서용한

---

61) 『書經』,「虞書」,'堯典.'
62) 『史記』,「衛將軍驃騎列傳」.
63) 『肅宗實錄』, 肅宗 28年 3月 戊戌(17日).
64) 『周易』,「小畜」.

지 얼마되지 않아 곧바로 '관찰사'⁶⁵⁾ 후보로 추천되었으며, 윤덕준尹德駿[소론]은 하늘의 뜻을 받들어 토벌하는 것을 겨우 행한 후에 자신이 대사간大司諫이 되어 상소 하나를 투척하였으니, 감히 〈임금이 장희재 옥사를〉 직접 국문하는 일로 만족하지 않는 뜻을 드러냈다.

아! 〈임금이〉 직접 국문하지 않는다면 흉악한 역적의 상황을 알 수 없고 흉악한 무리가 법망을 벗어날 것이다. 하늘의 뜻을 받들어 토벌하는 것을 조금이라도 지체하면 빈전殯殿의 영령[인현왕후]을 위로하고 신령과 사람의 분노를 풀 수 없다. 다만 훗날 사악한 논의의 효시嚆矢가 되는 데 그치지 않는다. 그러나 인사를 담당하는 아문[이조]에서는 작은 사고로 간주하여 서용하라는 명命이 내리자 연달아 승정원에 후보로 추천하고서 조금도 어려워하는 빛이 없었다.

아! 승정원은 직임이 〈임금과〉 가깝고 지위가 엄하며, '관찰사'는 〈임금의〉 '은택을 받들고 교화를 펼치므로'⁶⁶⁾ 모두 한가한 임무가 아닌데도 인사과정에서 살피지 않음이 여기에 이르렀다. 일전에 이른바 "의리義理" 두 글자는 생각이 미칠 수 없는 것인가? 마침내 정신을 차리도록 꾸짖는 도리가 없을 수 없다. 이조의 해당 당상관은 무거운 쪽을 따라 조사하도록 하라.

『肅宗實錄』肅宗 29年 5月 辛亥(7日) 실 승

---

65) 『禮記』, 「王制」.
66) 『漢書』, 「宣帝紀」.

180 채명윤의 관작을 삭탈하다

아! 두 현신賢臣[이이·성혼]의 도덕道德과 학문學問은 '내'67)가 존경하고 우러르는 바이며, 사림士林이 삼가 본보기로 삼는 바이다. 성대한 의례[문묘종사]가 이미 거행되었고 나라의 방침도 이미 정해졌다.

그러나 〈홍문관〉 부수찬副修撰 채명윤蔡明胤[남인]은 이에 감히 분별을 말하는 것을 빙자하여 방자하게 침해하고 업신여겼고, 심지어 '세상을 다스리는 도道'68)가 날로 내려가고 있다는 등의 말을 문자文字로 표현하여서 〈문묘〉종사從祀를 청하는 일을 당론에서 나온 것처럼 하였다. 말의 윤기倫紀가 없는 것이 어찌 여기에 이르렀는가? 매우 놀랍고 한탄스럽다. 이와 같이 바른 사람[서인]을 헐뜯는 무리[남인]는 분명히 판별하여 통렬히 물리치지 않을 수 없으니, 채명윤의 관작을 삭탈하도록 하라.

『肅宗實錄』 肅宗 34年 4月 癸亥(17日) 실 승

---

67) 『書經』, 「虞書」, '堯典.'
68) 『列子』, 「楊朱」.

제12장 노소분기 老少分岐

181 이이를 옹호한 것인가? 윤증을 비난한 것인가?

지금 〈유학〉 이진안李震顔[노론]의 상소문을 보건대, 윤증尹拯[소론]의 오래된 사적인 편지를 도려내어 선현先賢에게 함부로 무함하는 죄를 씌우고 남몰래 어지러운 계획을 얽어서 날조하였으니 진실로 이루 다 놀라지 않을 수 없다. 생각지도 못했는데 사람의 마음이 가볍고 얕음과 선비의 습성이 아름답지 못함이 하나같이 여기에 이르렀다. 만약 이러한 위험한 말이 행해지면 종국에는 폐단이 장차 나라가 나라답지 못한 데에 이를 것이니, 좋아하는 것과 미워하는 것을 분명히 보이지 않을 수 없다. 이진안은 과거의 응시 자격을 정지하고 이 상소는 돌려주도록 하라.

『肅宗實錄』肅宗 11年 2月 甲午(4日) 실

182 윤증을 옹호하는 최석정을 처벌하다

지금 부제학副提學 최석정崔錫鼎[소론]의 상소를 보건대, 저쪽[노론]을 억누르고 이쪽[소론]을 올려서 사사로이 붕당을 치우쳐서 옹호하는 태도가 완전히 드러나서 숨기기 어렵다. 진실로 '이루 다'[1] 경악할 수가 없다. 현재 조정이 편안해지지 못한 것은 선비의 습성이 옛날 같지 않아서이니, '내'2)가 어찌 알지 못하겠는가?

그러나 자신들의 논의를 능히 다 밝힐 수 없었기에 처분이 합당함을 잃음을 면치 못하였다. '대신[김수항, 노론]이 지난 경연經筵에서 〈죄목 罪目을 들춰내어〉 늘어놓고 논한 것'3)은 옳은 것과 그른 것을 바로잡고 좋아하는 것과 미워하는 것을 분명히 하는 뜻이 아님이 없었다. 곧 어찌 선입견이 주가 되어 〈윤증을 비판한 이진안을 처벌하는 사안에 대해〉 '왕명을 되돌리지'4) 않을 수 있겠는가? 최석정이 도리어 이것을 과도한 조치라고 여기니 실로 이해하지 못하겠다. 하물며 대신을 두드리고 흔드는 계획은 차마 바로 볼 수 없는 것이다. 임금과 재상을 멸시하여 방자하게도 거리낌이 없기가 한결같이 여기에 이르니 진실로 몹시 애통하고 또한 놀랄 만한다. 최석정은 파직하고 서용하지 말라. 지금부터 이와 같은 상소는 들이지 말라.

『肅宗實錄』肅宗 11年 2月 己亥(9日) 실 승

183 송시열을 다시 위로하다

경卿[송시열]이 서울을 떠난 지 이미 3년이 지났으니 〈무언가〉 부족한 듯이 생각하는 마음을 어찌 이루 다 말할 수 있겠는가? 재변이 '매우 참혹하여'5) 근심과 걱정이 눈앞에 가득하기만 하다. 기근이 연이

---

1) 『孟子』, 「梁惠王上」.
2) 『書經』, 「虞書」, '堯典.'
3) 『肅宗實錄』肅宗 11年 2月 丙申(6日).
4) 『漢書』, 「劉向傳」.

어 일어나고 백성은 '천명이 거의 다한 듯하다.'6) 이러한 때에 높고 낮은 관직의 신료들은 마음을 하나로 모아서 함께 구제해도 오히려 앞으로 이겨낼지 두렵다. 하물며 경[송시열]은 효종과 현종을 특별히 만났고 한 세상의 두터운 인망을 지고 있어서 '내[小子]'7)가 의지하고 믿고 있으며 조정과 재야에서 선왕의 유업을 계승하여 일이 이루어지기를 기다리고 있으니 어찌하겠는가?

'〈효종과 현종을〉 미루어 생각하여 〈나에게〉 보답하는'8) 의리와 〈나라가〉 기울어지는 것을 부양할 대책을 생각하지 않고, 〈출사하면〉 마치 더럽혀질 것처럼 생각하는 뜻을 고수하면서 조정에 나아갈 기약이 아득하여 없는 듯하다. 이는 〈나의〉 마음[情志]을 신뢰하지 못하여 생긴 데에서 말미암은 것이다. 단지 간절하고 매우 부끄럽기만 하니 차라리 말하지 않으려 한다. 이에 사관史官을 보내어 '나'9)의 지극한 뜻을 하유하니, 모름지기 〈착한 일을 보기를〉 목이 마른 듯이 하는 정성을 본받아 오랫동안 떠나 있겠다는 마음을 빨리 되돌리고 얼마간 봄이 화평해지기를 기다렸다가 〈따뜻해지면〉 서둘러 올라와서 지금의 어려움을 구제하도록 하라.

『肅宗實錄』肅宗 12年 10月 乙亥(24日) 실 숭

---

5) 『宣祖實錄』, 宣祖 38年 6月 庚申(17日).
6) 『詩經』, 「大雅」, '雲漢'.
7) 『書經』, 「商書」, '湯誓'.
8) (蜀)諸葛亮, 「前出師表」(『文選』) 변용.
9) 『書經』, 「虞書」, '堯典'.

184 윤증이 죄를 얻고서 불화가 생겼다

한 번 윤증[소론]이 죄를 얻은 이후 불화가 거듭 생겨서 화합을 기대하기가 어려워졌다. 봉조하奉朝賀[송시열, 노론]의 상소 중 윤선거尹宣擧[윤증의 부친]의 일은 자초지종自初至終을 갖추어 말한 것에 지나지 않으며 실제로는 가까이하고 아끼며 선善을 권하는 지극한 뜻에서 나왔으니, 무슨 한탄하고 분노하는 생각이 있었겠는가? 무슨 분별할 만한 무함이나 비방이 있었겠는가?

그러나 나양좌羅良佐[소론] 등은 스승[윤증]을 위해 변별하여 말한다고 빙자하여 몰래 원로[大老: 송시열]를 물리치고자 하여 윤기倫紀가 없는 말을 문장으로 만들고 위험한 짓을 생각했다. 이러한 요괴 같은 무리를 만약 명백하게 분별하고 통렬히 배척하지 않는다면 사람의 마음은 곤경에 빠지고 의리義理는 어두워지고 막혀서 〈남송대南宋代 주희朱熹를 공격한〉 호굉胡紘 · 심계조沈繼祖와 같은 부류가 반드시 장차 연이어 일어날 것이다. 상소를 연명한 이들 중 우두머리인 나양좌는 멀리 유배하고, 상소에 참여한 사람인 성지선成至善 · 조득중趙得重[이상 소론]은 관원명부에서 삭제하라.

『肅宗實錄』肅宗 13年 3月 乙未(17日) 실 승*(19日)

185 송시열을 또다시 위로하다

경卿[송시열, 노론]은 효종 · 현종 · 과인에게서 덕망을 쌓은 원로元老로서 한 세상의 두터운 인망을 짊어지고 나라 사람이 삼가 모범으로 삼으니, 지위가 낮은 천한 사람도 역시 공경하며 우러러볼 줄 안다.

그러나 지난번에 일부 바른 사람[송시열]을 헐뜯는 무리[소론]가 스승[윤증]과 제자의 의리를 빙자하여 안으로 음험한 계획을 품고 함부로 공격하여 배척하기를 조금도 거리낌이 없었으니, 진실로 생각지도 못했는데 '세상을 다스리는 도道'10)가 무너지고 의리가 어두워지고 막혀서 한결같이 이처럼 극도에 이르렀다. 지금 비록 명백하게 분별하고 통렬히 물리쳐 악惡을 징계하는 법을 통쾌하게 보였으나 평소에 과인寡人이 현명한 사람을 존중하는 정성이 아직 최선을 다하지 못하여서 이러한 유학[斯文]에서 큰 변란이 일어난 것이다. 마음은 간절하고 부끄럽기만 하여 말할 수가 없다. 이들의 거짓되고 망령된 말을 신경쓰지 말고 서둘러 올라오도록 하라.

『肅宗實錄』肅宗 13年 3月 乙未(17日) 실 승*(19日)

186 저쪽은 억제하고 이쪽은 부양하다

아! 이번에 나양좌[소론]의 무리가 원로[大老: 송시열, 노론]를 못되게 헐뜯은 상소는 실로 유학[斯文]에서 큰 변란이니, 무릇 홍문관·사헌부·사간원에 있는 사람은 마땅히 명백하게 분별하고 통렬하게 물리쳐서 같은 목소리로 형벌을 청할 겨를이 없어야 한다.

그러나 지평 유집일兪集一·이익수李益壽[이상 소론] 등이 다만 사적인 붕당을 비호할 줄만 알고 공론의 지극히 엄격함을 돌보지 않는다. 자기와 다른 이를 노려서 공격하고 〈자기와 같은 이는〉 용감히 나서서

---

10) 『列子』,「楊朱」.

구원하여서 저쪽[노론]은 억제하고 이쪽[소론]은 부양하는 정황이 모두 드러났다. 그들이 이른바 "적신賊臣을 편들고 현신賢臣을 배신하여 무슨 죄를 지하의 현명한 스승에게 더하겠는가?" 등의 말은 지나치게 서둘러서 침범하고 핍박하여 여력을 남기지 않는 것이다. 이는 바로 다만 윤선거가 있는 것만 알고 원로[大老: 송시열]가 있음은 알지 못한 것이다. 원로[大老: 송시열]가 이러한 무리에게 무슨 죄를 지었기에 노려보고 시기하며 미워하고 물리쳐 끊어내는 것이 한결같이 여기에 이르도록 하는지 알 수가 없구나! 진실로 매우 한탄스럽다. 유집일 · 이익수는 모두 관작을 삭탈하고 성문 밖으로 내쫓도록 하라.

『肅宗實錄』肅宗 13年 3月 己亥(21日) 실 승

187 조사석의 사직을 만류하다

진심을 털어놓는 말은 여러 차례 전한 비답批答에서 하였다. 생각건대, "나의 '정성스러운 마음'11)을 헤아려서 며칠 안으로 조정에 나오도록 하라"라고 하였다. 지금 한가롭게 있기를 청하는 상소를 보고서 처음에는 놀랐으나 연이어 부끄러워서 실로 말을 할 방법을 알지 못하겠다.

아! 이처럼 지금 일은 어려움이 많고 '백성[生民]'12)은 '궁핍하고 초췌해지는'13) 날에 높고 낮은 관직의 신료들은 마음을 함께 하고 힘을 합하여 서로 도와서 왕실王室을 함께 구제하여 오히려 넘어지는 것을

---

11) (宋)朱熹,『大學章句』, 傳6章.
12) 『書經』,「周書」, '旅獒' ; 『詩經』,「大雅」, '生民.'
13) (晋)葛洪,『抱朴子』,「外篇」, '刺驕' ; (晋)葛洪,『抱朴子』,「外篇」, '審擧.'

면하지 못할까 두렵다. 하물며 대신은 임금의 '다리와 팔'14)이자 나라의 주춧돌이다. '내[小子]'15)가 의지하며 선왕의 유업을 계승하여 일이 이루어지기를 바라고, 조정과 재야에서도 바람을 기대하고 있으니 어찌하겠는가?

그러나 어찌하여 엎어지는 것을 부양하고 위태로운 것을 지켜내기를 마음과 몸을 다하여서 나라의 일에 이바지할 것을 생각하지 않고, 출사出仕한 지 얼마 되지 않아 이내 마른 풀이나 낙엽 부스러기 같은 혐의를 끌어다가 '서둘러서'16) '나'17)를 버렸으니, 〈나에게〉 사직하기를 구할 겨를도 없는 것인가? 이것이 어찌 한몸처럼 서로 필요로 하는 도리이겠는가?

너무나도 평소에 경卿[조사석趙師錫, 장렬왕후 사촌동생, 소론]에게 바라던 것이 아니다. 〈노론의 공세에도 불구하고〉 경[조사석]의 넓은 도량으로 생각이 여기에 미친다면, 어찌 '나'의 상세한 말을 기다리겠는가? 이에 가까운 시종신을 보내어 지극한 뜻을 거듭 말하니, 경[조사석]은 마음을 편안히 하여 사직하지 말라. 상소를 올리는 것은 빨리 중단하고 서둘러 나와 〈우의정의 역할인〉 '도道를 논하여서'18) 마치 〈착한 일을 보기를〉 목이 마른 듯이 하는 바람에 부응하도록 하라.

『肅宗實錄』肅宗 13年 6月 己酉(3日) 실

---

14) (晉)葛洪,『抱朴子』,「外篇」, '刺驕' ; (晉)葛洪,『抱朴子』,「外篇」, '審擧.'
15)『書經』,「商書」, '湯誓.'
16)『漢書』,「揚雄傳上」.
17)『書經』,「虞書」, '堯典.'
18)『書經』,「周書」, '周官.'

188 이선을 교체하다

〈이조 참판〉 이선李選[김익훈金益勳의 생질甥姪, 노론]은 '각박하고 치우친 성격으로 결코 공평하고 바른 사람이 아니라는 정황'19)을 '내'20)가 진실로 살펴서 알고 있다. 그러나 임명과 면직·취함과 버림이 자연히 군주[人主]에게 있고, 등용 여부가 반드시 파직 여부에 관계되지 않으므로 비록 대간[사헌부·사간원]이 아뢰는 것은 윤허하지는 않더라도, 겸직하고 있는 비변사 〈당상〉과 청직淸職을 선발하는 직무[이조 참판]는 세월이 지나도록 구차하게 직임을 그대로 맡겨둘 수 없으니, 먼저 고쳐서 임명하도록 하라.

『肅宗實錄』肅宗 14年 7月 庚辰(10日) 실 승 비*(9日)

189 박세채와 송시열을 함께 부르도록 하라

지난번에 사헌부司憲府의 차자箚子를 살펴보건대, 단지 박세채朴世采[소론]를 불러오기만 청하였으나 봉조하奉朝賀 송시열[노론]은 거론擧論하지 않으려고 하니, 그 마음이 있는 곳을 알 수 있다.

『肅宗實錄』肅宗 14年 7月 甲申(14日) 실

---

19) 『肅宗實錄』, 肅宗 11年 5月 己卯(20日).
20) 『書經』, 「虞書」, '堯典.'

190 희빈 사건이 노소분기를 재촉하다

〈무장茂長의 유학〉 강민저姜敏著[노론]는 박상경[노론]의 바르지 못한 논의를 주워 모아 조정을 의심하고 어지럽히는 계획을 꾸미려고 '영의정[남구만, 소론]'21)을 시기하고 미워하여서 한 구절을 거듭 더해서 조금도 뒷일을 염려하거나 꺼리는 것이 없다. 한편으로는 "그[남구만]가 조정에 나오는 날에 먼저 중전의 지위를 올리고 내리는 것을 논하여 '앞 뒤를 보며 재며 어물어물하니'22) 마음의 준비가 치밀하여 사람들이 헤아릴 수 없게 했다"고 하였다. 한편으로는 "먼저 일을 그르친 신하를 거론한 후에 이내 말을 만들 수 있다"고 하였다. 이는 곧 박상경의 상소에 없던 것이지만 강민저가 이에 감히 추가하여 대신의 죄안罪案을 만든 것이니, 그의 마음이 있는 곳을 진실로 헤아릴 수가 없다. 이처럼 '서로 배척하는'23) 무리는 결코 가벼운 벌을 시행할 수 없으나 우선 과거의 응시 자격을 정지하도록 하라.

『肅宗實錄』肅宗 20年 6月 辛亥(15日) 실 승

191 김진규를 파직하다

지난번에 대신[남구만, 소론]의 말을 '내'24)가 옳다고 여기지는 않는다. 그러나 이것은 별생각 없이 망령되이 말한 데 지나지 않으며

---

21) 『書經』, 「虞書」, '舜典' 변용.
22) 『後漢書』, 「張衡傳」.
23) 『舊唐書』, 「李宗閔傳」.
24) 『書經』, 「虞書」, '堯典.'

단연코 다른 뜻은 없었다. "관대하게 용서한다"는 말은 더욱이 이는 만의 만 번이나 실정과 다른 것인데도 방자하게 대신[남구만]에게 억지로 〈죄명을〉 추가하여서 조금도 뒷일을 염려하거나 꺼리는 것이 없다. "대저 하교下敎를 내려 자신을 책망하라"는 등의 말은 비록 그것이 매우 합당한 도리인 줄은 알지 못하더라도 그 본래 뜻을 궁구해보면, 또한 '탕평蕩平'25)의 도를 다하려고 한 것에 지나지 않는다. 하물며 "군주와 신하·어미와 자식의 큰 윤기倫紀와 큰 의리義理를 도리어 혹은 소홀히 한다"고 한 것은 신하[人臣]가 차마 들을 수 있는 것이 아닌데, 지금 〈홍문관 부응교〉 김진규金鎭圭[노론]가 이것을 가지고 위협하여 휘어잡는 계획으로 삼으려 하니 일이 '한심하다.'26) 무엇이 이것보다 심하겠는가? 파직하고 서용하지 말라.

『肅宗實錄』肅宗 21年 6月 庚子(10日) 실

192 송시열을 조광조와 합사하다

〈홍문관 부수찬〉 민진형閔震烱[소론]은 〈송시열을 조광조趙光祖와 함께 제사지내는 것은 반대하여〉 바른 사람[송시열]을 헐뜯는 무리[소론]를 비호하여서 옳음과 그름이 밝지 못하니, 교체하고 이 상소는 돌려주도록 하라.

『肅宗實錄』肅宗 22年 正月 己巳(12日) 실 승

---

25) 『書經』, 「周書」, '洪範'.
26) 『春秋左氏傳』, 「哀公」, 15年.

193 도봉서원의 송시열 합향 반대에 처벌로 답하다

 일전에 민진형[소론]의 상소는 모두가 비호하는 뜻이 아님이 없으므로 특별히 교체하였다. 다시 생각해 보건대, 상소 중에 큰 뜻은 합향合享이 마땅한지 여부를 논하였고, 이제억李濟億[남인] 등이 바른 사람[송시열]을 헐뜯은 것에 비하면 다르다. 의견에 다름이 있어서 갑자기 특별히 교체하는 벌을 시행하였으니, 임금[人主]이 중정中正으로 아랫사람에게 임하는 도리가 부족하였다. 민진형은 교체하지 말라.
 그리하여 생각하건대, 상소가 조금이라도 자기 뜻과 다른 것은 승정원[노론]에서 반드시 〈내용에 대해〉 글을 덧붙여서 들어와서 아뢰니, 이것은 아름다운 일이 아니다. 이제억[남인]의 상소는 헐뜯어서 못하는 말이 없었으니 〈내용에 대해〉 글을 덧붙여서 들어와서 아뢰는 것이 마땅하다. 〈그러나〉 민진형[소론]의 상소를 받아들일 때 경솔하게 앞질러 〈내용에 대해 글을 덧붙이기를〉 '번거롭고 길게 하여서'[27] 무겁게 추궁하기를 의도하였으니, 매우 편안하지 못하다.
 나라가 불행하여서 각기 주장을 내세우고 있다. 가령 민진형의 상소 역시 글을 덧붙여서 들어와서 아뢴다면, 만약 이보다 더 강도 높은 상소는 또한 장차 어찌하겠는가? 아름답지 못한 습성은 고치지 않을 수 없으니, 해당 승지는 무거운 쪽을 따라서 조사하도록 하라.

『肅宗實錄』肅宗 22年 正月 辛未(14日) 실 승

---

 27) 『書經』,「周書」, '康王之誥' ※ '장대하다'에서 '길고 번거롭다'는 뜻으로 변화함.

194 중신을 보호하다

이인하李仁夏[노론] 등의 상소는 오로지 중신重臣·대간이상 소론]을 공격하고 기율에 어그러짐이 몹시 심하며 방자하게 얽어서 무함하려고 하였으니, 참으로 우습기만 해서 화를 내기에도 충분하지 못하다. 이 상소는 돌려주도록 하라.

『肅宗實錄』肅宗 22年 2月 乙巳(19日) 실 승

195 성균관 유생들이 강경 처벌 주장하다

지난번에 대신[소론] 이하가 뵙기를 청하여 "비슷한 것으로 의심하여 신문하는 것은 옥사獄事의 체모에 어긋날 뿐 아니라, 매우 깊은 근심이 자연히 그 마음에 남게 된다"고 아뢰었다. 이것은 대신의 말로 인해서가 아니라, 죄인의 공초 기록을 보고 매우 깊은 근심이 먼저 '나'[28]의 마음에 싹튼 것이다.

지금 〈100여 명의 성균관〉 유생의 상소를 보건대, 한쪽 편[노론]에서 감정을 속시원하게 푸는 것은 오로지 영의정[남구만, 소론]에게 달려 있다. 원로가 전후에 나라를 위하여 멀리 생각한 정성이 도리어 역적을 비호했다는 가장 무거운 죄를 입었으니, 어찌 이처럼 지극히 억울한 일이 있겠는가? 때를 틈타 함정에 빠뜨리니, 매우 마음이 아프다. 상소를 연명한 이들 중 우두머리인 이세기李世耆는 잠시 먼저 과거의 응시 자격을 정지하도록 하라.

---

28) 『書經』, 「虞書」, '堯典.'

『肅宗實錄』肅宗 22年 6月 乙未(11日) 실 승

196 이여를 위로하다

지난번에 사헌부[소론]가 '나라를 운영하는 대신[이여李畲, 노론]'29) 에게 죄를 얽은 것은 오로지 '서로 배척하는'30) 계획에서 나와서, 경卿 [이여]으로 하여금 편안하지 않게 하여 허둥지둥 달아나게 했다. '나라의 일'31)이 이것으로 말미암아 날로 그릇되었고 조정의 논의가 이것으로 말미암아 날로 어그러졌으니, 이것이 어찌 다만 경[이여]의 불행일 뿐이겠는가? 실로 나라의 불행이다. 그러나 경[이여]이 마음 속으로 생각하는 일은 '내'32)가 이미 환히 알고 있으니, 전후하여 두터이 면려한 것이 은근한 정성일 뿐만이 아니다. 하지만 〈나의〉 마음[情志]을 믿지 못하였기 때문에 결국 멀리 가기로 생각하였고 '나'를 포기하여 버리듯이 하였으니, 놀라서 어찌할 줄 몰라서 말할 수도 없었다.

아! 경[이여]이 나라를 걱정하고 임금을 아끼는 진심에서 나오는 정성은 신령에게 물을 수 있다. 곧 지금 바르지 않은 명목으로 방자하게 억지로 덮어씌웠더라도 어찌 '한심하지'33) 않겠는가? 하지만 경[이여]의 너그러운 도량으로 어찌 마음에 두고 생각할 것이 있겠는가? 반납한 패초牌招를 사관史官으로 하여금 돌려주도록 하였으니, 경[이여]

---

29) 『周禮』, 「天官冢宰」 변용 ; 『世宗實錄』 世宗 13年 9月 己巳(8日) 변용.
30) 『舊唐書』, 「李宗閔傳」.
31) 『禮記』, 「喪服大記」 ; 『史記』, 「秦始皇本紀」.
32) 『書經』, 「虞書」, '堯典.'
33) 『春秋左氏傳』, 「哀公」, 15年.

은 앞으로 과인의 생각을 본받고 나라 형세가 '매우 위태로움'[34]을 생각하여 빨리 멀리하려는 마음을 돌리고 서둘러 조정에 나와서 〈내가 자리를〉 비워두고 기다리는 바람을 저버리지 말라.

『肅宗實錄』 肅宗 31年 3月 壬子(18日) 실 승

197 『예기유편』이 정치 사건으로 비화되다

지난번에 〈전라도 유생 100여 명이 소론 최석정의 『예기유편禮記類編』을 공격하였는데〉 사헌부[노론]에서 〈그로 인해〉 홍주형洪胄亨[노론]이 과거의 응시 자격을 정지당한 명을 다시 거두어들이도록 논한 것은 극히 근거가 없다. 동일하게 예우禮遇하는 유현儒賢인데, 박필기朴弼琦[박세당朴世堂의 손자, 소론]는 곧바로 유배를 청하였고 홍주형은 과거의 응시 자격 정지가 가벼운 벌인데도 또한 다시 거두어들이려고 하였다. 그가 유현을 업신여기고 오로지 당론만 일삼는 죄를 징계하지 않을 수 없다. 〈사헌부의 정호鄭澔·정필동鄭必東·윤봉조尹鳳朝[이상 노론]는〉 모두 파직하고 서용하지 말라.

『肅宗實錄』 肅宗 36年 閏7月 戊戌(5日) 실

198 이여를 다시 위로하다

경卿[이여]이 서울을 떠난 지 이미 3년이 지났다. 허전해하는 생각이 어찌 일찍이 조금이라도 풀렸겠는가? 지난날 신묘년[숙종37, 1711]에

---

34) (唐)李華, 「謝文靖贊」.

경[이예]이 도성에 들어왔을 때 내가 저절로 아주 기뻤는데 일찍이 얼마되지 않아 곧바로 다시 돌아갔으니, 〈나의〉 마음[情志]이 신뢰받지 못했기 때문이다. 경[이예]은 모름지기 빨리 〈사관과〉 함께 올라오도록 하라.

『肅宗實錄』肅宗 39年 正月 庚辰(2日) 실 승*(3日)

199 『가례원류』 사건으로 임금이 스승이 되다

판중추부사判中樞府事 윤증[소론]은 사림士林의 두터운 인망을 짊어지고 있으니, '내'35)가 평소 존경하고 신뢰함이 어떠했겠는가?

그러나 〈홍문관〉 부제학 정호鄭澔[노론]가 감히 오만하고 업신여기는 마음을 내어 침범하여 물리치기를 한두 번에 그치지 않았으니, 진실로 이미 놀랄 만하다. 그가 편찬한 『가례원류家禮源流』 발문 안에 "이에 이 책을 문인 윤증에게 맡겨서 서로 비교하여 헤아려 살피고 교감校勘하기를 요청했다"고 서두序頭에 썼고, "불행하게도 그는 〈적합한〉 사람이 아닌데 '맡겨서'36) 도리어 사람들이 귀로 듣는 것을 속여서 〈유계俞棨의 책을〉 스스로 내[윤증]의 책이라고 하면서 온전히 실상實狀을 숨겼으니, 이는 매우 부당하다" 등의 말로 끝을 맺었다. 평판이 나빠지도록 악랄하게 헐뜯으니, 이것이 진실로 어떤 마음이겠는가? 발문을 지은 것은 유현儒賢[윤증]이 이미 죽은 뒤이니, 더욱 놀랍고 한탄할 만하다. 정호를 파직하여 서용하지 말고 이 발문은 쓰지 말라.

---

35) 『書經』, 「虞書」, '堯典'.
36) 『三國志』, 「蜀志」, '諸葛亮傳' 변용 ; (蜀)諸葛亮, 「前出師表」(『文選』) 변용 ※ 원문은 '託付'인데, 판본에 따라 '托付,' '付托' 등으로 확인된다.

『肅宗實錄』肅宗 41年 11月 丁酉(5日) 실 승

200 대리청정을 명하다

'원량元良[경종]'37)의 대리청정代理聽政은 지극한 중임을 '맡긴' 것이다.38) 비망기備忘記를 겨우 설명을 이미 다하였으니 다시 할 말이 없다. 그러나 거듭 상소가 올라오는 일이 그치지 않으니, 진실로 아직 이해하지 못한 것이다. 게다가 최근 상소를 보건대, 혹은 말을 가려내지 않는 경우가 많고, 혹은 윤기倫紀가 없는 것을 끌어다가 말하는 경우도 있다. 바야흐로 앞으로 해야 하는 근심에 반드시 이 일[대리청정]을 구실로 삼아서 조정을 무너뜨리고 어지럽히려고 한다. 지금부터 이러한 상소는 받아들이지 말라.

『肅宗實錄』肅宗 43年 8月 癸未(2日) 실 승

---

37) 『書經』, 「商書」, '太甲下.'
38) 『三國志』, 「蜀志」, '諸葛亮傳' 변용 ; (蜀)諸葛亮, 「前出師表」(『文選』) 변용 ※ 원문은 '託付'인데, 판본에 따라 '托付,' '付託' 등으로 확인된다.

原文

제1장 천변재이

001 평안도 · 황해도 흉년을 염려하다

'孤'1)以沖年, 奄遭天崩之慟, 日夜痛泣而已. '君以民爲天, 民以食爲天.'2) 而八路失稔, '大命近止.'3) 民苦飢寒, 至於自縊而死. '孤'尤不勝驚惶憂懼, '食息'4)靡寧.

其令各道監兵使, 體'予'5)至意, 使我'赤子,'6) 得免 塡[轉]壑,'7)之患, '孤'之至望也. 以此意, 承旨代草, 趁卽分付.

『肅宗實錄』肅宗 卽位年 10月 壬寅(12日) 실 승

002 인재를 구하라

'孤'8)以沖年, '丕承'9)艱大之業, 天災地怪, 疊見層出. 貫日之變, 又見

---

1) 『史記』, 「秦本紀」, '繆公,' 32年.
2) (唐)司馬貞, 『史記索隱』, 「酈生陸賈列傳」, 管仲 표현 변용.
3) 『詩經』, 「大雅」, '雲漢.'
4) 『莊子』, 「內篇」, '應帝王.'
5) 『書經』, 「虞書」, '堯典.'
6) 『書經』, 「周書」, '康誥.'
7) 『孟子』, 「梁惠王下」.
8) 『史記』, 「秦本紀」, '繆公,' 32年.
9) 『書經』, 「商書」, '太甲上'; 『書經』, 「周書」, '君牙.'

於歲首. 此乃'孤'以'否德,'10) 上不能格天意, 下不能得民望, 以至於此也. '孤'誠日夜憂懼, 臨餐嗚咽, 寢席無寐, 不知所以爲喩.

〈수정전〉

『詩』云, "瞻烏爰止, 于誰之屋,"11) 今日國勢, 正如此也. 至於'修省'12)之道, 可不勉哉?

承旨代'予'13)草敎, 廣求直言方正之士, 以補'小子'14)之不逮. 且'朝著'15)之不相'寅協'16), 相爲攻斥, 未有甚於今日, 不可不責勵群工. 此一款, 添入草敎, 別爲申飭.

〈수정후〉

恐懼'修省'之道, '予'當自勉. 而'朝著'之不相'寅協,' 相爲攻斥, 未有甚於近日. 同心戮力, 共濟時艱, 深有望於群臣. 直言嘉謨, 慮或伏於草野, 方正才俊, 恐未登於朝端.

咨! 爾政府, 體'予'至意, 諭告中外, 廣求言之路, 恢取士之方, 以匡'小子'之不逮, 以補治道之有缺.

『肅宗實錄』肅宗 元年 正月 己巳(10日) 실

---

10) 『書經』, 「虞書」, '堯典.'
11) 『詩經』, 「小雅」, '正月.'
12) 『周易』, 「震」, '象傳.'
13) 『書經』, 「虞書」, '堯典.'
14) 『書經』, 「商書」, '湯誓.'
15) 『春秋左氏傳』, 「昭公」, 11年.
16) 『書經』, 「虞書」, '皐陶謨.'

003 경기 · 평안도 · 황해도 · 강원도 · 함경도를 진휼하다

'予'17)之爲民一念, 不弛寤寐. 殄一飯, 思粒粒之辛苦, 衣一衣, 思紡績之用功, 雖休勿休.

嗚呼! 可愛非君? 可畏非民? 當今'主憂臣辱'18)之日, 加之三冬雨霧之變, '予'心惙惙. 歷考'往牒,'19) 天怒民困, 專由君德, '寡躬'20)'涼德,'21) 烏可辭乎?

賑救之策, 八路同然, 而最急者畿甸兩西嶺西北矣. '方伯'22)任'承宣'23)之責. 遵奉惻敎, '着意'24)賑救事, 下諭于各道監司.

『肅宗實錄』肅宗 元年 12月 甲子(11日) 실 승*(13日)

004 직언을 구하라

嗚乎! 今年旱魃之慘, '振古所無'之災沴也. '三農'25)已盡, 雨意愈邈, 烈炎如焚. 哀我'生靈,'26) 擧將'塡[轉]壑.'27)

'言念'28)及此, '不覺'29)五內之焚灼. 靜思厥咎, 亶在於寡昧之'否德.'30)

---

17) 『書經』,「虞書」, '堯典.'
18) 『史記』,「平準書」.
19) (南朝宋)顔延之,「赭白馬賦」.
20) 『高麗史』,「忠惠王世家」, 後3年 6月 ;『太祖實錄』, '(總序).'
21) 『春秋左氏傳』,「莊公」, 32年.
22) 『禮記』,「王制」.
23) 『漢書』,「匡衡傳」.
24) 『楚辭』,「九辯」.
25) 『北史』,「薛辯傳」.
26) 『晉書』,「符丕載記」.
27) 『孟子』,「梁惠王下」.
28) 『詩經』,「秦風」, '小戎.'

而致此旱魃之斯酷, '寧欲溘然'31)而無聞也.

 '①無乃施措之間, 大不合於天心而然耶?

 ②銓曹之用人, 不均而然賄賂歟?

 ③宮禁之侈美而然歟?

 ④路之杜塞而然歟?

 ⑤'字牧'32)之不恤而然歟?

 ⑥賄賂之恣行, 善事而然歟?'33)

 '夙夜'34)憂懼, 未達其故. 噫! 朝野之間未聞'寅協'35)之義. 惟以已定之禮論, 眩亂起鬧, '予'36)甚痛惡也.

 咨! 爾大小群工, 體'予''焦煎'37)之憂, 各言寡昧之闕失, '生民'38)之困苦, 悉陳無隱. 承旨代'予'草敎, 廣求直言.

『肅宗實錄』肅宗 4年 6月 壬午(13日) 실 승

005 기우제를 거행하라

 噫! 久旱之餘, 幸得前月之雨, 其於農事, 庶有回蘇之望矣. 自今月以後, 雨意邈然, 烈炎甚酷. 此正農家所謂"鋤後之旱." 百穀焦枯, '西成'39)

---

29) (漢)張衡,「東京賦」(『文選』).
30) 『書經』,「虞書」, '堯典.'
31) 『光海君日記』, 光海君 9年 12月 壬辰(1日)[中草].
32) 『書經』,「周書」, '康誥' 및 『孟子』,「公孫丑下」 변용.
33) 『書經』,「周書」, '武成' 변용.
34) 『詩經』,「大雅」, '抑' 변용.
35) 『書經』,「虞書」, '皐陶謨.'
36) 『書經』,「虞書」, '堯典.'
37) (宋)江休復,『江鄰幾雜志』.
38) 『書經』,「周書」,'旅獒';『詩經』,「大雅」, '生民.'

望斷, 民事之切迫, 實有甚於夏旱.

一兩日內, 若不得雨, 則哀我'民生,'⁴⁰⁾ 擧將'塡[轉]壑.'⁴¹⁾ 節序雖晚, 不可無祈禱之擧, 令該曹, 不卜日趁卽擧行.

『肅宗實錄』肅宗 4年 7月 辛酉(23日) 실 승

006 가뭄과 지진에 대처하라

'藐予小子,'⁴²⁾ 值此國勢之孔艱, '叨承'⁴³⁾'付托'⁴⁴⁾之丕基. 字惠之澤, 不究於'小民,'⁴⁵⁾ 災異之作, 疊現層出. 日夕危懼, '凜乎若朽索之馭馬也.'⁴⁶⁾

今夏極無之災, 振古所無. 節過芒種, '圭璧旣卒,'⁴⁷⁾ 而淒風連吹, 雨意愈邈. 雖有暫時霡霂, 譬如洪爐點雪. '五日不雨, 猶謂"無麥."'⁴⁸⁾而矧今'比歲不登,'⁴⁹⁾ 民困方極之餘, '亢旱'⁵⁰⁾之慘, 又至於斯, 哀我'生靈,"⁵¹⁾'大命近止.'⁵²⁾

---

39) 『書經』,「虞書」, '堯典.'
40) 『書經』,「周書」, '旅獒' 변용 ;『詩經』,「大雅」, '生民' 변용.
41) 『孟子』,「梁惠王下」.
42) 『書經』,「周書」, '誥命' 변용.
43) (唐)李白,「下途歸石門舊居」.
44) 『三國志』,「蜀志」, '諸葛亮傳' 변용 ; (蜀)諸葛亮,「前出師表」(『文選』) 변용 ※ 원문은 '託付'인데, 판본에 따라 '托付,' '付托' 등으로 확인된다.
45) 『書經』,「商書」, '微子.'
46) 『書經』,「夏書」, '五子之歌' 변용.
47) 『詩經』,「大雅」, '雲漢.'
48) (宋)蘇東坡,「喜雨亭記」.
49) 『漢書』,「嚴助列傳」 변용 ;『晉書』,「傅玄列傳」.
50) 『後漢書』,「楊賜傳」.
51) 『晉書』,「苻丕載記」.
52) 『詩經』,「大雅」, '雲漢.'

'興言及此,'53) '不覺'54)'心寒氣塞'也. 至於地震之變, 重發於數日之內. 未知何樣禍機, 潛伏冥冥之中, 而仁天之警告, 若是其'諄諄'55)丁寧耶! '靜言思之,'56) 咎在一人, '食息'57)靡安, '罔知攸措.'58)

承旨代'予'59)草敎, 廣求直言, 以匡不逮. 其他減膳撤樂禁酒等事, 宜令該曹, 劃卽擧行.

噫! 今玆災珍, 寔由於寡昧之'否德,'60) 而其在群工, 豈無交相勉勵之道乎? 咨! 爾大小臣僚, 體'予'至意, 務盡'寅協,'61) 割斷一己之私意, 克恢'蕩平'62)之公道. 凡係弊政之無益於國而有害於民者, 亦宜裁量變通, 以濟時艱.

『肅宗實錄』肅宗 7年 5月 甲寅(2日) 실 승

007 음악을 정지하라

'小子'63)以藐然一身, 叨守艱大之統, 托乎兆民之上, 日夕'危懍,'64)不遑寧處, 恐墜'祖宗'65)之業. 只緣才踈德薄, 微誠罔格于天心, 實惠未

---

53) (宋)王禹偁,「讓西京留守表」.
54) (漢)張衡,「東京賦」(『文選』).
55) 『詩經』,「大雅」, '抑.'
56) 『詩經』,「邶風」, '柏舟'; 『詩經』,「衛風」, '氓.'
57) 『莊子』,「內篇」, '應帝王.'
58) (唐)孫逖,「爲宰相謝賜竹扇表內篇」(『全唐文』).
59) 『書經』,「虞書」, '堯典.'
60) 『書經』,「虞書」, '堯典.'
61) 『書經』,「虞書」, '皐陶謨.'
62) 『書經』,「周書」, '洪範.'
63) 『書經』,「商書」, '湯誓.'
64) (宋)劉克莊,「吊錦鷄一首呈叶任道」.
65) 『漢書』,「宣帝紀」.

究於下民. 水旱風霜之災, 人妖物怪之變, 式月斯生, 至今日而極矣. 今茲極無, 振古所無.

節屆'南訛,'66) 浹月恒暘, '西成'67)望斷, '大命近止.'68) '靜言思之,'69) 由'予'70) '不穀.'71) 哀我'民斯,'72) 何辜于天? 憂心如惔, '若恫在己,'73) '寧欲溘然'74)而無知也.

嗚呼! 今茲致災, 職在寡昧, 而亦豈無責厲[勵]群工, 交相儆戒之道乎? 咨! 爾大小臣隣, 體'予'"宵旰'75)之憂, 克去己私, 務盡'寅協,'76) 少答天譴, 以濟時艱.

『肅宗實錄』肅宗 8年 5月 癸酉(26日) 실 승

008 진연을 미루다

上壽之禮, 實出喜懼之至情. 而適値年事之大無變怪之層疊. 雖不無省弊惜費之擧, 悚懼不安, 曷嘗少弛?

儒臣之縷縷開陳, 固知憂愛之論, 而纔設旋罷, 心切缺然, 故有所持難矣. 卽以此意, 仰達于兩慈殿, 則"當此天怒'孔棘,'77) '民生'78) '殿屎'79)之

---

66) 『書經』, 「虞書」, '堯典.'
67) 『書經』, 「虞書」, '堯典.'
68) 『詩經』, 「大雅」, '雲漢.'
69) 『詩經』, 「邶風」, '柏舟'; 『詩經』, 「衛風」, '氓.'
70) 『書經』, 「虞書」, '堯典.'
71) 『詩經』, 「小雅」, '小弁.'
72) 『論語』, 「季氏」,
73) 『孝宗實錄』, 孝宗 元年 6月 丁未(25日).
74) 『光海君日記』, 光海君 9年 12月 壬辰(1日)[中草].
75) (宋)王禹偁, 「爲兵部向侍郞謝恩表」.
76) 『書經』, 「虞書」, '皐陶謨.'
77) 『詩經』, 「小雅」, '采薇.'

日, 一邊設賑, 一邊受宴, 誠甚不安, 終不如速停之爲愈"爲敎. 今此進宴, 退行於明秋, 以示兩慈殿懼災恤民之至意.

『肅宗實錄』肅宗 8年 10月 己卯(6日) 실 승

009 인재를 추천하라

① 政令施措, 漸不克終歟?
② 言路不闢, 讜言無聞歟?
③ 實惠未究, 下民困窮歟?
④ 奢侈成風, 靡費孔多歟?
⑤ 用舍[捨]不公, 私意橫流歟?
⑥ 綱紀頹弛, '百隷怠職'[80]歟?
⑦ 獄訟多滯, 冤鬱莫伸歟?

反躬省愆, 一倍兢惕, '寧欲無吡'[81]也. 亦令大臣六卿三司長官, 薦進人才, 以爲各別調用之地.

『肅宗實錄』肅宗 8年 10月 壬寅(29日) 실 승*(30日)

010 목민관 인사가 중요하다

'生民'[82] '休戚,'[83] 係 '守令'[84] 賢否. 況此飢荒 '孔慘'[85] 之日, 尤豈可付

---

78) 『書經』, 「周書」, '旅獒' 변용 ; 『詩經』, 「大雅」, '生民' 변용.
79) 『詩經』, 「大雅」, '板.'
80) (唐) 韓愈, 「平淮西碑」 변용.
81) 『書經』, 「王風」, '兎爰' 변용.

諸匪人, 使民偏受其殃, 而莫之矜憐乎? 宜令該曹, 另加擇擬.

而咨! 爾諸道監司, 體'予'[86]前後之旨, '黜陟'[87]廉貪, 一循公心, 毋負委任'牧伯'[88]之意. 至於外方獄訟之積滯, 不可無'欽恤'[89]之道. 亦令監司, 親閱文案啓聞, 以爲疏釋之地.

『肅宗實錄』肅宗 8年 11月 甲辰(1日) 실

011 세금을 탕감하라

日昨八路宣諭之批, 纔示哀傷'惻怛'[90]之意. 第自朝家, 若無別樣施惠, 以慰民望, 而徒歸於紙上空言, 則決非寡昧之本心, 亦豈不失信於'小民'[91]哉? 其令廟堂褒褒奬節孝, 蠲減身役, 蕩滌逋租等事及未盡條件, 斯速講究, 稟旨擧行.

至於諸道罪人之編配, 多至千餘. 雖出於世降俗末, 人心不淑之致, 亦由在上之人, 德敎未加, 使吾民, 不自愛而輕犯法. '予'[92]所以日夜痛歎者也. 當此天怒'孔棘',[93] '餓莩'[94]'顚連'[95]之日, 不可不特施非常之

---

82) 『書經』, 「周書」, '旅獒'; 『詩經』, 「大雅」, '生民.'
83) 『宋書』, 「文帝本紀」.
84) 『後漢書』, 「黨錮列傳」, '杜密'; 『後漢書』, 「黨錮列傳」, '范滂.'
85) 『宣祖實錄』宣祖 38年 6月 庚申(17日).
86) 『書經』, 「虞書」, '堯典.'
87) 『書經』, 「周書」, '周官' 변용.
88) 『宣祖實錄』, 宣祖 33年 8月 甲申(14日).
89) 『書經』, 「虞書」, '舜典' 변용.
90) 『禮記』, 「問喪」.
91) 『書經』, 「商書」, '微子.'
92) 『書經』, 「虞書」, '堯典.'
93) 『詩經』, 「小雅」, '采薇.'
94) 『孟子』, 「滕文公下」.
95) (宋)張載, 『西銘』.

典, 咸與八路而'維新.'96)

刑曹諸道雜犯死罪以下, 一併赦宥之意, 下諭于宣諭御史. 刑曹時囚罪人中, 除陵寢作變御寶印信僞造干係綱常殺人呪咀外, 承旨卽往典獄, 一體放送. 外方時囚, 亦依刑曹例擧行.

噫! 今玆曠蕩之典, 實出於開其自新之路. 而惟彼愚氓, 不體朝家之德意, 猶不悛惡, 故犯邦憲, 則勿論輕重, 斷不'容貸,'97) 亦宜知悉.

且分付禁府, 除逆獄連坐外, 時囚竄配之類, 竝於明日, 與時任原任大臣三司長官, 登對面稟. 而兩銓歲抄及時推人員, 竝令蕩滌. 逋租身役蕩減事, 廟堂査請各道各年條, 竝許蕩減, 獨軍餉不爲擧論.

『肅宗實錄』肅宗 9年 正月 丙寅(24日) 실 승 비*(25日)

012 스스로를 책망하는 기우제를 지내다

誠意淺薄, 未回天心, 不可以纔行親禱而有所等待. 南郊遣大臣, 龍山楮子島遣重臣, 不卜日連行祈雨祭, 祭文中"罪己責躬"之意, 別爲措辭添入.

『肅宗實錄』肅宗 11年 7月 庚午(12日) 실

013 구언에 답하라

求助之敎, 宣布已久, 而仄聽累日, 嘉言罔聞. 玉堂居'論思之地,'98)

---

96) 『詩經』,「大雅」, '文王'.
97) 『後漢書』,「史弼傳」;『後漢書』,「陳寵傳」.
98) 『定宗實錄』, 定宗 元年 8月 庚子(3日) ;『世宗實錄』, 世宗 6年 3月 甲申(8日).

匡救闕失, 宜在人先, 而尙今寂然. 兩司亦無進言之擧. 無乃 "'予'[99]不足與有爲"而然歟? '予'實慼歎也.

『肅宗實錄』 肅宗 11年 7月 庚午(12日) 실 승

014 잇달은 재변을 경계하다

嗚呼! 災沴之作, 何代無之, 而豈有如今日之'孔慘'[100]哉? 自'予'[101] 忝位, 十餘年之間, 可怕可駭之變, 指不勝屈. 而加以'連歲'[102]飢荒, 八路同然, 積儲告罄, 賑活無策. 日夜冀望, 惟在穡事之有成.

不幸風霜雹雪之變, 疊臻於旱澇相仍之餘, '西成'[103]望斷. 田野遑遑, 爲民父母, '當復如何'? '夙夜'[104]憂懼, '若恫在已,'[105] 不料陰虹貫陽之變, 又見於此際.

噫! 未知何樣禍機, 伏於冥冥, 而仁天之降災儆'予,' 若是其'諄諄'[106] 耶! 乾象玄遠, 雖未易窺測, 人事失於下而天變應於上. 則今日之召災, 無非寡昧才淺德薄, 政令施措, 大不協於天心, 有以致之也. 反躬省愆, 益用兢惕, '食息'[107]靡安, '罔知攸措.'[108]

承旨代'予'草敎, 宜自政府, 廣求直言, 以匡不逮, 以答天譴.

---
99) 『書經』, 「虞書」, '堯典.'
100) 『宣祖實錄』 宣祖 38年 6月 庚申(17日).
101) 『書經』, 「虞書」, '堯典.'
102) 『漢書』, 「王商傳」.
103) 『書經』, 「虞書」, '堯典.'
104) 『詩經』, 「大雅」, '抑' 변용.
105) 『孝宗實錄』, 孝宗 元年 6月 25日(丁未).
106) 『詩經』, 「大雅」, '抑.'
107) 『莊子』, 「內篇」, '應帝王.'
108) (唐)孫逖, 「爲宰相謝賜竹扇表內篇」(『全唐文』).

『肅宗實錄』肅宗 12年 8月 壬申(20日) 실

015 재변으로 사면하다

當初'鞫正廳'109)設立之時, 別立事目, 凡冒屬者, 竝用徙邊之律, 蓋出於防姦杜弊之意. 而第念當此災異'孔慘'110)年事'大侵'111)之日, 許多之人, 施以一切之法, 不少'容貸,'112) 似有乖於軫恤之道, 而亦非所以導迎和氣. 今此犯罪全家與減等之類, 一倂蕩減, 以示朝家寬大之意.

『肅宗實錄』肅宗 12年 8月 庚辰(28日) 실 승

016 하늘을 두려워하라

自'子'113)添位以來, 天災地異, 疊見層出, '國計'114)'民憂,'115) 無一可恃. '夙夜'116)憂懼, 不遑寧處矣. 今玆'回祿'117)之災, 出於意外. 此實前史罕有之變. 未知何樣禍機, 伏於冥冥, 而仁天之降災警'予,' 若是其丁寧耶! 靜思厥咎, 寔由於寡昧才淺德薄, 政令施措, 不協於天心, 致此非常之災沴. '興言及此,'118) '危懍'119)'罔措'120)也. 宜自政府, 廣求直言,

---

109) (唐)孔穎達,『毛詩正義』,「毛詩正義序」 변용 ;『新唐書』,「儒學傳」,'顏師古傳' 변용.
110)『宣祖實錄』宣祖 38年 6月 庚申(17日).
111)『春秋穀梁傳』,「襄公」, 24年.
112)『後漢書』,「史弼傳」;『後漢書』,「陳寵傳」.
113)『書經』,「虞書」,'堯典.'
114)『三國志』,「魏志」,'華歆傳' ;『世宗實錄』, 世宗 元年 7月 己巳(26日).
115)『宣祖實錄』, 宣祖 27年 5月 甲辰(27日).
116)『詩經』,「大雅」,'抑' 변용.
117)『春秋左氏傳』,「昭公」, 18年.
118) (宋)王禹偁,「讓西京留守表」.

以匡不逮.

而亦豈無勅勵群工, 交相警戒之道乎? 大小臣僚, 體'予'至意, 克祛己私, 務盡'寅協,'121) 恪勤乃職, 少答天譴, 以濟時艱.

『肅宗實錄』肅宗 13年 9月 戊寅(3日) 실 승

017 난국을 구제하라

嗚呼! '眇予小子,'122) '叨承'123)付畀之重, 托乎兆民之上, 十有四紀[載]于茲. 祇德不類, 猶恐或墜, '凜凜若朽索之御六馬.'124) 而加之以水旱饑饉, 災沴頻仍, '仰觀俯察,'125) 無一可恃. 究厥所由, 誰任其責?

噫! 朝廷, 四方之根本, 而'予'126)莫能以大公至正之道, '建極'127)于中, 睽乖日甚, 保合難期. '萬民同胞'128)之'赤子,'129) 而'予'莫能以'如傷'130)若保之澤, 推及于下, 愁冤載路, '倒懸'131)方急.

非不欲加意本源, 而涵養之功未至. 非不欲恢弘言路, 而包容之量未盡. 駸駸然日趨於委靡不振之域. 縱微咎徵之作, 已多戒懼之端矣.

---

119) (宋)劉克莊,「吊錦雞一首呈叶任道」.
120) (唐)孫逖,「爲宰相謝賜竹扇表內篇」(『全唐文』).
121) 『書經』,「虞書」, '皐陶謨.'
122) 『書經』,「商書」, '湯誓' 변용.
123) (唐)李白,「下途歸石門舊居」.
124) 『書經』,「夏書」, '五子之歌' 변용.
125) 『周易』,「繫辭傳上」.
126) 『書經』,「虞書」, '堯典.'
127) 『書經』,「周書」, '洪範.'
128) (宋)張載, 『西銘』 변용.
129) 『書經』,「周書」, '康誥.'
130) 『孟子』,「離婁下」.
131) 『孟子』,「公孫丑上」.

乃者, 非時之雨, 失節之雷, 疊臻於純陰閉藏之月, 詩人所謂, "不寧不令者, 不幸近之." 未知何樣禍機, 伏於冥冥, 而仁愛之天, 降災儆'予,' 若是其'諄複[諄]'132)丁寧耶! 反躬省愆, 一倍兢惕, '食息,'133)靡安, '罔知攸措.'134)

至若向日之事, 不忍一時之粗暴, 以致無前之過舉, 雖已明白開釋, 嘉獎執法, 而慙悔之心, 曷可云"喩"? 宜自政府, 廣求直言, 以匡寡昧之不逮.

而亦豈無勑厲[勵]群工, 交相儆戒之道乎? 咨! 爾大小臣僚, 體'予"宵旰'135)之憂, 克去偏係之私, 務盡'寅協,'136) 恪勤乃職, 少答天譴, 弘濟時艱.

『肅宗實錄』肅宗 14年 11月 辛卯(22日) 실 승

018 과인이 덕이 없는 탓이다

'眇子'137)'不穀,'138) '叨承'139)付畀之重, 托乎兆民之上, 十有五年于茲. 而才淺德薄, 施措乖方, 以致天怒於上, 民怨於下. 環顧內外, 無一毫可恃之勢, 有萬分可虞之形. '朽索御馬,'140) '虎尾春氷,'141) 奚足以喩

---

132) 『詩經』, 「大雅」, '抑.'
133) 『莊子』, 「內篇」, '應帝王.'
134) (唐)孫逖, 「爲宰相謝賜竹扇表內篇」(『全唐文』).
135) (宋)王禹偁, 「爲兵部向侍郎謝恩表」.
136) 『書經』, 「虞書」, '皐陶謨.'
137) 『書經』, 「周書」, '誥命' 변용.
138) 『詩經』, 「小雅」, '小弁.'
139) (唐)李白, 「下途歸石門舊居」.
140) 『書經』, 「夏書」, '五子之歌' 변용.
141) 『書經』, 「周書」, '君牙' 변용.

其急乎?

 乃者, 白氣亘天, 陰虹貫陽. 可怕可愕之變, 疊見層生於數月之內. 未知何樣禍機, 伏於冥冥, 而仁愛之天, 降災儆'予,'142) 若是其'諄複[諄]'143)丁寧耶! 不特此也. 時候乖常, 氣[氛]祲恒塞, 方當栗烈之辰, 殆同'載陽'144)之節.

 噫!"周末無寒歲, 秦末無燠歲." 自是古人之論, 則此無非王綱淩夷, 國勢委靡之致. 而'靜言思之,'145) 誰任其咎? 一倍兢惕, '食息'146)靡安, '寧欲無吪'147)而不可得也.

 承旨代'予'草教, 宜自政府, 廣求直言. 凡係君德之闕遺, 時政之得失, 悉陳無隱, 以匡不逮. 言雖不中, '予'不罪焉. 仍念'事作於下, 象動於上,'148) 今玆召災, 寔在'否德.'149) 則其於側身'修省'150)之道, '予'當益加留意.

 而亦豈無飭勵群工, 交相儆戒之道乎? 咨! 爾大小臣僚, 體寡昧'宵旰'151)之憂, 念國家'岌業'152)之勢, 割斷己私, 務盡'寅協,'153) 精白一心, 奉法率職, 少答天譴, 弘濟時艱.

『肅宗實錄』肅宗 15年 12月 庚辰(18日) 실 승

142)『書經』,「虞書」,'堯典.'
143)『詩經』,「大雅」,'抑.'
144)『書經』,「豳風」,'七月.'
145)『詩經』,「邶風」,'柏舟'; 『詩經』,「衛風」,'氓.'
146)『莊子』,「內篇」,'應帝王.'
147)『書經』,「王風」,'兔爰' 변용.
148) (朝鮮)李珥,『聖學輯要』,「爲政」,'謹天戒.'
149)『書經』,「虞書」,'堯典.'
150)『周易』,「震」,'象傳.'
151) (宋)王禹偁,「爲兵部向侍郎謝恩表」.
152) (唐)李華,「謝文靖贊」.
153)『書經』,「虞書」,'皐陶謨.'

019 충청도·경상도·전라도의 진휼곡 회수를 연기하라

哀我'民生,'154) 纔經'大侵,'155) '萬死一生.'156) 譬如大病之人, 氣血未復也. 此時懷保之策, 在所當先. 今若諉以稍稔, 許多賑穀, 一時還徵, 則此正古人所謂"樂歲終身苦, 凶年不免於死亡"者也. 是豈'王政'157)所可忍乎? 其令該曹該廳, 分輕重稟旨變通, 上年停捧之田稅全減, '大同'158)則量減, 以示朝家德意.

『肅宗實錄』肅宗 17年 閏7月 丁丑(24日) 실 승

020 희생을 대신하여 기우제를 올리다

再次祈雨之後, 視天夢夢, 尙靳霈澤. '言念'159)民事, '若恫在已[己].'160) 顧'予'161)誠意淺薄, 不足以感格天心, 而民事之渴悶至此.

躬詣南郊, 代犧祈禱之擧, 不容少緩. 其令禮官, 不卜日擧行. 仍令大提學製進親祭文, 具陳'予'罪已之意. 且命有司, 申飭諸司, 及侍衛將卒, 於壇所擧動時, 毋得踐蹂禾穀, 以傷爲民禱雨之意.

『肅宗實錄』肅宗 18年 5月 辛酉(12日) 실 승

---

154) 『書經』,「周書」, '旅獒' 변용 ; 『詩經』,「大雅」, '生民' 변용.
155) 『春秋穀梁傳』,「襄公」, 24年.
156) 『漢書』,「司馬遷傳」, '報任少卿書' 변용.
157) 『孟子』,「梁惠王下」.
158) 『禮記』,「禮運」.
159) 『詩經』,「秦風」, '小戎.'
160) 『孝宗實錄』, 孝宗 元年 6月 丁未(25日).
161) 『書經』,「虞書」, '堯典.'

021 경기 · 충청도 · 황해도를 구휼하다

后非民罔使, 民非后罔事. 可愛非民? 可恤非民? '予'162)以'涼德,'163) 爲民父母, 莫敢遑寧. 一人饑猶吾之饑, 一人寒猶吾之寒. 相與謀度于 '廣廈'164)之上者, 一則民事, 二則民事. 而惠澤未究, 困窮日甚, 厥故安 在? 正坐乎不能以實心行實政也. 政令如此, 則'視聽自我之天,'165) 安 得不赫然威怒而降饑饉也哉?

今歲'災荒,'166) 亦'孔之棘'167)矣. 水旱風霜, 卒瘁稼穡, 冬序未盡, 室 如懸磬, 扶老携幼, 散而之四, 村落殆空, 景象蕭然. 則來春'道殣'168)之 慘, 不言可想.

嗚呼! 書不云乎"暑雨祈寒, '小民'169)亦惟日怨咨"?170) '思艱圖易'171) 之責, 亶在一人, 而緣'予'不辟, 使我無罪'無辜'172)之'赤子,'173) 替罹荼 毒. '興言及此,'174) '不覺'175)哽咽. 凡係蠲役賙賑之政, 或已擧行, 或方 講究, 靡不用極.

咨! 爾'方伯,'176)體'予'至意, 申明列邑, 勞之來之, 撫摩是先. 苟涉救

---

162) 『書經』, 「虞書」, '堯典.'
163) 『春秋左氏傳』, 「莊公」, 32年.
164) 『漢書』, 「王吉傳」.
165) 『書經』, 「周書」, '泰誓中' 변용.
166) 『三國志』, 「魏志」, '文帝紀', 元年 2月 壬戌, 裴松之注.
167) 『詩經』, 「小雅」, '采薇' 변용.
168) 『文宗實錄』 文宗 卽位年 12月 甲戌(4日).
169) 『書經』, 「商書」, '微子.'
170) 『書經』, 「周書」, '君牙' 변용.
171) 『書經』, 「周書」, '君牙' 변용.
172) 『書經』, 「商書」, '湯誥.'
173) 『書經』, 「周書」, '康誥.'
174) (宋)王禹偁, 「讓西京留守表」.
175) (漢)張衡, 「東京賦」(『文選』).

民, 何憚條奏? 且前頭設賑之時, 必使'守令,'177) 如治家事, 勿委監色, 身自擔當, 至誠濟活, 得名[免]捐瘠.'178) 是'予'之日夜冀望者, 竝宜知悉, '着念'奉行.

『肅宗實錄』肅宗 18年 11月 己巳(24日) 실 승*(26日)

022 나라의 계획과 백성의 근심을 어찌하겠는가?

'藐予小子,'179) '叨承'180) '祖宗'181) 之丕緒, 臨乎兆民之上者, 二十年于玆. 恐墜付畀之重, '夙夜'182) 祗慄, 罔敢或忽, 而只緣無德政多乖舛. 以言乎'朝著'183) 則忠邪莫辨, 翻覆相仍, 今雖悔悟, 化理'更張,'184) 而委靡之勢, 日甚一日, 若何以挽回耶? 以言乎'生民'185) 則軫恤之意, 非不切矣. 澤不下究, '怨咨'186) 朋興, 瓦解之形, 迫在朝夕, 若何以拯救耶?

嗚呼! '國計'187) '民虞,'188) 到此地頭. 譬如大病之人, 氣血耗竭, 兪扁之技, 亦末如之何. 乃者, 時候失常, 雷電之變, 頻作於純陰閉藏之月, 而燁燁虩虩, '不寧不令.'189)

176) 『禮記』, 「王制」.
177) 『後漢書』, 「黨錮列傳」, '杜密'; 『後漢書』, 「黨錮列傳」, '范滂.'
178) 『漢書』, 「食貨志上」.
179) 『書經』, 「周書」, '誥命' 변용.
180) (唐)李白, 「下途歸石門舊居」.
181) 『漢書』, 「宣帝紀」.
182) 『詩經』, 「大雅」, '抑' 변용.
183) 『春秋左氏傳』, 「昭公」, 11年.
184) 『漢書』, 「董仲舒傳」.
185) 『書經』, 「周書」, '旅獒'; 『詩經』, 「大雅」, '生民.'
186) 『書經』, 「周書」, '君牙' 변용.
187) 『三國志』, 「魏志」, '華歆傳'; 『世宗實錄』 世宗 元年 7月 己巳(26日).
188) 『成宗實錄』 成宗 17年 12月 乙酉(14日).
189) 『詩經』, 「小雅」, '十月之交.'

嗚呼! 天之降災祥, 各以類應. 作善降之百祥, 作不善降之百殃, 人事之失於下而謫見於上. 然則今日召災, 豈無所以?

① 或者'對越'190)有所未至而怠勝敬歟?
② 此心有所係着而私勝公歟?
③ 觥觫成風而狂戇之論莫聞歟?
④ 野有遺賢而'緇衣'191)之誠未篤歟?
⑤ 俗多侈靡而傷財者衆歟?
⑥ 刑獄多滯而抱冤者多歟?

是何'皇天'192)之疾威至此乎? 嗚呼! 君之事天, 猶子之事父. 父之容色, 少有不豫, 爲人子者, 但當咎責之不暇. 自古人主, 遇災而戒愼則安, 輕忽則危. 敬肆之間, 吉凶立判. '予'193)當益思盡'修省'194)之方, 而其可無求助勅勵之道乎?

承旨代'予'草教, 宜自政府, 廣求直言, 君德之闕遺, 朝政之得失, '生民'195)之利病, 悉陳無隱. 言雖不中, '予'不罪焉.

嗚呼! 咨! 爾大小臣僚, 自'乃祖乃父,'196) 世篤忠貞, 遭玆'炭燊'197)之秋, 勿謂"不足與有爲"而棄<u>子[予]</u>,' 必須乃心王室, 奉法率職, 少答天譴.

『肅宗實錄』肅宗 20年 10月 癸卯(9日) 실 승

---

190) 『詩經』, 「周頌」, '淸廟.'
191) 『詩經』, 「鄭風」, '緇衣.'
192) 『書經』, 「虞書」, '大禹謨.'
193) 『書經』, 「虞書」, '堯典.'
194) 『周易』, 「震」, '象傳.'
195) 『書經』, 「周書」, '旅獒.'
196) 『書經』, 「商書」, '盤庚上.'
197) (唐)李華, 「謝文靖贊」.

023 군주이자 스승의 책임

嗚呼!'惟予小子,'¹⁹⁸⁾ 以無才無德, 臨乎爾等之上, 于今二十一年矣. 以一身之眇然, 作萬民之父母, 莫敢遑寧. 早夜以思者, 一則安民, 二則保民, 而祗緣明不足以燭理, 政不知其要領. 懷保之策, 日講於'細氈'¹⁹⁹⁾之上, 而惠澤閼而不行, 愁嘆之聲, 日起於'蔀屋'²⁰⁰⁾之下, 而'倒懸'²⁰¹⁾莫之能解.

噫! 爾等之困窮若此, 則'視聽自我民之天,'²⁰²⁾ 安得不赫然威怒, 荐降飢饉乎?

嗚呼! 邇來十數年之間, 使爾等無一日奠居之樂, 有連歲'殿屎'²⁰³⁾之苦者. 究厥所以, 職由於不能盡'君師'²⁰⁴⁾之責.'寔予之過也.'²⁰⁵⁾ 常自愧恧,'若隕淵谷.'²⁰⁶⁾

嗚呼! 今日之事, 尙忍言哉?'皇天'²⁰⁷⁾'降割,'²⁰⁸⁾ 災害竝臻, 百穀不成, 八路同然, 狀聞隨續, 罔非驚心. 正當收稼之節, 流丐載路, 景象遑遑. 則不待來春,'靡有孑遺'²⁰⁹⁾之慘, 將復見矣. 玆實關存亡之機, 敢曰"流行之災"耶?

---

198)『書經』,「周書」,'誥命'변용.
199)『漢書』,「王吉傳」.
200) (宋)張耒,「到陳午憩小舍有任王二君子惠牡丹二槃皆絶品也是日風雨大寒明日作此詩呈希古」.
201)『孟子』,「公孫丑上」.
202)『書經』,「周書」,'泰誓中'변용.
203)『詩經』,「大雅」,'板.'
204) (宋)朱熹,『大學章句』,「大學章句序」.
205)『書經』,「商書」,'說命'변용.
206)『南齊書』,「劉善明傳」변용.
207)『書經』,'虞書」,'大禹謨.'
208)『書經』,「周書」,'大誥.'
209)『詩經』,「大雅」,'雲漢.'

嗚呼! 爾等無罪‘無辜,’210) 生此不辰, 酷罹荼毒. 天乎! 天乎! 胡寧忍斯? 臨餐嗚咽, 撫枕長吁. 寧丁我躬, ‘尙寐無吪’211)也.

嗚呼! 昔當庚辛之‘災荒,’212) 使環東土數千里之‘生靈,’213) 得免盡劉之慘者, 實賴我先王至誠拯救之澤.

嗚呼! 我先王至仁厚德之入人者, 可謂"至深"矣.

嗚呼! 爾等, 乃‘祖宗’214)之‘赤子.’215) 則縱‘予’216)‘不穀,’217) 豈忍忘先王之遺澤, 而棄‘予’流散乎?

嗚呼! 事已至此, 無可奈何. ‘予’方與廟堂諸臣, 晝夜思度, 一面減削其御供, 一面節省其浮費, 以爲竭力濟活之計. 切願爾等之忍飢忍寒, 各保妻子, 毋或離散, 毋或竊盜也. ‘予’豈食言者哉?

嗚呼! ‘予’非爾等之父母, 爾等非‘予’之‘赤子’218)乎? 父母之於子, 或有疾痛痾癢, 扶護之方, 靡不用極者, 至情所在, 自有不期然而然矣. 今日寡昧之於爾等, 愛欲其生之心, 亦何異於此哉?

嗚呼! 一紙播告, 亶出悃愊, 爾等庶幾哀‘予’而動聽也. 卿其須以此備忘記, 明白頒布于民間, 俾知‘予’哀痛‘惻怛’219)之意. 仍念連年設賑, 中外積儲, 疊耗之餘, 遭此振古所無之凶歉, ‘移民移粟,’220) 茫然無計.

---

210) 『書經』, 「商書」, ‘湯誥.’
211) 『書經』, 「王風」, ‘兎爰.’
212) 『三國志』, 「魏志」, ‘文帝紀’, 元年 2月 壬戌, 裵松之注.
213) 『晉書』, 「苻丕載記」.
214) 『漢書』, 「宣帝紀」.
215) 『書經』, 「周書」, ‘康誥.’
216) 『書經』, 「虞書」, ‘堯典.’
217) 『詩經』, 「小雅」, ‘小弁.’
218) 『書經』, 「周書」, ‘康誥.’
219) 『禮記』, 「問喪」.
220) 『孟子』, 「梁惠王上」 변용.

嗚呼! 若何而善爲賙賑, 民無'捐瘠'221)耶? 日夜'焦心,'222) '罔知攸措.'223) 咨! 爾'方伯,'224) 體寡昧'宵旰'225)之憂, 效先賢浙東之政, '夙夜'226)匪懈. 一意賑事, 苟有利於'赤子,'227) 勿憚頻繁. 劃卽條奏, 毋貽後時之歎.

又必申飭列邑, 察其勤慢, 嚴其'黜陟,'228) 使荒政無一毫未盡, 使吾民無一人'塡[轉]壑,'229) 則卿等亦受其福祿矣.

且也勸諭蓋藏者, 必須相出相資, 毋或爲獨活之計, 則此亦救民之一助也.

至若諸道閫帥各鎭邊將, 雖無專掌賑政之事, 各自有管下之軍卒, 而軍卒亦一民也. 苟不悉心撫摩, '顚連'230)之患, 在所必至, 寧不惕然矜愍乎?

卿等竝宜着實奉行事, 下諭于八道監司兵水使及兩都留守.

『肅宗實錄』肅宗 21年 9月 壬申(13日) 실

024 풍년을 빌다

'予'231)按『禮記』, "孟春元日, 祈穀于'上帝.'232)"233) 農者, 爲國之本,

---

221) 『漢書』, 「食貨志上」.
222) 『史記』, 「夏本紀」 변용.
223) (唐)孫逖, 「爲宰相謝賜竹扇表內篇」(『全唐文』).
224) 『禮記』, 「王制」.
225) (宋)王禹偁, 「爲兵部向侍郎謝恩表」.
226) 『詩經』, 「大雅」, '抑' 변용.
227) 『書經』, 「周書」, '康誥.'
228) 『書經』, 「周書」, '周官' 변용.
229) 『孟子』, 「梁惠王下」.
230) (宋)張載, 『西銘』.

而孟春, 一歲之首, 則是月上辛祈穀者, 豈偶然哉?

噫! 今年八路之'大侵,'234) 實是前史所罕. 賑穀難聚, '餓莩'235)相續, 而'予'之所大懼者, 正在嗣歲以稽事之豊凶, 環東土億萬'生靈'236)之死生判焉. '赤子'237)'靡有孑遺,'238) 國家安得獨存? 此'予'之所以倣古制, 而爲'生民'239)欲躬詣社稷, 虔誠祈穀者也. 其令禮官, 議于大臣擧行.

『肅宗實錄』肅宗 21年 11月 庚辰(22日) 실

025 전란보다 기근이 두렵다

獻歲發春, 草木皆欣欣有生意, 而哀我無罪'無辜'240)之億萬'生靈,'241) 獨罹此罔極之饑饉. 似離'道殣'242)之慘, 在秋冬而已多. 矧今日氣象之岌岌, 尤如何哉? 今日[年]卽是丙子也. 追惟往事, 念彼民事, 殆有甚焉.

噫! 干戈搶攘, 危莫大矣. 而猶有避禍全軀之地, 而今則八路'大侵,'243) 以穀爲名者, 無數畝之成實. '以食爲天'244)者, 無卒歲之'糊口.'245) 雖欲

---

231) 『書經』,「虞書」, '堯典.'
232) 『書經』,「虞書」, '舜典.'
233) 『禮記』,「月令」 변용.
234) 『春秋穀梁傳』,「襄公」, 24年.
235) 『孟子』,「滕文公下」.
236) 『晉書』,「苻丕載記」.
237) 『書經』,「周書」, '康誥.'
238) 『詩經』,「大雅」, '雲漢.'
239) 『書經』,「周書」, '旅獒'; 『詩經』,「大雅」, '生民.'
240) 『書經』,「商書」, '湯誥.'
241) 『晉書』,「苻丕載記」.
242) 『文宗實錄』 文宗 卽位年 12月 甲戌(4日).
243) 『春秋穀梁傳』,「襄公」, 24年.
244) (唐)司馬貞, 『史記索隱』,「酈生陸賈列傳」, 管仲 표현 변용.
245) 『魏書』,「崔浩列傳」.

行乞, 而亦不可得, 則'赤子'246)之阽於危亡, 莫今日若也.

噫! 君之於民, 猶父之於子也. 子有疾痛, 醫治之道, 宜無所不用其極. 如或宜施而不施, 有一毫未盡, 則其爲悔恨, 當復如何哉?

今日國儲, 可謂"哀痛." 中外蕩然, 無可着手處, 縱欲大段施惠, 其道無由也. 然而君臣上下, <u>盡[晝]</u>思夜度, 一以救民爲主, 一政一令之利於民者, 劃卽奏達, 毋致闕漏.

外而監司'守令,'247) 正當開賑之時, 必體'予'248)前秋播告之旨, 以民饑與同饑爲心, 反復料量, 另加賙賑, 切勿以饑民口吻中一合之米, 爲奸吏潤橐之資也. 以一道'赤子'249)之生死, 付之於卿等, 其責任之重, 爲如何? 苟不以至誠, 無以救'涸轍'250)而副'予'意也. 彼'至愚而神'251)者, 豈不知誠與不誠乎? '守令'中別有無狀底人, 憑藉財利, 立視民死者, '予'則孥戮, 斷不饒貸.

噫! 比來竊發, '無處無之,'252) 行旅幾乎斷絶. 此雖由於人心之不淑, 亦未必非飢寒切身之致. 正所謂"得其情而哀矜"者也. 在上之人, 若能以德敎化民, 使民雖窮而不忍爲至不善之事, 則寧有今日之患耶? 是'予'所以中夜痛歎者也.

咨! 爾'方伯,'253) 明聽申誥, 毋敢或忽. 而至於止盜之方, 勿爲專尙譏捕, 必先勞來安集之政, 以盡'承宣'254)之責, 少紓'宵旰'255)之憂.

---

246) 『書經』, 「周書」, '康誥.'
247) 『後漢書』, 「黨錮列傳」, '杜密' ; 『後漢書』, 「黨錮列傳」, '范滂.'
248) 『書經』, 「虞書」, '堯典.'
249) 『書經』, 「周書」, '康誥.'
250) (唐)李白, 「江夏使君叔席上贈史郎中」 ; (唐)王勃, 「秋日登洪府滕王閣餞別序」.
251) (唐)陸贄, 「奉天請數對群臣兼許令論事狀」(『全唐文』).
252) 『太宗實錄』, 太宗 16年 2月 丁亥(24日).
253) 『禮記』, 「王制」.

且'農者, 天下之本也.'256) 雖在平時, 猶以勸課爲務, 況於今日乎?'東作'257)不遠, 亦宜申飭列邑, 禁民逐末, 皆使歸農, 服田力穡, 俾得有秋, 豈非所當行者乎? 卿其知悉, 惕念擧行.

『肅宗實錄』肅宗 22年 正月 戊午(1日) 실 승

026 정사에 경고를 보내다

嗚呼! 天降喪亂,'饑饉荐臻,'258)'道殣相枕,'259) 慘目傷心. 父而殺子, 人而食人, 化爲龍蛇. 在在嘯聚, 使斯民爲此至不忍至不善之事,'可勝'260)痛哉?

嗚呼!'予'261)不能懷保, 致此境界. 一則'予'咎, 一則'予'愆.'夙夜'262)痛歎, 無樂'南面.'263) 不料'亢旱'264)之慘, 又至於此. 凄風毒霧, 殆浹三旬, 大地焦赤, 萬姓啜泣. 失今不雨, 人類將盡.'代犧桑林, 誠切自焚,'265) 而微誠未格, 視天夢夢. 噫! 倉庫罄而私蓄竭, 將立視其死耶?

嗚呼! 昔當癸甲凶荒,'餓莩'266)日積, 宣廟至有"先死不可得"之敎. 今

---

254) 『漢書』,「匡衡傳」.
255) (宋)王禹偁,「爲兵部侍郞謝恩表」.
256) 『漢書』,「文帝紀」변용.
257) 『書經』,「虞書」,'堯典';『史記』,「五帝本紀」.
258) 『詩經』,「大雅」,'雲漢.'
259) 『宣祖實錄』宣祖 27年 2月 乙丑(16日).
260) 『孟子』,「梁惠王上」.
261) 『書經』,「虞書」,'堯典.'
262) 『詩經』,「大雅」,'抑' 변용.
263) 『周易』,「說卦傳」.
264) 『後漢書』,「楊賜傳」.
265) 『書經』,「周書」,'武成.'
266) 『孟子』,「滕文公下」.

日'小子'²⁶⁷⁾之心, 聖祖當日之心也. 自今'避正殿,'²⁶⁸⁾ 益加寅畏'修省'²⁶⁹⁾之道. 政府廣求直言, 君德闕遺, 朝政得失, 以至賙濟之方, 悉陳無隱. 苟有利於'生民,'²⁷⁰⁾ 吾何愛髮膚乎?

嗚呼! 二紀臨民. '不穀'²⁷¹⁾無良, 自速災沴. 反躬憝惡, 夫復何言. 而但念上下交修, 有不可已, 則豈無一二可言乎? 今日朝廷, 可謂"極渙散矣." 各立門戶, 習成'傾軋,'²⁷²⁾ 聞人微過, 如得奇貨, 枝節層生, 疑怒無限, 一日二日, 反覆沈痼, 一向'泄泄,'²⁷³⁾ 甘爲亡國大夫, 其果合於道理耶?

咨! 爾大小臣僚, 明聽'子'訓, 精白乃心, 毋曰"旱災是適然," 毋曰"黨論不可破," '式克欽承,'²⁷⁴⁾ 少答天譴. 至於滌蕩垢瑕, 疏通滯鬱, 甄拔人才, 愼簡'字牧,'²⁷⁵⁾ 亦有國之急務, 其令廟堂, 別爲稟處. 而減膳禁酒勿擊皷等事, 劃卽擧行.

『肅宗實錄』肅宗 23年 4月 辛未(22日) 실 승

027 굶어 죽은 백성을 마음속에 묻다

噫! 國家不幸, '饑饉荐臻,'²⁷⁶⁾ 八路'元元,'²⁷⁷⁾ '大命近止.'²⁷⁸⁾ 矧茲'西

---

267) 『書經』, 「商書」, '湯誓.'
268) 『定宗實錄』定宗 元年 8月 丁未(10日).
269) 『周易』, 「震」, '象傳.'
270) 『書經』, 「周書」, '旅獒'; 『詩經』, 「大雅」, '生民.'
271) 『詩經』, 「小雅」, '小弁.'
272) 『舊唐書』, 「李宗閔傳」.
273) 『詩經』, 「大雅」, '板'; 『孟子』, 「滕文公下」.
274) 『書經』, 「商書」, '說命下.'
275) 『書經』, 「周書」, '康誥' 및 『孟子』, 「公孫丑下」 변용.
276) 『詩經』, 「大雅」, '雲漢.'
277) 『史記』, 「孝文本紀」.
278) 『詩經』, 「大雅」, '雲漢.'

北,'279) 受害偏酷, 而關西抑有甚焉. 以前後狀聞觀之, 人民死亡, 恰過 萬數矣. 此外落漏者, 安'可勝'280)計耶?

嗚呼!'饑火'281)所迫, 倫常滅絶, 而至于人而噉人之肉, 可謂"極慘毒矣."雖'兵火'282)之禍, 何以加此? 而求之'往牒,'283) 亦所罕有. 當此之時, '予'284)實無樂'南面,'285) 靡安'玉食'286)也.

昨者, 監賑御史之回也, 觀其書啓, 聽其面奏, 令人傷神,'不覺'287)嗚咽. 目今賑政雖畢, 嗣歲之慮, 想必倍焉. 而況稽事之更無他災, 又未可必者耶? 然則豈敢以一時罷賑, 遽弛懷保之心乎? 必也如慈父之護稚子, 若大病之善調將然後,'萬死一生'288)之民, 庶有蘇息之望, 而朝家軫恤之澤, 亦可有始而有終矣. 宜令廟堂, 就別單中可以採施者, 有可行而闕而不載者, 竝加商確, 稟旨擧行.

仍念連歲'大殺,'289) '道殣相枕.'290) 此皆無罪'同胞之民也.'291) 內而有司, 外而'方伯,'292) 已體朝旨, 隨卽埋置, 而安保其無暴露之尸乎? 昔者文王, 鑿沼而命葬無主之朽骨, '文皇散帛而俾收亡卒之遺骸.'293) '哀此'294)

---

279) '서북'은 ①西北面(평안도), ②西北兩界(평안도·함경도), ③평안도·황해도, ④평안도·황해도·함경도 등 문맥별로 그 범위가 일치 하지 않는다.
280) 『孟子』, 「梁惠王上」.
281) (唐)白居易, 「旱熱」.
282) 『漢書』, 「王莽傳下」.
283) (南朝宋)顔延之, 「赭白馬賦」.
284) 『書經』, 「虞書」, '堯典.'
285) 『周易』, 「說卦傳」.
286) 『書經』, 「周書」, '洪範.'
287) (漢)張衡, 「東京賦」(『文選』).
288) 『漢書』, 「司馬遷傳」, '報任少卿書' 변용.
289) 『禮記』, 「禮器」.
290) 『宣祖實錄』 宣祖 27年 2月 乙丑(16日).
291) (宋)張載, 『西銘』 변용.
292) 『禮記』, 「王制」.
293) (唐)白居易, 「七德舞」 변용.

累萬之餓鬼, 不啻朽骨, '孔棘'295)之'災荒,'296) 殆甚金革, '惻怛'297)之心, 油然而生. 合有明勅京外之臣, 着實掩瘞之擧, 亦宜知悉, 同副至意.

『肅宗實錄』肅宗 23年 7月 癸未(5日) 실 승

028 흰 무지개가 해를 꿰뚫다

朝者, 書雲觀奏"陰虹貫陽之變, '蹶然'298)而起." 仰觀乾象, 冠履交戟, 景色甚惡, 令人驚怖, 久而靡定也.

嗚呼! 今日是何等時耶? 上天'僭怒,'299) 荐降饑饉, '餓莩'300)相連, 人類將盡, 國之存亡, 間不容髮.「鴻鴈」301)之詩, 未足喩急, 已不勝其'夙宵'302)憂遑矣. 非常之災咎, 疊見於此際. 未知何樣禍機, 伏於不覩不聞之中, 而'諄諄'303)警'予,'304) 至再至三哉! 於此有以見天心仁愛, 必欲扶持而全安之也. 若何以若天心而解民怨耶? 思之至此, 丙枕何安?

嗚呼! 變不虛生, 必有所召. 則今玆致異, 亶由一人. 德涼政龐, 益切'危懼,'305) '罔知攸措'306)也. 承旨代'予'草敎, 宜自政府, 廣求直言, 以匡

---

294)『詩經』,「小雅」, '鴻鴈.'
295)『詩經』,「小雅」, '采薇.'
296)『三國志』,「魏志」, '文帝紀', 元年 2月 壬戌, 裴松之注.
297)『禮記』,「問喪」.
298)『禮記』,「孔子閒居」.
299)『詩經』,「大雅」, '桑柔.'
300)『孟子』,「滕文公下」.
301)『詩經』,「小雅」, '鴻鴈.'
302)『三國志』,「魏志」, '管寧傳.'
303)『詩經』,「大雅」, '抑.'
304)『書經』,「虞書」, '堯典.'
305) (宋)劉克莊,「吊錦鷄一首呈叶任道」.
306) (唐)孫逖,「爲宰相謝賜竹扇表內篇」(『全唐文』).

不逮. 言雖不中, '予'豈加罪?

嗚呼! 朝廷者, 四方之根本, 而不幸論議橫潰, 門戶各立, 互相攻擊, 殆無寧日. 奚暇專心'國事,'307) 同舟共濟乎? 若不痛革此習, 末流之害, 必至於亡人國而後已, 可不懼哉?

咨! 爾大小臣僚, 體交修之至意, 念國勢之泮渙, 克祛私黨, 奉法率職, 俾有實效, 毋歸空言.

『肅宗實錄』肅宗 23年 11月 己亥(23日) 실 승*(24日)

029 진휼과 농사를 최우선으로 하라

'予'308)以寡德, 纂承丕業, '夙夜'309)'祗畏,'310) 罔敢暇逸, 勵精思理, 志非不切. 而仁不被物, 政多糾繆. 姑擧其大者而言之, 則賦稅之不均, 由經界之不正也, 白骨之徵布, 由身役之偏重也, '黃口'311)之編伍, 由軍制之漸廢也.

'守宰'312)愼簡而貪暴居多, '割剝'是事而'膏血'313)殆竭. 痼弊'予'所知而不知其善變, 汚吏'予'所憎而無一人抵法, 民之困苦莫此時若也.

人怨登聞于上, 天災乃降于下, 旱澇風霜, 飢饉荐至. '恒暘'314)於南訛'315)之節, 肅殺於流火之月. 三年'大侵,'316) 災出一套, 敢曰"流行"? 寔

---

307) 『禮記』,「喪服大記」; 『史記』,「秦始皇本紀」.
308) 『書經』,「虞書」, '堯典.'
309) 『詩經』,「大雅」, '抑' 변용.
310) 『書經』,「周書」, '金縢.'
311) (漢)劉安, 『淮南子』,「氾論」.
312) 『後漢書』,「朱浮傳」.
313) 『新唐書』,「陸贄傳」.
314) 『書經』,「周書」, '洪範.'

係存亡.

嗚呼! 矧玆畿甸湖西, 實我國家根本, 而遭害愈酷, 蕩無農收. 豈非天戒孔昭, 深警'予'衷也耶? 俯仰踟躕, 憂憋何極?

嗚呼!'言念'317)今日之'國事,'318) 可謂"痛哭之不足也." 積爲'飢[饑]火'319)之所惱, 牿亡'秉彝'320)之良心, 骨肉相棄, 屠戮相食, 道路乞丐, 殣斃繼續, 鄕廬空虛, 烟火斷絕. 正當陽春布和, 萬物暢茂, 而不惟賑貸茫無計策, 種糧俱乏, 農耕不興. 苟或'東作'321)又失其期, 將若之何哉?

嗚呼!'匹夫匹婦之不被其澤, 若已[己]推而納之溝中.'322) 則況萬姓之顑頷垂死, 不啻匹夫匹婦之不獲, 寡昧之痛切心骨, 又不啻推納溝中也. 愛欲其生, 乃父母之至情. 八路仰哺, 似'赤子'323)之啼飢. 而財穀殫盡, 不能普濟. 惟畿曁湖, 切欲專意, 而空言無補, 實惠未究. 是竝與畿湖之民而棄之也. 豈'王政'324)之所忍爲者乎?

嗚呼! 致咎之本, 職由一人, '上帝'325)降格, 寧丁我躬, 哀此'元元,'326) 何罪? 何辜? 事已至此, 無可奈何. 然而濟人之急, 奚待盈豐? '予'已與廟堂之臣, 反覆商確, 略有區畫, 爾等須勿以'予'言爲不可信也.

嗚呼!'子[予]'雖無良, 作爾等之父母, '惟我祖宗之至仁厚德,'327) 浹爾

---

315) 『書經』,「虞書」,'堯典.'
316) 『春秋穀梁傳』,「襄公」, 24年.
317) 『詩經』,「秦風」,'小戎.'
318) 『禮記』,「喪服大記」; 『史記』,「秦始皇本紀」.
319) (唐)白居易,'旱熱.'
320) 『詩經』,「大雅」,'烝民.'
321) 『書經』,「虞書」,'堯典';『史記』,「五帝本紀」.
322) 『書經』,「商書」,'說命下' 변용.
323) 『書經』,「周書」,'康誥.'
324) 『孟子』,「梁惠王下」.
325) 『書經』,「虞書」,'舜典.'
326) 『史記』,「孝文本紀」.

等之肌髓, 胡忍忘'祖宗'328)之遺澤, 棄父母而去乎?

嗚呼! 連年設賑, 私蓄亦罄. 而子[士]大夫如能體朝廷之'德意,' 以獨活而爲恥, 賙恤窮餓, 全活衆多, 則褒賞之典, '予'豈吝惜哉?

嗚呼! 以萬民之命, 付'旬宣'329)之臣. 卿宜極慮, 與我同憂, 招集父老, '諄諄'330)布告, 申飭列邑, '孜孜'331)賑政. 或以便宜, 或以狀聞, 稍有涉於利民, 則勿憚於頻煩. 至若勸課農耕, 另加'着意,'332) 畢竟戶口無損, 田疇不荒者, 宜居第一, 別爲具奏.

嗚呼! 一紙丁寧, 言非騰口, 必精必詳, 用副'予'意事, 下諭于京畿監司. 仍念前此凶歉, 不如近歲, '一視同仁,'333) 推廣惠澤, 而獨於今日, 有若秦越者. 此豈厚薄於'同胞之民'334)而然哉? 蓋緣事力之不逮, 而其失如保'赤子'335)之道則大矣. 罔非'予'336)咎也.

關西一方, 首尾六年, 災害之作, 愈往愈甚. 至於淸北五六邑, 一望蒿蓬, 便作空虛. '兵燹'337)之禍, 未足以諭其慘也. 卽今歲事已新, 振饑勸農, 在所當先, 亦爲下諭于諸道'方伯'338)及留守.

『肅宗實錄』肅宗 24年 正月 甲申(8日) 실 승*(10日)

---

327) 『書經』,「周書」,'君陳' 변용.
328) 『漢書』,「宣帝紀」.
329) 『詩經』,「大雅」,'江漢' 변용.
330) 『詩經』,「大雅」,'抑.'
331) 『書經』,「虞書」,'益稷.'
332) 『楚辭』,「九辯」.
333) (唐)韓愈,「原人」.
334) (宋)張載,『西銘』변용.
335) 『書經』,「周書」,'康誥.'
336) 『書經』,「虞書」,'堯典.'
337) 『宋史』,「神宗紀二」丁酉.
338) 『禮記』,「王制」.

030 비와 이슬의 은혜는 마른 잎도 고르게 적신다

人主作'萬民'之父母, 一人之饑, 猶已之饑, 一人之寒, 猶已之寒也. 矧今'餓殍,'339) 日積於市, 而莫之救, 曷堪痛傷? 連觀'京兆'340)之啓, 五日之內, 僵屍之'塡[轉]壑,'341)者, 計以四五十數, 通一月計死者幾許?

噫! 雨露之惠, 枯葉均霑, '王者'342)之澤, 禽獸亦及. 則惟彼流丐於道路者, 雖非土着之農民, 以枯葉禽獸, 亦及惠澤之義推之, 則豈忍立視而已耶? 其令賑廳, 時加濟恤, 更飭諸部, 着實埋瘞, 用示'予'343)'惻怛'344)之意.

『肅宗實錄』肅宗 24年 正月 戊戌(22日) 실

031 물에 젖고 불에 타는 듯하다

嗚呼! 邦運之不幸, 胡至於此哉? 四年'大殺,'345) '萬死一生'346)之餘喘, 又罹無前之虐癘, 自春徂冬, 愈往愈熾, 如水之漬, 若火之烈. 始自西陲, 遍及八路, 里無完戶, 百無一瘳. 列幕相望, 歌吟相聞. 而毒之尤者, 至有闔家俱沒之慘. 積尸成堆, 鬼哭啾啾, '兵燹'347)之禍, 曷足諭急?

---

339) 『孟子』, 「滕文公下」 변용 ; 『後漢書』, 「仲長統傳」.
340) 『漢書』, 「百官公卿表上」.
341) 『孟子』, 「梁惠王下」.
342) 『論語』, 「顔淵」.
343) 『書經』, 「虞書」, '堯典.'
344) 『禮記』, 「問喪」.
345) 『禮記』, 「禮器」.
346) 『漢書』, 「司馬遷傳」, '報任少卿書' 변용.
347) 『宋史』, 「神宗紀二」 丁酉.

嗚呼! '比歲'348) '災荒,'349) 非不酷矣, 而土着之殆盡, 未有甚於去年. 其爲驚心, 又不啻'飢[饑]火'350)矣.

嗚呼! 民'靡孑遺,'351) 國將焉依? 用是憂遑, '食息'352)不寧. 虔誠祈禳, 靡不用極, 而神不我顧, 冥應愈邈. 究厥所以, 罪實在'予,'353) '赤子'354) 何辜?

嗚呼! '鸞輅'355)迎春, 和氣藹然, 草木昆蟲, 咸囿雨露. 而奈之何飢饉札瘥, 迭爲災害, 使我環東土億萬'蒼生,'356) 獨阽於危亡而莫之救? 爲民父母, 當作何懷?

念之至此, '不覺'357)抆淚. '予'心若玆, 內而'京兆,'358) 外而'按道之臣,'359) 詎不思所以'體宵旰'360)之憂盡'拯濟'361)之方乎? 須以此意, 另加勅諭, 其於給藥救療, 毋或死亡, 收屍埋瘞, 毋或暴露等事, 勿視閒漫, 着實擧行. 而稍待疫癘之寢息, 特施軫恤之惠澤. 亦宜分遣近侍於中外, 設壇賜祭, 以示憫惻, 少慰煩冤.

『肅宗實錄』肅宗 25年 正月 辛未(1日) 실 승

---

348) 『管子』, 「樞言」.
349) 『三國志』, 「魏志」, '文帝紀', 元年 2月 壬戌, 裵松之注.
350) (唐)白居易, 「旱熱」.
351) 『詩經』, 「大雅」, '雲漢' 변용.
352) 『莊子』, 「內篇」, '應帝王.'
353) 『書經』, 「虞書」, '堯典.'
354) 『書經』, 「周書」, '康誥.'
355) (秦)呂不韋, 『呂氏春秋』, 「孟春紀」.
356) 『書經』, 「虞書」, '益稷.'
357) (漢)張衡, 「東京賦」(『文選』).
358) 『漢書』, 「百官公卿表上」.
359) 『仁祖實錄』仁祖 23年 8月 丙午(27日).
360) (宋)王禹偁, 「爲兵部向侍郎謝恩表」.
361) 『後漢書』, 「律曆志中」.

032 감선을 명하다

'藐予小子,'362) 纘承丕緒二十有五年. '無疆惟恤,'363) 不遑寧處, 鄒聖 "保民"364)之訓, 平生誦之. 而夷考行事, 鮮有實惠之及民. 民困如此, 則 '視聽自我之天,'365) 安得不赫然威怒乎? 緣'予'366)失政, 自速譴責, 饑饉 荐仍, 毒瘋尤慘. "周民之'靡有孑遺,'367) 唐家之十無一瘳," 曷足喩其急哉?

中夜以思, 憂虞百端, '無樂爲君.'368) 寔我心也. 百端'蘊隆'369)之災, 又酷於札瘥之餘, 夏序將盡, 魃虐彌甚. 惡風霜雹海溢, 迭爲災害, 春牟 萎損, 秧苗愆時.

噫! '天下之本, 實在於農,'370) 國之安危, 民之死生, 何嘗不係於稼穡 之豐凶哉? 矧今饑瘋餘民, '勤斯勞斯,'371) 日望'饎饎.'372) 而不幸今日, 瘨我以旱, 民將盡劉, 國其焉依? 代犧嬰茅, 親禱社壇, 而微誠未格, 聽 我逾邈.

嗚呼! 一人有罪, 萬姓替受. '興言及此,'373) '尙寐無吪.'374) 自今日'避

---

362) 『書經』, 「周書」, '誥命' 변용.
363) 『書經』, 「周書」, '召誥'.
364) 『孟子』, 「梁惠王上」.
365) 『書經』, 「周書」, '泰誓中' 변용.
366) 『書經』, 「虞書」, '堯典'.
367) 『詩經』, 「大雅」, '雲漢'.
368) 『論語』, 「子路」 변용.
369) 『詩經』, 「大雅」, '雲漢'.
370) 『漢書』, 「文帝紀」 변용.
371) 『詩經』, 「豳風」, '鴟鴞' 변용.
372) 『詩經』, 「小雅」, '甫田'.
373) (宋)王禹偁, 「讓西京留守表」.
374) 『書經』, 「王風」, '兎爰'.

正殿.'375) 承旨代'予'草敎. 自政府廣救直言, 以匡不逮. 言雖不中, '予'則優容.

噫! 東西標榜, 固百年難醫之疾, 至於分門割戶, '戈戟相尋,'376) 未有甚於近日. 縱曰"末俗'嘵嘵,'377) 私意橫流," 亦未必不由於在上之人, 不能盡'建極'378)之道也.

咨! 爾大小'臣工,'379) 世篤忠貞, 無謂"我不足有爲"而舍我, 必也痛去'朋黨,'380) 專心'國事,'381) 答上天仁愛之譴, 致國家和平之福. 古語云, "乖氣致異." 昨今兩年中外'無辜'382)之死於'疫癘'383)者, 不知幾萬. 煩冤未散, 足以干天和而致災沴. 念之嗚咽. 設壇賜祭, 曾有成命, 而當此靡不用極之日, 不可一向遲待其寢息也. 減膳等事, 令該曹擧行.

『肅宗實錄』肅宗 25年 6月 辛丑(4日) 실 승*(5日)

033 대지를 붉게 태우다

噫!'予眇躬,'384) 忝主神人. 德涼政厖, 災害竝臻. 前冬之震電, 今夏之霜雪, 罔非可驚可怕. '夙宵'385)靡寧, '若隕淵谷.'386)

---

375) 『定宗實錄』, 定宗 元年 8月 丁未(10日).
376) (宋)呂祖謙, 『東萊先生左氏博議』, 「鄭子家爲書告趙宣子」; (朝鮮)徐居正, 『東國通鑑』, 「進東國通鑑箋」 변용.
377) 『詩經』, 「豳風」, '鴟鴞.'
378) 『書經』, 「周書」, '洪範.'
379) 『詩經』, 「周頌」, '臣工.'
380) (漢)劉向, 『戰國策』, 「齊策」, '張儀爲秦連橫齊王曰'; (漢)劉向, 『戰國策』, 「趙策」, '臣聞明王絶疑去讒.'
381) 『禮記』, 「喪服大記」; 『史記』, 「秦始皇本紀」.
382) 『書經』, 「商書」, '湯誥.'
383) 『春秋左氏傳』, 「昭公」, 元年.
384) 『書經』, 「周書」, '詰命' 변용.

嘻嘻! 今茲'亢旱,'387) 亦'孔之酷'388)矣. 彌月恒暘, 大地焦赤. 兩麥旣萎, 百穀未播. 萬姓'魚喁,'389)'大命近止.'390)'東作'391)已失,'西成'392)可望?'靡神不宗,'393)'圭璧旣卒,'394) 而視天夢夢, 雨意愈邈.

噫!'比歲'395)飢荒, 民未蘇息, 而旱又此極, 爲民父母, 當作何懷? 昨詣社壇, 代犧親禱, 而微誠未格, 出日杲杲,'言念'396)民事, 心焉如灼. 靜思厥故, 罪在不辟. 反躬省愆, 奚止'六'397)哉? 一倍'危懍,'398) 幾忘寢食也. 自今日'避正殿,'399) 益加寅畏之心. 承旨代'予'400)草敎, 宜自政府, 廣求直言, 以匡無德. 言雖不中,'予'則優容.

噫! 今日召災, 職由一人, 而亦豈無飭勵群工, 交相儆戒之道乎? 咨! 爾大小臣僚, 體'予'宵旰'401)之憂, 痛革玩愒之習, 精白一心, 奉法率職, 以答天譴, 弘濟時艱. 減膳禁酒事, 令該曹擧行.

『肅宗實錄』肅宗 27年 5月 庚子(14日) 실 승*(15日)

---

385)『三國志』,「魏志」,'管寧傳.'
386)『南齊書』,「劉善明傳」변용.
387)『後漢書』,「楊賜傳」.
388)『肅宗實錄』, 肅宗 16年 2月 乙丑(3日).
389)『莊子』,「雜編」,'外物' 변용.
390)『詩經』,「大雅」,'雲漢.'
391)『書經』,「虞書」,'堯典';『史記』,「五帝本紀」.
392)『書經』,「虞書」,'堯典.'
393)『詩經』,「大雅」,'雲漢';(漢)董仲舒,『春秋繁露』,「郊祀」.
394)『詩經』,「大雅」,'雲漢.'
395)『管子』,「樞言」.
396)『詩經』,「秦風」,'小戎.'
397)『書經』,「周書」,'武成'※①정사를 조절하지 못했는가? ②사람을 부리기를 혹독하게 하였는가? ③궁실이 지나치게 높고 화려한가? ④여알女謁이 성한가? ⑤뇌물이 행해지는가? ⑥참소하는 사람이 성한가?
398) (宋)劉克莊,「吊錦鷄一首呈叶任道」.
399)『定宗實錄』, 定宗 元年 8月 丁未(10日).
400)『書經』,「虞書」,'堯典.'
401) (宋)王禹偁,「爲兵部向侍郎謝恩表」.

034 도를 잃으면 이변이 생긴다

嗚呼! '眇予'402) '否德,'403) 臨乎兆民, 二紀有三載. 而所爲多不善, 以致天怒於上, 民怨於下. 可怕之災, 式月斯生, 土崩之患, 迫在朝夕, '夙宵'404) '危懍,'405) 不遑寧處.

廼者, 乾文示警, 災咎非常. 未知何樣禍機, 伏於冥冥, 而昨歲震電之變, 今日妖彗之異, 若是其疊見層出耶! 漢儒董仲舒之言曰, "國家將有失道之敗, 天先出災害以譴告之, 不知自省, 又出怪異以驚懼之."406)

噫! 天心仁愛, 降災警'予,'407) 而惟'予'不明, 莫知省愆, 故其所以丁寧反覆如此. 若何而少答天譴, 而挽回國勢耶? '予'於此, 一倍兢惕, '罔知攸措.'408) 承旨代'予'草敎, 宜自政府, 廣求直言, 以匡不逮.

嗚呼! 今茲致異, 亶由不辟, 而亦豈無交相儆戒之道乎? 咨! 爾大小臣僚, 割斷已[己]私, 務盡'寅協,'409) 毋或玩愒, 奉法率職, 用體'予''宵旰'410)之憂.

『肅宗實錄』肅宗 27年 10月 乙卯(2日) 실 승

---

402) 『書經』, 「周書」, '誥命' 변용.
403) 『書經』, 「虞書」, '堯典.'
404) 『三國志』, 「魏志」, '管寧傳.'
405) (宋)劉克莊, 「吊錦鷄一首呈叶任道」.
406) 『漢書』, 「董仲舒傳」.
407) 『書經』, 「虞書」, '堯典.'
408) (唐)孫逖, 「爲宰相謝賜竹扇表內篇」(『全唐文』).
409) 『書經』, 「虞書」, '皐陶謨.'
410) (宋)王禹偁, 「爲兵部向侍郎謝恩表」.

035 다섯 번을 빌어도 응답하지 않다

爲民祈澤, 已至五次, 而視天夢夢, 雨意邈邈. 節序漸晚, 民事愈急, 曷惠其寧? 憂心如惔. 第念牲璧旣徧, 群祀嫌瀆. 其在靡不用極之道, 豈可默然而已? 先農親祀, 禮文攸載.

"於! 赫神農后稷, 肇我稼穡, 萬世以賴, 用祈康年, 享祀是虔."

祈年寔爲稼事, 祈雨亦爲稼事. 則更竭菲誠, 代犧親禱, 不容少緩也. 其令祀官, 問于大臣.

『肅宗實錄』肅宗 30年 5月 丁巳(19日) 실 승

036 조정의 화합으로 재이를 막도록 하라

'事作於下, 象動於上.'[411] 自古災異之作, 皆由人事之失, 而莫非上天仁愛之心也. 爲人君者, 遇災而不知自省, 則禍亂隨之, 可不懼哉?

自'予'[412]忝位以來, 非常之變, 式月斯生, '夙夜'[413]'危懔,'[414] 不遑寧處矣. 正當季春之月, 生意方盛, 陽氣發泄, 句者萌者, 畢出盡達, 而大雪彌日, 日候寒凓, 殆同閉藏之氣象. 春行冬令, 其應不佳. 未知何樣禍機, 伏於冥冥, 而天之示警, 若是其丁寧耶! 究厥所以, 亶由'否德.'[415] 倍切憂懼, 若涉春氷也.

---

411) (朝鮮)李珥,『聖學輯要』,「爲政」,'謹天戒.'
412)『書經』,「虞書」,'堯典.'
413)『詩經』,「大雅」,'抑'변용.
414) (宋)劉克莊,「吊錦鷄一首呈叶任道」.
415)『書經』,「虞書」,'堯典.'

噫! 今兹咎徵, 自有所召. 惟當反躬改愆之不暇, 而第念目今切急之憂, 莫大於朝論之潰裂. 故前後勅勵, 出於至誠, 而積痼之疾, 救藥未易. 若此未已, '聚精會神,'416) 專意'國事,'417) 杳無其望, 豈非可愕之甚者乎?

噫! 上下'雷同,'418) 非國家之福. 則'予'非以此責望也. 大凡論事之際, 各執公心, '可否相濟,'419) 而痛祛'傾軋'420)之習, 則'朝著'421)和靖, 而'岌嶪'422)之國勢, 庶可挽回矣. '予'之冀望, 實在於此也.

咨! 爾大小臣僚, 體'予'交修之意, 務盡'寅協'423)之道, 少答天戒.

『肅宗實錄』肅宗 31年 3月 癸卯(9日) 실 승*(10日)

037 온갖 재해가 팔도를 뒤덮다

近歲'大侵,'424) 加以水旱蟲雹風霜之災, 八路狀聞, 罔非傷心. 方當秋節, 民已乏食, 來春之事, 可推而知. 惟彼'無辜,'425) 將'塡[轉]丘壑.'426) 而公私赤立, 府庫如洗. 念及於此, 若之何其? 寢不安席, 食不下咽. 民之於君, 猶子之於父, 豈可諉之於"無可奈何," 而立視其死歟?

爲道臣者, 正宜晝思夜度, '汲汲'427)區畫[劃], 爲'守令'428)者, 竭力盡

---

416) (漢)王褒,「聖主得賢臣頌」(『古文眞寶』).
417) 『禮記』,「喪服大記」;『史記』,「秦始皇本紀」.
418) 『禮記』,「曲禮上」.
419) (宋)蔡沈,『書經集傳』,「尙書」,'咸有一德.'
420) 『舊唐書』,「李宗閔傳」.
421) 『春秋左氏傳』,「昭公」, 11年.
422) (唐)李華,「謝文靖贊」.
423) 『書經』,「虞書」,'皋陶謨.'
424) 『春秋穀梁傳』,「襄公」, 24年.
425) 『書經』,「商書」,'湯誥.'
426) 『孟子』,「梁惠王下」변용.
427) 『漢書』,「揚雄傳上」.

心, 多般拮据, 至誠濟活. 至若閫帥邊將郵官, 亦自有管下軍卒, 宜各賙恤, 俾免顚隮. '予'429)俟賑政之垂畢, 分遣'繡衣,'430) 廉察勤慢, 以明'黜陟'431)之典. 或有貪官汚吏, 肆然入已[己]者, 繩以重律, 斷不饒貸.

咨! 爾'按道之臣,'432) 明聽心腹之誥, 劃卽宣布, 毋孤'予'委任策勵之意.'災荒'433)最酷之處, 不可不別遣監賑御史, 用示朝家另加軫恤之意. 而兩南江原道朔膳及京畿咸鏡道物膳, 依前凶歲裁減, 限明秋姑減.

『肅宗實錄』肅宗 31年 10月 壬寅(12日) 실 승 비

038 굶어 죽는 사람이 없게 하라

噫! 臘盡春生, 天地同和, 雨露之惠, 枯荄亦被. 而哀我'同胞之民,'434) 荐遭饑荒, 獨阽危亡, 爲民父母, 當作何懷?

噫! 頻年不稔, 公私蕩然, 設賑匪遠, 而聚穀不多. 八路仰哺之'赤子,'435) 若何以善爲濟活, 無一'捐瘠'436)耶? 念及于此, '不覺'437)氣短也.

噫! 賑民之責, 付諸卿等. 賑救之勤否, 而'生民'438)之死生係焉, 其可忽哉? 咨! 爾'方伯,'439) 思寡昧'如傷'440)之意, 體前冬別諭之旨, 視民之

---

428) 『後漢書』,「黨錮列傳」, '杜密' ; 『後漢書』,「黨錮列傳」, '范滂.'
429) 『書經』,「虞書」, '堯典.'
430) 『漢書』,「武帝紀」.
431) 『書經』,「周書」, '周官' 변용.
432) 『仁祖實錄』, 仁祖 23年 8月 丙午(27日).
433) 『三國志』,「魏志」, '文帝紀', 元年 2月 壬戌, 裴松之注.
434) (宋)張載, 『西銘』 변용.
435) 『書經』,「周書」, '康誥.'
436) 『漢書』,「食貨志上」.
437) (漢)張衡, '東京賦'(『文選』).
438) 『書經』,「周書」, '旅獒' ; 『詩經』,「大雅」, '生民.'
439) 『禮記』,「王制」.

饑, 若己之饑, 終始必以至誠, 則庶可有濟矣.

仍念, '農者, 天下之大本也.'[441] 人事興於前而後, 地事成於後. 是以孟春之月, "皆修封疆, 審端經[徑]術, 善相丘陵坂險原隰, 土地所宜, 五穀所殖, 以教導民"[442]者, 蓋此意也. 雖在常年, 勸農固爲急先之務, 而矧當'大侵'[443]之歲乎?

竝宜惕念, 更加申飭, 或給種糧, 或警懶惰, 毋使田野荒廢, 是亦'方伯'之職也. 卿其知悉擧行. 且以前後埋葬餓死人等, 歲月已久, 不無露出之患, 下敎'京兆,'[444] 使之另飭各部, 一一審察, 着實埋瘞, 以存掩骼埋胔之意.

『肅宗實錄』肅宗 32年 正月 庚申(1日) 실 승

039 강원도 · 함경도 · 평안도 · 황해도의 재해대책을 강구하라

國家不幸, '比歲不稔,'[445] 今年水潦, 災害非常, 而關東北關關西海西爲尤甚焉. 至於綿農, 八路大無, 哀我民斯,'[446] 何以卒歲, 許多身役, 何以辦出? '予'[447]念及此, 惻然于心也. 孔子曰, "道千乘之國, 節用而愛人."[448]

富哉! 言乎! 爲邦之道, 莫先於節用, 而節用之本, 必自痛革浮費. 始

---
440) 『孟子』,「離婁下」.
441) 『漢書』,「文帝紀」.
442) (秦)呂不韋, 『呂氏春秋』,「孟春紀」.
443) 『春秋穀梁傳』,「襄公」, 24年.
444) 『漢書』,「百官公卿表上」.
445) 『漢書』,「嚴助列傳」변용 ; 『晉書』,「傅玄列傳」변용.
446) 『論語』,「季氏」.
447) 『書經』,「虞書」, '堯典.'
448) 『論語』,「學而」변용.

在平時尙然, 矧此'荐飢[饑]'449)之餘乎?

且被災最酷之道, 民事方急. 凡所以濟活之策, 及時講究, 如救焚拯溺, 然後使我'赤子,'450) 庶免'顚[轉]壑.'451) 其令廟堂, 斯速議處. 親民之官, 莫如'守令,'452) 而賑政當前, 尤宜愼簡. 另飭銓曹, 別爲擇差. 亦宜下諭于四道監司, 賙賑之政, 盡心料理, 苟係便民, 劃卽條奏.

噫! 今春斑疹, 實非流行之災也, 死亡之慘, 殆甚毒疫. 哀彼'無辜,'453) '不覺'454)殞淚. 京中及關西, 已行恤典, 而此外他道中疫死尤甚處, 不可不一體顧恤, 亦令廟堂稟處. 咸鏡道進上白大口魚價米, 依前裁減, 俾補賑資, 關東歲抄, 特令停止, 用示'予'曲軫'元元'455)之意.

『肅宗實錄』肅宗 33年 11月 庚戌(2日) 실 승*(3日) 비

040 경기·충청도·전라·경상도·황해도 관찰사에게 당부하다

噫! '民惟邦本, 本固邦寧,'456) 而'比歲'457)荐饑, 邦本日瘁, 中夜以思, 曷堪憂歎? 況今年'亢旱,'458) 輓近所無, 繼以風霜, 稼穡卒瘁. 哀我'民斯,'459) 擧將塡[轉]壑.'460) 念切'如傷,'461) '恫若在己.'462) 明春賙賑, 不

---

449) 『春秋左氏傳』, 「僖公」, 13年.
450) 『書經』, 「周書」, '康誥'.
451) 『孟子』, 「梁惠王下」.
452) 『後漢書』, 「黨錮列傳」, '杜密'; 『後漢書』, 「黨錮列傳」, '范滂'.
453) 『書經』, 「商書」, '湯誥'.
454) (漢)張衡, 「東京賦」(『文選』).
455) 『史記』, 「孝文本紀」.
456) 『書經』, 「夏書」, '五子之歌'.
457) 『管子』, 「樞言」.
458) 『後漢書』, 「楊賜傳」.
459) 『論語』, 「季氏」.
460) 『孟子』, 「梁惠王下」.

容少緩, 而連年設賑, 積儲罄竭, 茫然無以爲計. 然而君之視民, 如父視子, 寧有子有急病, 而父忍恝視者耶? 凡係賑民之政, 纔因首臣之狀請, 廟堂覆啓, 略已區畫, 而若其申諭列邑, '着意'463)濟活, 專在'方伯.'464)

但念賑政, 殆無虛歲, 人情或不無始勤終怠, 此最可慮也. 至於事宜, 前後備忘, 已悉之矣, 玆不多誥.

咨! 爾'方伯,' 欽哉! '予'465)命! 悉心奉行事, 下諭于京畿忠淸全羅慶尙黃海五道監司. 而冬序將盡, 春農不遠, 申飭諸道, 勸課農桑, 用示重農務之意.

『肅宗實錄』肅宗 34年 12月 丙午(4日) 실 승*(5日) 비

041 누구와 더불어 임금 노릇 하겠는가?

嗚呼! 國家不幸, 天災荐至, 而旱暵之酷, 未有甚於今年也. 入夏以來, 膏澤不降, 晝以風凄, 夜則星嘒, 小雨旋霽, 大霈尙靳. 麥旣歉矣, 苗將枯矣, 失今不雨, 奚望'西成'466)? 國之所恃者民, 民之所天者食, 民而無食, 國而無民, 吾誰與爲君?

嗚呼! 天不虛應, 罪實在'予.'467) '夙夜'468)自省, 慙懼何極? 切欲代犧, 親禱社壇, 而脚疾難强, 終未果焉. 只自憂鬱, 如添一病. '予'何敢安於'廣廈'469)之上, '玉食'470)之美也?

---

461) 『孟子』, 「離婁下」.
462) 『孝宗實錄』孝宗 元年 6月 丁未(25日).
463) 『楚辭』, 「九辯」.
464) 『禮記』, 「王制」.
465) 『書經』, 「虞書」, '堯典.'
466) 『書經』, 「虞書」, '堯典.'
467) 『書經』, 「虞書」, '堯典.'
468) 『詩經』, 「大雅」, '抑' 변용.

嗚呼! '眇予小子,'471) '否德'472)忝位, 三十有八年于玆. '予'之心, 切於致治, 而治不見其效, '予'之心切於'愛民,'473) 而民不被其澤. '克己'474)之功, 有所未盡, 虛受之量, 有所不弘. 非不欲振'紀綱,'475) 而頹靡之患彌甚. 非不欲務實功, 而虛僞之習尙多. '皆予之失也.'476) 今天之降災, 安知不由於此耶? 此予所以反躬自責, 求助於臣隣者也. 自今'避正殿,'477) 益篤'對越'478)之誠, 敢弛戒懼之心?

承旨代'予'草敎, 宜自政府, 廣求直言, 各陳所懷, 毋有所隱. 言之剴切, '予'所嘉尙, 言雖過中, '予'不以罪.

嗚呼! 災實由'予,' '予'當自修之不暇, 何可責人? 而其在交相儆戒之道, 亦豈無一二加勉者乎? 惟公惟正, 可以服人. 天官居六卿之首, 而語其職則任人也. 果能賢才是用, '不肖'479)是斥, 用捨公而是非明, 則不惟大小之官, 各得其任, '朝著'480)之和靖, 亦由此可期矣. 若夫方岳之臣, 廉白自持, 威惠竝行, '黜陟'481)幽明, 一出公心, 節鎭之帥, 撫爾士卒, 詰爾戎兵, 若常對壘, 毋敢怠忽, 則庶不負朝家委寄之重矣. 咨! 爾中外臣僚, 體'予'至意, '式克欽承.'482)

469) 『漢書』,「王吉傳」.
470) 『書經』,「周書」, '洪範.'
471) 『書經』,「周書」, '誥命' 변용.
472) 『書經』,「虞書」, '堯典.'
473) 『論語』,「學而」 변용 ; (漢)劉向, 『新書』,「雜事一」.
474) 『論語』,「顔淵」.
475) 『書經』,「夏書」, '五子之歌.'
476) 『書經』,「商書」, '說命' 변용.
477) 『定宗實錄』, 定宗 元年 8月 丁未(10日).
478) 『詩經』,「周頌」, '淸廟.'
479) 『孟子』,「萬章上」 ; 『禮記』,「中庸」.
480) 『春秋左氏傳』,「昭公」, 11年.
481) 『書經』,「周書」, '周官' 변용.
482) 『書經』,「商書」, '說命下.'

抑又思之, 自古致旱, 固非一端, 而多出於抱冤. '三年苦旱, 實緣孝婦,'483) '五月飛霜, 良由燕臣.'484) 蓋冤氣鬱結, 上徹'穹蒼,'485) 感傷和氣, 致有災沴, 亦自然之理也. 當此憫旱之日, 宜無所不用其極, 著令中外之官, 若有抱至冤而未伸者, 另加詳察以聞. 至於斷獄斷訟, 去請去私, 勿以强弱爲立落, 其伸其屈, 一循曲直, 則'小民'486)庶可無冤矣. 外方官吏, 因喜怒濫刑殺人之弊, '予'屢言之矣. 今當恤囚, 尤宜申嚴, 一體布告, 咸使聞知.

且近來士大夫風習不美. 或行公未久, 旋尋辭單, 或除拜累月, 終不應命. 或受由出去, 久不還來, 或廉隅太勝, 違召'紛紜.'487) 或朝遞其職, 夕已歸鄕, 往來'憧憧,'488) 在官日鮮, 瘝曠之弊, 職由於此. 若此不已, 將何以備百官而成國家之貌樣乎? 在昔壬辰兵亂之後, 滿目灰燼, 士大夫艱苦之狀, 爲如何? 而不敢告勞, 不敢言私, 咸聚輂輦, 奔走率職矣. 今之士大夫, 異於是, 此'予'爲'世道,'489) 心常嘅然者矣.

嗚呼!「雲漢」之歎, 何世無之? 而'蘊隆'490)之災, 今年太甚, 如惔如焚, 無以爲心. 嗟! 爾群工, 毋圖安便, 欽乃職事, 用答天譴. 減膳徹[撤]樂禁酒等事, 其令有司擧行.

『肅宗實錄』肅宗 38年 5月 丁亥(5日) 실 合*(11日)

---

483) 『漢書』,「于定國傳」 변용.
484) (漢)王充, 『論衡』,「感虛」 변용 ; (唐)李白,「古風」 변용.
485) 『詩經』,「大雅」, '桑柔.'
486) 『書經』,「商書」, '微子.'
487) (漢)王褒,「四子講德論」(『文選』).
488) 『周易』,「咸」 ; (漢)桓寬, 『鹽鐵論』,「刺復」.
489) 『列子』,「楊朱」,
490) 『詩經』,「大雅」, '雲漢.'

제2장 백성

042 영양현을 복구하다

英陽舊縣, 有一峻嶺, 虎豹當道, 群盜間發, 傷人害物頗多. 故其邑黔蒼, 出入寧海, 難於蜀道之險, 名之曰"泣嶺." 則想其艱楚之狀, 可戚可憐. 宜有復設舊邑, 以遂民願, 速爲稟處變通.

『肅宗實錄』肅宗 元年 9月 甲辰(19日) 실 승 비*(18日)

043 정금의 난에 대비하라

方今天下之大亂, 鄭錦之睥睨, 海島之'乘機,'[1] 不可無深憂. 而預備之策, 樞密都統, 摠諸將之才望, 寄一國之安危, 南北備禦, 專倚於都體之神奇方略. 玆者兵甲器械, 雖得修備, 而不能萬一於臨時之用.

咨! 爾廊廟諸臣, 體'予'[2] '宵旰'[3]之慮, 水陸防禦之備, 另加修束, 以待朝夕之令, 俾無取其名而虛其實.

『肅宗實錄』肅宗 2年 2月 壬戌(10日) 실 승 비

---

1) 『晋書』, 「慕容暉載記」.
2) 『書經』, 「虞書」, '堯典.'
3) (宋)王禹偁, 「爲兵部向侍郞謝恩表」.

044 돈대 공사에 동원된 백성을 진휼하라

江都乃是保障之地, 方春飢饉之時, 動衆設墩. 雖出於綢繆陰雨之備, 而第念一府貧民, 當此凶歲, 復値巨役. 雖無調發赴役之事, 必有侵擾妨農之患. '予'4)甚愍焉. 不可無嚴束役徒, 慰悅居民之擧. 特遣近侍, 宣布軫恤之意. 仍賜今年田租.

且近萬役[僧]軍, 遠來[裹糧]赴役, 亦宜軫念. 出米一百石, 三升二十桶, 使之分給. 如有橫挐村閭者, 施以軍律, 斷不'容貸'5)事, 咸使聞知.

『肅宗實錄』 肅宗 5年 3月 辛丑(6日) 실 승 비*(5日)

045 토지를 조사하여 세금을 바로잡다

『孟子』云, "仁政必自經界始."6) 正經界者, '王政'7)之先務也." 我國經界不正, 賦役仍以不均. 諸道量田, 縱不能一時竝擧, 漸修此法, 則不有愈於一任其不均而置之相忘耶? 其令廟堂, 商確稟處.

『肅宗實錄』 肅宗 17年 閏7月 辛巳(28日) 실 승

046 경기 백성의 부담을 덜어주다

親臨滿月臺之日, 軫恤畿民, 有所下詢. 仍就前日所分給千石之中,

---

4) 『書經』, 「虞書」, '堯典.'
5) 『後漢書』, 「史弼傳」; 『後漢書』, 「陳寵傳」.
6) 『孟子』, 「滕文公上」.
7) 『孟子』, 「梁惠王下」.

使之參酌加給矣. 今番行幸, 道里頗遠, 與近陵之回鑾於一日之內者有異. 動一道之民, 奔走供億, 而朝家之所施者甚鮮, 不能遍及. 於'予'[8] 心, 終有所歉然, 不可不別樣施惠. 其令廟堂, 商量稟處.

『肅宗實錄』肅宗 19年 9月 乙卯(14日) 실 승 비

047 새해 농사를 준비하라

陰盡北陸, 春迎東郊, 天地和同, 萬品昭蘇. 體乾元之至仁, 新一代之庶政, 至誠無息, 此正其機也.

咨! 爾大小臣僚, 體此誥諭, 痛革舊染, 與歲俱新. 是'予'[9]之切望者也. 且'布德和令,'[10] 敎飭農事, '王政'[11]之所先務. 宜令諸道方伯,'[12] 申飭列邑, 廣詢'元元'[13]疾苦, 條列以聞. 而仍令'修治其封疆, 審端其經[徑]術,'[14] 皆自力田, 各盡人事, 以示朝家恤民務本之意.

『肅宗實錄』肅宗 18年 正月 辛亥(1日) 실 승

048 양역을 변통하라

昔漢文帝, 當海內寧謐之時, 每下朝令, 輒軫'元元,'[15] 則矧惟今日八

---

8) 『書經』,「虞書」,'堯典.'
9) 『書經』,「虞書」,'堯典.'
10) 『禮記』,「月令」.
11) 『孟子』,「梁惠王下」.
12) 『禮記』,「王制」.
13) 『史記』,「孝文本紀」.
14) (秦)呂不韋,『呂氏春秋』,「孟春紀」 변용.
15) 『史記』,「孝文本紀」.

路, '民斯'16)纔經饑饉, 尙未蘇息, 而荐罹昨歲之'災荒,'17) 重以身役之侵困. 方春發育枯荄, 亦被<u>就[乾]</u>坤之雨露. 而哀我'無辜'18)之民, 獨阽於死亡, 爲民父母, 當復如何?

噫! '農者, 天下之大本,'19) 民所以恃生. 則凶歲勸農, 尤宜着力. 其令有司之臣, 體'予'20)至意, 毋或玩愒, 凡所以賙賑也勸農也, 常加留意, 另爲申飭, 無使民有'捐瘠,'21) 田有不闢.

仍念君之於民, 猶父之於子也. 子有沈痼之疾, 而爲其父者, 安有立視其死, 而不爲之'汲汲'22)救護乎? 目今'生民'23)莫保之憂, 無如良役軍制. 而一日二日, 徒思遷就, 不思濟民於'水火'24)之中. 是豈'予'視萬姓之道乎? '予'實慨然也. 宜令廟堂, 趁玆新春, 須速善變, 導迎和氣, 用示'予''如傷'25)'惻怛'26)之意.

『肅宗實錄』肅宗 29年 正月 壬子(6日) 실 승*(5日) 비

049 진휼·권농·변통이 모두 필요하다

國家不幸, 一自乙丙'大殺,'27) 戊己毒癘之後, 若經'兵燹,'28) 民未蘇

---

16) 『論語』, 「季氏」,
17) 『三國志』, 「魏志」, '文帝紀', 元年 2月 壬戌, 裴松之注.
18) 『書經』, 「商書」, '湯誥.'
19) 『漢書』, '文帝紀'.
20) 『書經』, 「虞書」, '堯典.'
21) 『漢書』, 「食貨志上」.
22) 『漢書』, 「揚雄傳上」.
23) 『書經』, 「周書」, '旅獒' ; 『詩經』, 「大雅」, '生民.'
24) 『論語』, 「衛靈公」.
25) 『孟子』, 「離婁下」.
26) 『禮記』, 「問喪」.
27) 『禮記』, 「禮器」.

息. 加以三歲 '懷襄,'29) 災害非常, 八路 '荐飢[饑],'30) '西北'31)尤甚. 哀我 '民斯,'32) '大命近止.'33) '如傷'34)之念, 非不切於 '九重,'35) 而奈此積儲之蕩然何?

中夜焦憂, 不知所以爲計也. 然誠之所存, 無事不成. 今日君臣上下, 苟能以 '誠心,'36) '着意'37)賑事, 則亦豈無濟活之道乎? 內而主賑之臣, 外而御史曁 '方伯,'38) 體 '予'39) '惻怛'40)之意, 講究荒政, '孜孜'41)不怠, 而畢竟以 '捐瘠'42)之有無, 明示勸懲之典, 宜各勉旃.

仍念客歲孟春, 以良役變通事, 特下備忘, 意非偶然, 而一年已盡, 了當無期, '赤子'43) '倒懸'44)之急, 何時可解耶? '予'實慨然. 咨! 爾 '釐正'45)諸臣, 亦自惕慮, 無如前日之悠泛, 俾有及民之實惠.

至若勸農, 在常年猶爲急先之務, 況 '歲惡' 民飢之日乎? 申明事目, 令

---

28) 『宋史』, 「神宗紀二」 丁酉.
29) 『書經』, 「虞書」, '堯典' 변용.
30) 『春秋左氏傳』, 「僖公」, 13年.
31) '서북'은 ①西北面(평안도), ②西北兩界・西北兩道(평안도・함경도), ③평안도・황해도, ④평안도・황해도・함경도 등 문맥별로 그 범위가 일치하지 않는다. 여기서는 숙종연간의 다수 용례를 택하였다.
32) 『論語』, 「季氏」,
33) 『詩經』, 「大雅」, '雲漢.'
34) 『孟子』, 「離婁下」.
35) 『漢書』, 「禮樂志」.
36) (宋)朱熹, 『大學章句』, 傳6章.
37) 『楚辭』, 「九辯」.
38) 『禮記』, 「王制」.
39) 『書經』, 「虞書」, '堯典.'
40) 『禮記』, 「問喪」.
41) 『書經』, 「虞書」, '益稷.'
42) 『漢書』, 「食貨志上」.
43) 『書經』, 「周書」, '康誥.'
44) 『孟子』, 「公孫丑上」.
45) (唐)孔穎達, 『毛詩正義』, 「毛詩正義序」; 『新唐書』, 「儒學傳」, '顏師古傳.'

民力穡, 無使田野不闢.

『肅宗實錄』肅宗 30年 正月 甲辰(4日) 실 승

050 군제를 바로잡다

噫!'民惟邦本, 本固邦寧.'46) 而'比歲'47)荐饑, 民方'殿屎,'48) '夙夜'49) 一念, 未嘗不在於懷保也. 矧當新春, '東作'50)不遠, 撫摩安集, 勸課農桑, 固皆急先之務.

而在於三南被災最甚之處, '着意'51)濟活, 不啻若救焚拯溺也. 其令廟堂, 別飭道臣, 用體'予'52)軫恤'元元'53)之意.

若夫軍制, 朝家稍加'釐正'54)節目, 纔頒中外, 諸臣遵而不撓, 少慰軍民之望.

『肅宗實錄』肅宗 31年 正月 戊戌(3日) 실 승*(4日) 비

051 상을 당하면 보방하라

治獄所係, 皆士大夫也. 雖有罪下吏, 朝家待之, 宜乎有別.

---

46) 『書經』, 「夏書」, '五子之歌.'
47) 『管子』, 「樞言」.
48) 『詩經』, 「大雅」, '板.'
49) 『詩經』, 「大雅」, '抑' 변용.
50) 『書經』, 「虞書」, '堯典';『史記』, 「五帝本紀」.
51) 『楚辭』, 「九辯」.
52) 『書經』, 「虞書」, '堯典.'
53) 『史記』, 「孝文本紀」.
54) (唐)孔穎達, 『毛詩正義』, 「毛詩正義序」;『新唐書』, 「儒學傳」, '顏師古傳.'

而遭親喪而不得自盡, 人子之至痛如何? 此正爲人上者, 所宜惻然動念處也. 自今定式, 死囚外, 限成服, 啓禀保放.

『肅宗實錄』肅宗 31年 2月 丁卯(3日) 실 승

제3장 역사

052 관우의 사당을 보수하라

噫! 武安王之忠義, 實千古所罕. 今茲一瞻遺像, 實出於曠世相感之意, 亦所以激勸武士, 本非取快一時之遊觀.

咨! 爾諸將士, 須體此意, 益勵忠義, 捍衛王室. 是所望也. 且東南關王廟宇破傷處, 令該曹一體修改, 遣官致祭. 祭文中備述'予'[1]遲想僉歎之意.

『肅宗實錄』肅宗 17年 2月 癸未(27日) 실 승

053 관우의 사당을 지키도록 하라

頃日, 瞻觀武安王遺像, 美髥顯有剪短之形, 事甚未安. 此等處一新修補.

仍念'祖宗'[2]朝建祠崇奉, 實出景仰忠節之盛意, 而不禁雜人, 致有此事. 其他傷汚處亦多, 使肅淸之廟宇, 作一行人褻玩之所. 若不別樣禁斷, 則今日修改, 明日傷破, 殊無致敬之本意. 今後若又有如此之患, 見

---

1) 『書經』,「虞書」,'堯典.'
2) 『漢書』,「宣帝紀」.

發於摘奸時, 則當該守直官從重論罪之意, 各別嚴飭.

『肅宗實錄』 肅宗 17年 3月 庚寅(4日) 실 승*(5日)

054 고사를 병풍으로 만들다

'予'3) 觀『國朝故事』, 太宗二年, 命盡[劃]前代可法之事于壁上, 成宗元年, 命擇可法可戒者, 圖畫作屏, 仍令'詞臣,'4) 詩以詠之. 是豈取玩於繪事哉?

今欲取前代善可爲法惡可爲戒者各八事. 以其類描作二屏, 屏各八疊. 張之座隅, 以資省察. 其令玉堂董成之, '主文之臣,'5) 各以其事製律詩, 弁諸屏幅以進.

善者, ①'帝堯之任賢圖治,'6) ②'帝舜之作歌勅命,'7) ③夏禹之揭器求言, ④'商湯之桑林禱雨,'8) ⑤中宗之德滅祥桑, ⑥周文之澤及枯骨, ⑦'武王之丹書受戒,'9) ⑧宣王之感諫勤政.

惡者, ⑨夏少康之遊畋失位, ⑩漢成帝之市里微行, ⑪哀帝之嬖佞戮賢, ⑫靈帝之西邸鬻爵, ⑬晋武帝之羊車遊宴, ⑭唐玄宗之斂財侈費, ⑮懿宗之怒流諫臣, ⑯宋徽宗之任用奸賊. 凡十六事也.

『肅宗實錄』 肅宗 17年 11月 壬戌(12日) 실

3) 『書經』, 「虞書」, '堯典.'
4) 『定宗實錄』, 定宗 2年 11月 辛酉(1日).
5) 『宣祖實錄』, 宣祖 37年 10月 壬戌(16日).
6) 『書經』, 「虞書」, '堯典' 변용.
7) 『史記』, 「夏本紀」.
8) 『書經』, 「周書」, '武成.'
9) 『大戴禮記』, 「武王踐阼」.

055 요 임금 · 순 임금보다 나은 세상을 만들라

夏禹之世, 功成治定, '黎民'10) '皥皥,'11) 而猶以不若唐虞, 痛自刻責. 至於'下車泣辜,'12) 至誠'惻怛'13)之意, 藹然乎辭表, 千載之下, 有足感動者.

嗚呼! 今日國步之屯艱, '維其棘矣,'14) '氓'15)俗之乖敗, 亦'孔棘'16)矣. 受[愛]親敬兄, 忠君弟[悌]長, 漫不知爲何事. 悖倫亂常, 日加月增, 耳聞目見, 罔非驚心. 不圖湖西, 又有父殺子之變.

噫! 父子慈愛, 天賦之常性, 無貴賤同得, 彼雖蚩蚩, 忍爲此至不忍之事, 豈無所以哉?

魯論云, "道之以政, 齊之以刑, 民免而無恥, 道之以德, 齊之以禮, 有恥且格."17)

旨哉! 言乎! '藐予小子,'18) 無才無德, 臨'小民'19)今過一紀, 而曾不知以德禮, 先之一之, '使民日遷善.'20) 但欲以法制刑罰, 苟冀其遠罪, 是恃其末而不探其本也. 繇是觀之, 吾民之不自愛而輕犯法, 實由於導率之乖方. 寡昧之痛心, 奚但大禹之泣辜而已哉?

---

10) 『書經』, 「虞書」, '堯典.'
11) 『孟子』, 「盡心上」.
12) (漢)劉向, 『說苑』, 「君道」 변용.
13) 『禮記』, 「問喪」.
14) 『詩經』, 「小雅」, '出車.'
15) 『詩經』, 「衛風」, '氓.'
16) 『詩經』, 「小雅」, '采薇.'
17) 『論語』, 「爲政」 변용.
18) 『書經』, 「周書」, '誥命' 변용.
19) 『書經』, 「商書」, '微子.'
20) 『論語』, 「爲政」.

咨! 爾大小民庶, 體'予'21)反覆誥諭之至意, 感發本然之善心, 盡其職分之當然. 一日二日, 各自激勵, 則'於變時雍'22)之化, 豈特專美於唐虞?

『肅宗實錄』肅宗 17年 11月 甲戌(24日) 실

056 사육신의 관작을 복구하라

有國所先務, 固莫大乎獎義崇節. 人臣之所最難, 亦莫過乎伏節死義. 彼六臣, 豈不知'天命'23)人心之不可逆? 而乃心所事, 死而無悔, 是誠人所難能.

而其忠節凜凜乎數百年之下, 可與方孝孺景淸比論矣. 適因有事先陵, 輦過墓傍, 於'予'24)心尤有所感者.

噫! 爲親者諱, 詎昧斯義? 而"當世亂臣後世忠臣之敎,"25) '聖意'26)有在. 今日此擧, 實所以紹世祖之遺意, 光世祖之盛德也.

『肅宗實錄』肅宗 17年 12月 丙戌(6日) 실

057 검소한 덕을 밝히다

獒者, 一畜物, 而西旅貢之, 君奭作書以戒, 武王恐或"玩物喪志."27)

---

21) 『書經』,「虞書」,'堯典.'
22) 『書經』,「堯典」.
23) 『書經』,「虞書」,'皐陶謨.'
24) 『書經』,「虞書」,'堯典.'
25) 『肅宗實錄』, 肅宗 17年 12月 乙酉(5日).
26) 『史記』,「秦始皇本紀」.
27) 『書經』,「周書」,'旅獒.'

終累大德也.

　今日筵中, 權瑎以却異物昭儉德, 縷縷陳達, 其令尙方, 悉焚此裘, 以表'予'[28]'翕受敷施'[29]之意.

『肅宗實錄』肅宗 18年 正月 丙辰(6日) 실 승

058 악비를 제갈량의 사당에 합향하다

　'予'[30]讀『宋史』, 至岳武穆事, '不覺'[31]曠世相感, 千載起敬也.

　噫! 當夷虜猖獗, 乘輿北徙之日, 慨然以一雪國恥, 恢復帝業爲己任, 力排和議, 奮忠破賊, 兩宮之還, 指日可期, 而凶賊誤國, 忠臣陷於毒手, 五國空照寒月. 此千秋烈士之扼腕慷慨處. 而況其四字之分明沮背, 婦人之抱甁投井, 莫非天性之自然, 忠孝之所感. 可謂"凜凜若白日秋霜也." '予'意欲以此人, 特爲合享於永柔諸葛武侯之廟, 以樹百代之風聲.

『肅宗實錄』肅宗 21年 3月 辛卯(30日) 실

059 제후가 천자를 제사지내다

　神皇建廟事, 已諭'予'[32]意, 詢于諸臣. 此是早晩必行之盛禮. 宣武祠愍忠壇, 遣官致祭, 亦已定奪矣. 昨因柳成運疏, 有令禮官稟處之命, 第

---

28) 『書經』,「虞書」, '堯典.'
29) 『書經』,「虞書」, '皐陶謨' 변용.
30) 『書經』,「虞書」, '堯典.'
31) (漢)張衡,「東京賦」(『文選』).
32) 『書經』,「虞書」, '堯典.'

於'予'心, 終有所歉然.

嗚呼! 流光荏苒, 舊甲重回. 今月十八日, 卽皇朝運移之日也. 空望故國, 朝宗無地. 追天朝不世之殊渥, 念列聖服事之至誠, 只自嗚咽, 流涕無從也. 昔我仁祖大王, 當天翻地覆之日, 不廢焚香望闕之禮. 則今丁皇朝淪陷之日, 豈可遣官設祭而已耶? 向所謂"歉然"者, 實在於此, 而此心耿耿, 消鑠不得也. 其令禮官, 議于諸大臣稟處.

『肅宗實錄』肅宗 30年 3月 丙午(7日) 실

060 대보단을 건립하다

嗚呼! 光陰易逝, 涒灘重回. 天崩地拆, 卽此歲也. 壽亭之事, 追思掩泣. 不有親祀, 于何寓哀? 肆'予'[33] 義起, 斷然行之. 蓋所以明'天理'[34] 植民彝也.

嗚呼! 神宗皇帝再造藩邦之恩, 天地同大, 河海莫量, 實吾東方沒世不忘者也. 今於建廟之事, 孰有異議於其間? 而第或以禮節爲拘, 或以宣洩爲慮, 此則有不然者. 所謂"禮節," 爛熳商確, 務歸得當, 則自無難便之端. 所謂"宣洩," 只在象胥, 申以重律, 嚴加操切, 則豈有宣洩之患耶?

嗚呼! 尙忍言哉? 海內神州, 滿目腥塵, 遙望天壽, 孰薦明祀?

噫嘻! 由是論之, 則今日建廟, 不特'予'崇報之誠, 亶在於此, 神皇在天之靈, 亦安知不戀茲東土耶? 尊周之義, 皎如日星, '予'志之定, 堅如

---

33) 『書經』, 「虞書」, '堯典.'
34) 『禮記』, 「樂記」.

金石, 斷不可已也.

嗚呼! 追'聖祖之志事,'35) '予'所勉勉. 而此而持疑, 猶且不行, 則何以有辭於天下後世乎? 其令禮官, 斯速稟處. '頃者, 儒疏中華陽洞之說,'36) 反復思惟, 終涉不便, 在該曹之商量也.

『肅宗實錄』肅宗 30年 4月 己卯(10日) 실

061 기둥을 대신하는 첩을 만들다

'生民'37)'休戚,'38) 係'守令'39)賢否, 不可不愼擇. 昔唐宣宗, 以李行言之名, 帖於寢殿柱. '予'40)嘗作一帖, 名曰"代柱帖." 列錄褒啓'守令,' 時時考閱. 第必有落漏者, 令銓曹, 純褒啓'守令,' 抄出書入.

『肅宗實錄』肅宗 34年 2月 癸未(6日) 실 승

062 왕호를 미루어 회복하다

'予'41)竊惟光廟之初, 尊奉魯山爲"太上王"矣, 又命月三行起居之禮矣. 不幸末梢處分, 恐非光廟之本意, 而究其源則由於六臣也. 六臣旣褒其忠節, 則於其故主之追復位號, 未知其更有嫌礙. 而皇明景泰之事,

---

35) 『仁祖實錄』, 仁祖 14年 12月 甲午(24日).
36) 『肅宗實錄』, 肅宗 30年 2月 戊戌(28日).
37) 『書經』, 「周書」, '旅獒'; 『詩經』, 「大雅」, '生民.'
38) 『宋書』, 「文帝本紀」.
39) 『後漢書』, 「黨錮列傳」, '杜密'; 『後漢書』, 「黨錮列傳」, '范滂.'
40) 『書經』, 「虞書」, '堯典.'
41) 『書經』, 「虞書」, '堯典.'

雖不相類, 亦可倣而行之矣. '予'以爲今玆追復, 益有光於光廟之盛德也.

噫! 日者, '申奎之疏,'[42] 展讀未半, 傷感之懷, 自切于中. 而未嘗以輕論重事, 有一毫不平底意思, 此所以先詢於筵席者也.

嗚呼! 神道人情, 不甚相遠, 無乃'祖宗'[43]在天之靈, 悅豫於冥冥之中, 而有此相感之理耶. 以疎逖之臣, 論至大之擧, 可謂"千載一時," 而事竟不行, 則更待何日乎?

噫! '天王家'[44]處事, 自與匹夫不同, 是以或夬揮乾斷, 不拘拘於論議者, 自古有之矣. 事苟可行, 何必持難? 其令禮官, 亟擧縟儀.

『端宗實錄』肅宗 24年 실*(10月 24日) 승*(10月 28日)

---

42)『肅宗實錄』肅宗 24年 9月 辛丑(30日).
43)『漢書』,「宣帝紀」.
44)『齊紀』, 高帝 建元 元年.

제4장 탕평

063 대간에게 당론을 경고하다

國家之置臺閣, 寧令恣意黨論而已哉? 前司諫李鼎命, 職在言責, 不思明是非抑浮議之道, 乃反左袒省三. 掇拾其論, 顯有擊去異己, 激成鬧端之計, 而反謂"非出私好惡." 其輕朝廷樹私黨甚矣. 爲先罷職不敍.

『肅宗實錄』肅宗 23年 5月 辛卯(12日) 실 승

064 잇달은 재변으로 당론을 경계하다

嗚呼! 今日國勢, 可謂"岌岌乎! 殆哉!" 災沴頻仍, 罔非驚愕. '飢饉荐臻,'[1) 邦本將蹶. 加以今春毒疫, 亦'孔之慘,'[2) 京外民死, 不'可勝'[3) 計. 爲民父母, '予'[4) 懷若何? 每誦宋太祖"若天災流行, 願在朕躬, 勿施於民"之語, 未嘗不愀然'無樂爲君'[5) 也.

廼者, '皇天'[6) 示警, 星隕冬雷之異, 荐疊於數日之內. 未知何樣禍機,

---

1) 『詩經』, 「大雅」, '雲漢.'
2) 『光海君日記』, 光海君 6年 4月 丙午(24日)[中草/正草].
3) 『孟子』, 「梁惠王上」.
4) 『書經』, 「虞書」, '堯典.'
5) 『論語』, 「子路」 변용.
6) 『書經』, 「虞書」, '大禹謨.'

伏於冥冥之中, 而天之譴告, 若是其'諄復[諄]'[7]耶! 倍切'懍惕,'[8] 錦'玉'[9] 何安?

『詩』曰, "敬天之怒, 無敢戲豫,"[10]「鄕黨篇」曰, 孔子"迅雷烈風[風烈] 必變,"[11] 莫非敬畏之意也. 漢儒董仲舒有曰, "天屢出災異以警告之, 而 人君不知自省, 則傷敗乃至."[12] 可不懼哉? '予'當益篤'對越'[13]之誠, 克 盡'修省'[14]之方.

而抑又思之, 和氣致祥, 乖氣致異, 乃理之常也. 今玆召災, 職由不 辟. 而'朝象'[15]之泮渙, 未有甚於近日, 則亦豈無可言者乎?

嗚呼! 朝廷, 四方之根本. 朝廷協和, 精白一心, 然後百事可做. 而今 日朝廷, 三分五裂, 門戶各立, '戈戟相尋,'[16] 是非不公, 私意橫流. 情志 否隔, 疑阻轉深, 事出無心, 必欲吹覓. 一日二日, 漸就難醫, 風波不息, 止泊無期, 朝廷作'蠻觸'[17]之場, '國計'[18]置相忘之域.

以日昨之事言之, 申鐔李海朝兩人之疏, 非出於論事公平底意思. 雖 自謂"我無挾雜," 其誰信之? 黨伐之論一出, 而大臣諸宰, 一倂引入, 位 著殆空, 爻象不佳. 至若外方狀請之事關賑民, 不容暫緩者, 尙未覆奏,

---

7) 『詩經』,「大雅」, '抑.'
8) 『宣祖實錄』, 宣祖 26年 7月 癸丑(1日).
9) 『書經』,「周書」, '洪範' 변용.
10) 『詩經』,「大雅」, '板.'
11) 『論語』,「鄕黨」.
12) 『漢書』,「董仲舒傳」 변용.
13) 『詩經』,「周頌」, '淸廟.'
14) 『周易』,「震」, '象傳.'
15) 『肅宗實錄』, 肅宗 10年 9月 21日(甲申).
16) (宋)呂祖謙,『東萊先生左氏博議』,「鄭子家爲書告趙宣子」; (朝鮮)徐居正,『東國通鑑』,「進 國通鑑箋」 변용.
17) 『莊子』,「雜編」, '則陽.'
18) 『三國志』,「魏志」, '華歆傳'; 『世宗實錄』世宗 元年 7月 己巳(26日).

況他餘機務乎? 向所謂"朝廷協和, 然後百事可做"者, 良以此也. '予'恐若此不已, 國亡無日. 黨論之害, '可勝'19)言哉?

不特此也. 恬嬉成風, 悠泛度日. 大小之官, 不思盡職, 皆懷自便, 呈告'紛紜,'20) 受由還朝, 惟事祈免. 刑獄多滯, 乍出旋入. 職在經幄, 無端圖遞, 屢違召牌, 有若高致.

噫! '聚精會神,'21) '夙夜'22)匪懈, 縱不敢望, 而黽勉從事, 不敢告勞之義, 又從而廢. '予'實慨然也.

噫! '予'深惡朋比之習, 前後勅勵, 非止一再, 而徒歸空言, 了無實效, 豈弊痼已甚, 難可救藥而然耶? 抑'予'誠意有所未孚而然耶?

噫! 人有沈痼之疾, 則醫治之道, 靡不用極, 識以不治則必死也. 今日黨論, 不啻沈痼之疾, 若不'汲汲'23)下藥, 則國必亡. 思之至此, 可謂"痛哭流涕也."

咨! 爾臣僚, 敬聽'予'言, 一洗舊習, 各自勉礪[勵], 專以'國事'24)'可否相濟,'25) 務盡'寅協,'26) 期臻和靖, 少答天譴, 挽回'世道.'27)

『肅宗實錄』肅宗 33年 11月 庚戌(2日) 실 승*(3日)

---

19) 『孟子』, 「梁惠王上」.
20) (漢)王褒, 「四子講德論」(『文選』).
21) (漢)王褒, 「聖主得賢臣訟」(『古文眞寶』).
22) 『詩經』, 「大雅」, '抑' 변용.
23) 『漢書』, 「揚雄傳上」.
24) 『禮記』, 「喪服大記」 ; 『史記』, 「秦始皇本紀」.
25) (宋)蔡沈, 『書經集傳』, 「尙書」, '咸有一德.'
26) 『書經』, 「虞書」, '皐陶謨.'
27) 『列子』, 「楊朱」,

065 붕당을 비판하다

 嗚呼! '眇子'28) '不穀,'29) '叨承'30)丕緖, 惟不克負荷是懼. '夙宵'31) '危懍,'32) 罔敢怠傲, 蘄免獲戾于上下, 越玆三十年有餘矣. 然而上天之徹 '子'33)怒'予,' 愈久不已, 水旱災沴, 靡歲不有.

 加以前春輓近所罕之癍疹, 今年十無一瘳之虐癘, 民之札瘥, 不可計數. '予'心盡傷, 若已[己]恫瘝. 乃者, 長嬴之月, 旱嘆太甚, 小澤未洽, 杲日旋出, 四野焦赤, '三農'34)輟業, 播種'愆期.'35) '西成'36)斷望.

 嗚呼! 天災地異, 孰非可懼? 而迫急之憂, 焚灼之慘, 未有如'亢陽'37)也. 是用遑遑, 躬詣太廟, 虔誠請命, 而誠未上格. 「雲漢」所云"父母先祖, 胡寧忍予"38)者, 寔'予'今日之心也.

 嗚呼! 人君事天, 如子事父母. 父母怒不悅, 則爲人子者, 起敬起孝, 以期底豫可乎? 無所敬畏, 狃於怠忽可乎? 若或無所敬畏, 則是'自絶'39)於父母, 而父母亦不子之矣, 豈不大可懼哉? 自今日'避正殿,'40) 益加敬畏之心, 思盡'修省'41)之道.

---

28) 『書經』, 「周書」, '誥命' 변용.
29) 『詩經』, 「小雅」, '小弁.'
30) (唐)李白, 「下途歸石門舊居」.
31) 『三國志』, 「魏志」, '管寧傳.'
32) (宋)劉克莊, 「吊錦鷄一首呈叶任道」.
33) 『書經』, 「虞書」, '堯典.'
34) 『北史』, 「薛辯傳」.
35) 『周易』, 「歸妹」; 『詩經』, 「衛風」, '氓.'
36) 『書經』, 「虞書」, '堯典.'
37) (漢)王充, 『論衡』, 「明雩」.
38) 『詩經』, 「大雅」, '雲漢.'
39) (宋)朱熹, 『論語集註』, 「陽貨」; (宋)朱熹, 『孟子集註』, 「離婁上」.
40) 『定宗實錄』, 定宗 元年 8月 丁未(10日).
41) 『周易』, 「震」, '象傳.'

嗚呼! 惟'予'不辟, 逢天癉怒. '靜言思之,'42) 咎寔在'予.' 惟'予'之病, 嘗自點檢曰, "喜怒不中也, 言路不闢也, 施措乖宜也, 實惠未究也." '予' 所不知病, 豈止此? 至若積弊未祛, 而民困之日甚, 贓法不嚴, 而良民之 不保, 刑獄久滯, 而冤氣之干和, 何莫非咈天心而召災異乎?

承旨代'予'草敎, 宜自政府, 廣求直言, '寡躬'43)之闕失, 朝政之得失, '生民'44)之利病, 悉陳無隱. 言可底行, '予'將翕受而敷施.'45) 若夫'傾 軋'46)之論, 非'予'之所欲聞也.

嗚呼! 黨比之害, 尙忍言哉? '國事'47)之泮渙, 黨論之故, '百度'48)之弊 弛, 黨論之故, 情志之阻隔, 黨論之故, 禮讓之無聞, 黨論之故. 若比於 人, 病在膏肓, '輾轉'49)沈綿, 鍼藥罔效. 反覆思惟, 實無可爲, 而亦不忍 諉之於"無可爲"而束手待亡也. 思之至此, 寧不'寒心'50)? 然而俱以士 類, 世受國恩, 若明知黨論之害于國如此, 則必革心改慮. 消融保合, 何 待'予'縷縷言也?

咨! 爾大小臣僚, 毋謂"予誥之循常," 毋謂"痼疾之難醫." 恪恭官次, 一乃心力, 使我邦家, 轉危爲安, 是所望於卿等也.

嗚呼! 君臣上下, 不相交修, 罔與成厥功. 勖哉! 群工! 其各欽承. 減膳 撤樂禁酒等事, 亦卽擧行.

---

42) 『詩經』,「邶風」,'柏舟';『詩經』,「衛風」,'氓.'
43) 『高麗史』,「忠惠王世家」, 後3年 6月;『太祖實錄』,'(總序).'
44) 『書經』,「周書」,'旅獒';『詩經』,「大雅」,'生民.'
45) 『書經』,「虞書」,'皐陶謨.'
46) 『舊唐書』,「李宗閔傳」.
47) 『禮記』,「喪服大記」;『史記』,「秦始皇本紀」.
48) 『書經』,「周書」,'旅獒.'
49) 『詩經』,「周南」,'關雎.'
50) 『春秋左氏傳』,「哀公」, 15年.

『肅宗實錄』肅宗 34年 5月 甲午(19日) 실 승

066 당론이 날로 심해지다

嗚呼!'眇予小子,'⁵¹⁾'叨承'⁵²⁾丕緒, 三紀于玆矣.'夙宵'⁵³⁾憂懼, 不遑寧處, 而惟其德薄, 政多疵纇, 以致天怒於上, 民怨於下. 水旱之災,'無歲無之,'⁵⁴⁾ 驚愕之異, 式月斯生. 加以荒歉, 今年尤酷, 而'杼柚'⁵⁵⁾枵然, 若何賙濟?

中夜撫枕, 無以爲心. 乃者, 陰虹貫月貫日之變, 疊出於一旬之內. 未知何樣禍機, 伏於冥冥之中, 而天之降災儆'予,'⁵⁶⁾ 若是其'諄複[諄]'⁵⁷⁾丁寧耶?

噫! 災不虛生, 必有所召. 則靜思厥咎, 寔在'不穀.'⁵⁸⁾ 一味'懍惕,'⁵⁹⁾不知攸措也. 惟天示警, 本出仁愛, 而爲人君者, 若不反躬自省, 則危亂隨至, 可不懼哉?'予'當益盡'修省'⁶⁰⁾之方, 不懈'對越'⁶¹⁾之心.

而亦豈無勅勵群工, 交相儆戒之道乎? 目今'朝著'⁶²⁾之上, 未聞'寅協'⁶³⁾之風, 職由於黨論之日甚. 而黨論之日甚, 莫非私意橫流之致, 曷

---

51) 『書經』,「周書」,'誥命'변용.
52) (唐)李白,「下途歸石門舊居」.
53) 『三國志』,「魏志」,'管寧傳'.
54) 『高麗史』,「諸臣列傳」,'李詹';『太宗實錄』, 太宗 3年 6月 壬子(6日).
55) 『詩經』,「小雅」,'大東.'
56) 『書經』,「虞書」,'堯典.'
57) 『詩經』,「大雅」,'抑.'
58) 『詩經』,「小雅」,'小弁.'
59) 『宣祖實錄』, 宣祖 26年 7月 癸丑(1日).
60) 『周易』,'震','象傳.'
61) 『詩經』,「周頌」,'清廟.'
62) 『春秋左氏傳』,「昭公」, 11年.

勝慨歎?

咨! 爾大小臣僚, 體寡昧之憂畏, 念國勢之杌隉, 割斷己私, 恢張公道, 精白一心, 奉法率職, 上答天譴, 下解民怨. 是所望於卿等也.

抑又惟念, 白虹者, 百殃之本, 而至於貫月, 其應不佳. 綢繆之策, 不可少忽, 亦宜念焉.

『肅宗實錄』肅宗 34年 12月 丙寅(24日) 실 승

067 나라의 계획과 백성의 근심에 뜻을 두어라

嗚呼! 天之示警, 何莫非可驚可懼, 孰有大於旱災乎? 況鋤後之旱, 又有甚於春夏, 而農家大忌, 蓋以節迫'西成,'64) 無復可望也.

噫! 昨年穡事, 不至告歉, 今夏兩麥稍稔. 日夜懸望, 惟在秋事之登熟, 吾民庶幾蘇息矣, 豈料'亢旱'65)之災, 至於此極耶? 十日不雨, 尙云"無禾," 今之不雨, 今幾日耶? 正當'南訛,'66) 終靳大霈, 入秋以來, 風寒彌酷, 田野湟湟, 民命盡劉. 而兩湖消息, 尤爲慘然. 爲民父母, '予'67)懷如何? '言念'68)及此, '尙寐無吪[吡]'69)也.

噫! 今玆致災, 亶由'否德.'70) 勅勵群工, 亦甚愧惡, 而其在交修之道, 烏可無一言乎? 目今可言者, 固非一二, 而最所切急者, 朝廷無和靖之

---

63) 『書經』,「虞書」,'皐陶謨.'
64) 『書經』,「虞書」,'堯典.'
65) 『後漢書』,「楊賜傳」.
66) 『書經』,「虞書」,'堯典.'
67) 『書經』,「虞書」,'堯典.'
68) 『詩經』,「秦風」,'小戎.'
69) 『書經』,「王風」,'兎爰.'
70) 『書經』,「虞書」,'堯典.'

期也.

噫! 朝廷和靖, 然後可以'聚會精神,'71) '精神聚會'然後可以做'國事.'72) 而'黨習'73)日痼, '傾軋'74)日甚, 少有不叶, 大加慍怒. 一聞微過, 如得奇貨, 其所構捏, 罔有紀極, 必陷人於萬仞坑塹而後已. 是誠何心哉?

若此不已, '予'恐'國事,' 無復可爲, 而日趨於危亡矣. 爲今之計, 必先痛革舊習, 精白一心, 專意於'國計'75)'民憂.'76) 而苟有朝政之可言, 就事論事, '可否相濟,'77) 自是美事. 不以私意, 挾雜於其間, 則朝廷庶有'寅協'78)之望, 而國家受和平之福矣. 咨! 爾大小臣僚, 明聽'予'言, 各自惕慮, 答天譴而濟時艱.

『肅宗實錄』肅宗 39年 7月 甲子(19日) 실 승

068 무리를 이루는 습성이 고질병이 되다

嗚呼! 雷電視前益慘, '轟轟'79)之聲, 爗爗之光, 雖盛夏, 亦所罕有. '蹶然'80)而起, 心骨俱驚, 達曙靡定也.

嗚呼! 八路告歉, 民方'殿屎,'81) 公私赤立, 濟活無策, 對'玉食'82)而無

---

71) (漢)王褒,「聖主得賢臣訟」(『古文眞寶』).
72) 『禮記』,「喪服大記」;『史記』,「秦始皇本紀」.
73) 『光海君日記』, 光海君 2年 8月 戊子(16日)[正草/中草].
74) 『舊唐書』,「李宗閔傳」.
75) 『三國志』,「魏志」,'華歆傳';『世宗實錄』, 世宗 元年 7月 己巳(26日).
76) 『宣祖實錄』, 宣祖 27年 5月 甲辰(27日).
77) (宋)蔡沈,『書經集傳』,「尙書」, '咸有一德.'
78) 『書經』,「虞書」, '皐陶謨.'
79) (唐)韓愈,「貞女峽」.
80) 『禮記』,「孔子閒居」.
81) 『詩經』,「大雅」, '板.'
82) 『書經』,「周書」, '洪範.'

味, 當丙枕而不安. 非常之災, 又如是疊臻, 究厥所以, 寔由'否德,'[83] 反躬省愆, 罔敢遑寧也. 朝廷之上, 無'寅協'[84]之風, '蔀屋'[85]之下, 有愁歎之聲. 賦役煩重, 積弊因循. 加以綱紀頹弛, '百隸怠官,'[86] 文恬武嬉, 玩愒成習. 君臣上下, 若不劃然改圖, 思所'更張,'[87] 則天怒日深, 終必棄'予'[88]而不復警告矣, 豈不大可懼哉?

承旨代予草敎, 宜自政府, 廣求直言, 以匡'小子'[89]之不逮. 言雖不中, '予'則優容. 若其乘時傾陷之言, 本不欲觀也.

嗚呼! 近來'黨習'[90]日痼, 良由爲人上者, 不能盡'建極'[91]之道而然也, '予'甚憮恧. 而在下之人, 亦必秉心至公, 不以一毫私意, 參錯於其間, 則庶有和靖之望.

頃年, 臺疏, 言甚不是, 而終塞試官之望. 爲祖鳴冤, 過激何傷, 而一遞憲職, 更不擧擬, 是豈和平之道耶? 不得不言之也. 咨! 爾大小臣僚, 體'予'警懼之意, 痛去玩愒之習, 精白一心, 盡瘁王室.

『肅宗實錄』肅宗 39年 10月 丁丑(3日) 실 合*(4日)

---

83) 『書經』, 「虞書」, '堯典.'
84) 『書經』, 「虞書」, '皐陶謨.'
85) (宋)張耒, 「到陳午憩小舍有任王二君子惠牡丹二槃皆絶品也是日風雨大寒明日作此詩呈希古」.
86) (唐)韓愈, 「平淮西碑」.
87) 『漢書』, 「董仲舒傳」.
88) 『書經』, 「虞書」, '堯典.'
89) 『書經』, 「商書」, '湯誓.'
90) 『光海君日記』光海君 2年 8月 戊子(16日)[正草/中草].
91) 『書經』, 「周書」, '洪範.'

제5장 기강

069 차비내관을 파직하다

差備內官金起聲崔世俊等, 今日引接至近之地, 肆然高聲喧豗, 少無畏戢之意, 誠極痛駭. 罷職不敍. 長番內官李應順, 終不檢飭, 推考.

『肅宗實錄』肅宗 元年 2月 甲寅(26日) 실 승

070 사헌부의 대신 탄핵을 억제하다

申懷任元耆等, 身居臺閣, 罔念'國事,'[1] 敢生務勝之計, 論劾無咎之臣. 其處心不美之習不可長, 竝遞差.

『肅宗實錄』肅宗 8年 正月 庚午(22日) 실 승

071 인명을 살상한 관리를 엄격히 처벌하다

兩司執法之論, 只行於武弁, 不行於名流, 其習可駭. 鄭濟先事, 意謂'耳目'[2]之官, 必有所爭, 迄今寂然, '予'[3]實'寒心.'[4]

---

1) 『禮記』,「喪服大記」; 『史記』,「秦始皇本紀」.
2) 『新唐書』,「韓琬傳」; 『高麗史』,「諸臣列傳」,尹紹宗 ; 『定宗實錄』, 定宗 元年 6月 丙寅(27日).
3) 『書經』,「虞書」, '堯典.'

『肅宗實錄』肅宗 11年 2月 丁酉(7日) 실

072 대간의 탄핵 오류를 지적하다

臺諫論人, 不可不詳審. 所論若爽實, 則旋卽自列見遞, 自是古例, 臺體亦然.

而日者,'韓構之事,'5) 驟聞可駭, 故卽允之. 及見銓官之疏, 難免論事不審之失.

而累日而後, 强爲引避, 亦不退待晏然行公, 豈有如此全沒廉隅之臺臣哉? 旣知構之非罪, 勿罷.

『肅宗實錄』肅宗 11年 5月 庚辰(21日) 실

073 변명하는 대간을 질책하다

正言金盛迪, 不思自反, 盛氣'張皇,'6) 引喩無倫, 措語顚倒. 人臣告君之辭, 豈容如是? 此避辭還出給.

『肅宗實錄』肅宗 11年 5月 辛巳(22日) 실 승

074 내관을 유배보내다

內官金三達賦性危險, 倫理滅絶, 窮兇極惡之事, 不一而足. 至以悖

---

4) 『春秋左氏傳』,「哀公」, 15年.
5) 『肅宗實錄』, 肅宗 11年 5月 丁丑(18日).
6) 『書經』,「周書」,'康王之誥'※'장대하다'에서 '길고 번거롭다'는 뜻으로 변화함.

慢罔測之說, 公然發口, 如此之類, 不可一日置在輦轂之下. 濟州牧全家定配, 當日內押送.

『肅宗實錄』肅宗 11年 8月 戊申(20日) 실 승

075 전·현직 함경도 관찰사를 처벌하다

自前雖或越境採蔘, 不過若干人潛越. 而至於鎭堡, 邊將分運給船, 土[士]卒輩沒數越境橫行作亂, 豈有如今日之狼藉乎? 道臣漫不省察, 終至貽辱國家. 不可只遞本職, 咸鏡前監司李秀彦拿問定罪.

『肅宗實錄』肅宗 11年 10月 甲寅(27日) 실

076 퇴폐한 풍조를 떨쳐내라

詩不云乎"職思其居, 好樂無荒, 良士瞿瞿?"7) 先儒註釋曰, "職思其居, 啓其憂也, 好樂無荒, 作其勤也, 良士瞿翟[瞿], 警其懼也." 三言而君國之道盡矣. 苟能君臣上下, 無怠無荒, '長慮却顧,'8) 精白一心, 至誠無間, 則寧有治不食效, 日趨委靡之理哉?

'更化'9)之後, 群彦彙進, '朝著'10)淸明. 君之於臣, 臣之於君, 情志流通, 無復有一毫猜疑之心. 此正可有爲之機. 而奈何百隸之怠棄職事, 日甚一日, 息偃在床, 惟便身圖? "卯仕酉罷, 辰仕申罷,"11) 自是法典.

---

7) 『詩經』, 「唐風書」, '蟋蟀.'
8) (朝鮮) 卞季良, 「華山別曲」.
9) 『漢書』, 「禮樂志」.
10) 『春秋左氏傳』, 「昭公」, 11年.

而怠慢成習, 開坐稀闊. "刑期無刑, 民協于中,"12) 聖訓炳然. 而獄訟積滯, 比來尤甚, 遷延歲月, 當斷不斷.

兩司'耳目'13)之寄, 玉堂'論思之地,'14) 乍出乍入, 呈告'紛紜.'15) 一召再召, '分義'16)虧損. 或有大論議大是非所關處, 則輒又引疾, 跡涉規避. 政院乃喉舌重任, 而除拜未久, 旋卽圖遞.

日者, 大臣建白申飭, 而弊痼已甚. 猶夫前日, 則尙何望振肅頹綱, '庶績'17)咸熙乎?

惟其如是, 故各司之官, 悠泛玩愒, 視職任如傳舍, 無一人擔當'國事,'18) 著其成效者. 此罔非在上之人, 不能以'誠心'19)導率之致. 反躬慙恧, 曷有其極? 若不'痛革舊染, 咸與維新,'20) 則其爲國家之慮, 有不'可勝'21)言. 故茲敷心腹, '諄諄'22)勉勵.

嗟! 爾大小臣僚, 須體寡昧'宵旰'23)憂勤之至意, 追思'乃祖乃父'24)勤勞王家之忠貞. '欽哉! 惟休!'25) 毋替終始.

『肅宗實錄』肅宗 15年 11月 甲寅(21日) 실 合

---

11) 『經國大典』, 「吏典」, '考課.'
12) 『書經』, 「虞書」, '大禹謨.'
13) 『新唐書』, 「韓琬傳」; 『高麗史』, 「諸臣列傳」, '尹紹宗'; 『定宗實錄』, 定宗 元年 6月 27日(丙寅).
14) 『定宗實錄』, 定宗 元年 8月 庚子(3日); 『世宗實錄』, 世宗 6年 3月 甲申(8日).
15) (漢)王褒, 「四子講德論」(『文選』).
16) 『荀子』, 「强國」.
17) 『書經』, 「虞書」, '堯典.'
18) 『禮記』, 「喪服大記」; 『史記』, 「秦始皇本紀」.
19) (宋)朱熹, 『大學章句』, 傳6章.
20) 『書經』, 「夏書」, '胤征' 변용.
21) 『孟子』, 「梁惠王上」.
22) 『詩經』, 「大雅」, '抑.'
23) (宋)王禹偁, 「爲兵部向侍郞謝恩表」.
24) 『書經』, 「商書」, '盤庚上.'
25) 『書經』, 「周書」, '康誥' 변용.

077 근무 시간을 준수하라

各司開坐, 日長則卯仕酉罷, 日短則辰仕申罷, 自是法典. 而此來百隷, 怠慢成習, 偃臥其家, 日晏赴衙. 雖閑慢公事, 必致夜深後入啓, 事之'寒心,'26) 久矣.

去年秋間, 啓下禁府之上言, 今始覆奏, 已極稽緩. 而亦不趁早開坐, 未免深夜入啓. 宜有警責之道, 禁府當該堂郎竝從重推考. 自今以後, 依前下敎, 事係大段變通者外, 循例公事, 必於三日內覆啓, 一依大典開坐事, 更加申飭.

『肅宗實錄』肅宗 17年 2月 壬戌(6日) 실 승*(7日)

078 모화관에서 열무하다

騎射乃武士之長技也. 自孝廟朝, 罷革射立騎射之法, 蓋非偶然. 而近來武士, 不體朝家勸獎之意, 年未甚老而資秩稍高, 則視若羞恥事, 自稱"衰耄," 公然'拋棄.'27)

昨閱除初試擧案, 則騎芻不參者, 至於一百三十人之多, 事甚可駭. 雖難盡繩以軍法, 竝令追射事, 分付試所.

『肅宗實錄』肅宗 17年 3月 庚子(14日) 실 승*(16日)

---

26) 『春秋左氏傳』,「哀公」, 15年.
27) 『孟子』,「離婁上」 변용.

079 대간과 어사의 다른 보고를 처벌하다

玄風縣監兪命興, 頃因臺啓罷職. 而今觀御史書啓, 大與臺啓不同, 臺諫風聞, 決知其爽實. 特命敍用.

且送舊迎新之際, 奸吏因緣竊簿書, 盜財物, 所易新吏, 亦未必得人. 論事之臣, 須念此弊, 只去其太甚者.

『肅宗實錄』肅宗 17年 3月 丁未(21日) 실

080 유언비어가 피난을 부른다

國俗澆薄, 民志不固. "一聞浮言, 輒至波蕩, 京中士夫, 胥動訛言, 挈家下鄕者, 襁屬於道, 以致村閭騷然"云. 無識愚'氓,'28) 不必深罪, 身爲士夫, 稍知'分義'29)者, 所當曉諭鎭定之不暇.

而動於不當動之說, 先思各自保身之心. 脫有金革之警, 尙何望其爲王前驅?

其令'京兆,'30) 申飭各部, 表表士夫之驚動下鄕者, 精査以聞.

『肅宗實錄』肅宗 18年 正月 乙丑(15日) 실 승

081 무신을 능멸하지 말라

文臣之輕蔑武臣, 已成痼弊, 良可'寒心.'31) 凡巡邏將官, 雖過闕門,

---

28) 『詩經』,「衛風」, '氓.'
29) 『荀子』,「强國」.
30) 『漢書』,「百官公卿表上」.

不下馬, 自是軍門通行之規.

而史官怒於不當怒之地, '張皇'[32]書送於政院, 及其該司曹推覈, 終歸爽實. 其凌駕武臣, 構虛捏無之狀, 殊甚駭異. 當該注書罷職.

『肅宗實錄』肅宗 18年 9月 壬申(26日) 실 승

082 세자책봉을 받지 못한 주청사를 처벌하다

卽見奏請使狀啓禮部咨文謄本, 所幹之事不得准請, 實是萬萬意慮之所不到. '不覺'[33]驚惋也. 彼人所引『會典』, "王與妃五十無嫡子, 始立庶長子爲王世子"等語, 極其無理無據. 爲使臣者, 所當碎首以死力爭, 而不此之爲, 數次爭執, 仍爲回程. 今若更遣使臣不許, 則又將如此而歸而已耶? 其辱君父甚矣. 正使徐文重副使李東郁書狀官金弘楨竝削奪官爵, 門外黜送, 奏請使以大臣, 卽爲擬入, 以爲趁開月拜表之地.

『肅宗實錄』肅宗 23年 3月 壬戌(11日) 실 승

083 군율을 준수하라

兵郞旣犯軍令, 而不以軍律請罪. 訓鍊大將申汝哲推考, 兵郞令都監決棍, 軍士從優施賞.

『肅宗實錄』肅宗 23年 10月 辛亥(4日) 실 승

---

31) 『春秋左氏傳』, 「哀公」, 15年.
32) 『書經』, 「周書」, '康王之誥' ※ '장대하다'에서 '길고 번거롭다'는 뜻으로 변화함.
33) (漢)張衡, 「東京賦」(『文選』).

084 보고를 하지 않은 참봉을 처벌하다

前秋大臣請拿正臣之後, 已慮有此弊, 今果然矣. 此陵之事, 若非奉審之行, '予'³⁴⁾末由知之. 擧報之陵官就理, 尸職之陵官晏然, 輕重倒置, 未有若是之甚. 顯陵參奉, 竝拿問定罪.

『肅宗實錄』肅宗 23年 11月 甲辰(28日) 실 승*(27日)

085 장형으로 백성을 죽인 유신일을 징계하다

兪信一殺獄, 昭著難掩, 律以'三尺,'³⁵⁾烏得免死? 藉令貸死之命, 出於特恩, 職在近密者, 惟當爭執. 而况判付辭意, 實出重償命之律, 慰死者之冤? 此非係於一時喜怒, 則'汲汲'³⁶⁾覆逆, 欲傅生議者, 豈非可駭之甚乎? 承旨趙泰采李廷謙竝罷職.

『肅宗實錄』肅宗 25年 閏7月 甲辰(8日) 실 승*(9日)

086 이만상과 홍우서를 파직하다

武臣李萬相假注書洪禹瑞, 今日出入之際, 不爲趨蹌, 殊甚偃蹇. 竝罷職.

『肅宗實錄』肅宗 29年 8月 庚辰(7日) 실 승

---

34) 『書經』,「虞書」,'堯典.'
35) 『史記』,「酷吏列傳」.
36) 『漢書』,「揚雄傳上」.

087 남의 아내를 겁탈한 자는 관직에 둘 수 없다

　成績怯人之妻, 情迹彰露, 因赦蒙宥, 於渠亦幸, 終身廢棄, 少無所惜. 而惠疇敢首擧於'守令'37)之薦, 事甚可駭. 從重推考, 使之拔去薦目.

『肅宗實錄』肅宗 30年 2月 甲戌(4日) 실 승

088 백성을 죽인 이희태를 하옥하다

　今觀宋廷奎啓本, 李喜泰所爲, 節節無狀.

　噫! 人命至重, 雖以君上之尊, 三覆死囚, 求生必死, 則喜泰是何狀人, 而敢以私怒, 別造大杖, 二日之內, 酷施六次之刑, 撲殺多人之命, 若是其無忌憚乎? 況其發狀, 不過五人, 而勒捧着名, 有若齊聲告愬者然. 而仍又瞞報備局, 欲爲藉口之資. 其所用意, 尤極奸譎.

　而頃間前席入侍諸臣, 相繼伸救, 喜泰可謂"有勢力之人也." 論其罪犯, 萬萬絶痛. 此而若不別樣處斷, 則挾其私怒, 濫殺'無辜,'38) 及稍有勢力, 公然白脫之弊, 無以防禁. 李喜泰卽爲拿囚, 嚴問定罪.

『肅宗實錄』肅宗 31年 9月 丁卯(6日) 실 승*(7日)

089 성균관 유생의 교육을 당부하다

　士習之偸薄, 未有甚於近日. 大小場屋, 曾無一番安靜之時, 泮宮賜

---

37) 『後漢書』,「黨錮列傳」,'杜密'; 『後漢書』,「黨錮列傳」,'范滂.'
38) 『書經』,「商書」,'湯誥.'

柑, 輒有爭相攫取之弊. 此或由於隨從濫雜之致, 而士習之不古, 亦可推而知矣.

噫! 爲人上者, 敎化大行, 則'濟濟'39)之美, 雖不敢望, 今日士習, 必不至此, 厥咎誰執? '予'40)甚惡焉. 其令大司成, 思盡敎胄之責, 稍變士子之習.

『肅宗實錄』肅宗 31年 10月 乙巳(15日) 실 승

090 사적으로 청탁한 정호를 처벌하다

今觀忠淸左道御史柳述別單, 鄭澔身居宰列, 不有國法, 毁撤十餘家戶, 私換公田, 肆然入葬, 而郵官曲循私囑, 驛卒不得訴冤云. 若不痛懲, 則國法只行於'小民,'41) 而不行於勢家也. 鄭澔及當該察訪, 竝拿問定罪.

『肅宗實錄』肅宗 32年 4月 庚寅(3日) 실 승

091 기행을 일삼은 이이명을 파직하다

自前賓客宮官之請得世子手筆, 雖是常事, 至於出納小紙, 直請依此書給, 曾所未有之事. 昨日書筵時, 左賓客李頤命, 自袖中出孝廟答頤命祖先箚批謄本, 請以此書下, 事體之未安, 孰甚於此乎?

不特此也. 推鞫事體, 至嚴且重, 凡罪人之請拿請釋, 必待完議歸一, 而後爲之, 蓋所以重鞫獄事體也, 而頤命獨自請對, 都事外兩人, 擅請拿

---

39) 『詩經』, 「大雅」, '文王.'
40) 『書經』, 「虞書」, '堯典.'
41) 『書經』, 「商書」, '微子.'

問. 此路一開, 則一人請拿, 一人請釋, 惟意所欲, 末流之弊, '可勝'42)言哉?

且罪人之有罪無罪, 自有公議, 而不待究竟, 徑先煩達, 亦甚駭然. 決不可置而不論, 兵曹判書李頤命罷職不敍. 所納謄紙, 已令出給. 而賓客此擧, 極涉未便. 而入侍春坊之官, 默無一言, '汲汲'43)捧納, 失體甚矣. 不可無警責之道, 弼善韓配夏說書鄭纘先, 竝遞差.

『肅宗實錄』肅宗 32年 6月 丁酉(11日) 실 승

092 국청에서 단독으로 처리한 민진후를 파직하다

鞫獄事體, 極其嚴重. 況刑人殺人, 決非一金吾堂上所敢自擅. 而知義禁閔鎭厚, 以鞫廳罪人事, 獨自陳達, 直爲斷案, 此曾所未有, 誠可駭然. 後弊所關, 決不可置而不論, 罷職.

『肅宗實錄』肅宗 32年 7月 丁卯(12日) 실 승 비

093 국문을 일찍 재개하지 않음을 질책하다

纔罷親鞫, 繼有庭鞫之命, 則事體不輕, 所當趁早齊會, 嚴鞫得實. 而日已向午, 尙未開坐, 極涉未安. 該房承旨, 推考.

『肅宗實錄』肅宗 32年 9月 甲戌(19日) 실 승

---
42) 『孟子』, 「梁惠王上」.
43) 『漢書』, 「揚雄傳上」.

094 김일경의 행태를 지적하다

金一鏡之疏, 不知自反, 意在角勝. 揆以事體, 極可駭然. 而公然捧入, 殊甚未便. 當該承旨遞差, 此疏還出給.

『肅宗實錄』肅宗 33年 8月 戊子(9日) 실 승

095 형벌을 남용하여 사람을 죽이지 말라

昔宋太祖, 嘗乘快, 誤決一事, 終日不樂. '予'⁴⁴⁾曾於戊辰, 因一喜怒, 妄殺奉憲之吏, 痛自悔責, 心常不忘. 豈特一事誤決, 終日不樂而已?

渠雖至賤, 人命至重, 所奉者法, 而騈首殞命, 惻然之心, 久而未已. 其令該曹, 憲吏妻與子, 優給米布.

噫! 以人主之尊, 殺'無辜'⁴⁵⁾而悔責至此, 況他人乎?

『肅宗實錄』肅宗 33年 11月 庚戌(2日) 실 승*(3日)

096 내의원 제조 3인의 관작을 삭탈하다

噫!『春秋』以"不嘗藥, 特書弑君."⁴⁶⁾ 則況身帶保護之任, 方直藥房, 而歇視君父之疾, 惟事泛泛者, 安有如許'分義'⁴⁷⁾道理乎? 遞差之罰, 謂之"太輕"則可也. 爲人臣者, 安敢萠[萌]營救之心乎? 若不重究, 日後之

---

44)『書經』,「虞書」, '堯典.'
45)『書經』,「商書」, '湯誥.'
46)『春秋左氏傳』,「昭公」, 19年 변용 ; (漢)董仲舒,『春秋繁露』,「王道」변용.
47)『荀子』,「強國」.

患, 不'可勝'⁴⁸⁾言. 承旨竝卽拿鞫, 嚴問定罪.

『肅宗實錄』肅宗 36年 正月 丙子(10日) 실 승

097 내의원을 책망하다

噫! 藥院之臣, 徒事泛泛, 不謹侍疾之罪, 不可不正. 此'予'⁴⁹⁾所目覩, 非暗昧之事. 而喉司三司, 相繼救解, 有若構罪者然, 縱恣無嚴, 莫此爲甚.

噫! 義理之晦塞, 至此, '予'實痛心也. 政院知悉.

『肅宗實錄』肅宗 36年 正月 丁丑(11日) 실 승

098 자문을 분실한 동지사를 처벌하다

畢竟雖得無事, 此實前所未有之事. 若果嚴加戒飭護守, 則寧有此患? 其辱君命甚矣. 正使趙泰耈副使任舜元書狀官具萬理, 罷職.

『肅宗實錄』肅宗 36年 3月 乙酉(20日) 실 승

---

48) 『孟子』,「梁惠王上」.
49) 『書經』,「虞書」, '堯典.'

제6장 인사

099 평안도 수령과 변장을 가려 뽑도록 하다

凡理天下者, 以人爲本. 欲令'百姓'[1]安樂, 惟在'守令.'[2] '守令'旣衆, 未必皆賢, 而別得良吏, 閭境蘇息矣. 近日關西'守令,' 或擬匪人, 臺閣連發彈章. 今後尤爲盡心差出事, 申飭銓曹. 邊將亦爲擇送事, 言于西銓.

『肅宗實錄』 肅宗 元年 12月 甲子(11日) 실 승*(12日)

100 시무상소를 평가하다

卽觀李㘾疏, 或有迂遠之慮, 或有創開無前之條, 或有'掣肘'[3]難行之事, 別無容議.

"會試設於京中, 則必有主客俱困之弊"云, 玆事則不無意見. 此一條, 問于大臣.

『肅宗實錄』 肅宗 元年 12月 戊寅(25日) 실 승

---

1) 『書經』, 「虞書」, '堯典.'
2) 『後漢書』, 「黨錮列傳」, '杜密'; 『後漢書』, 「黨錮列傳」, '范滂.'
3) (秦)呂不韋, 『呂氏春秋』, 「審應覽」, '具備.'

101 어사와 병사의 인사고과 차이를 지적하다

前因平安道御史洪萬鍾書啓, 備局回啓, "仇寧萬戶劉熙業, 善賑飢民, 而與士卒分勞苦, '誠心'⁴⁾守鎭, 彈壓殘堡," 故命拜僉使矣. 其後本道兵使柳斐然殿最, 以"下"書塡, 與御史之褒啓相懸. 此或暗行之不察, 則是御史用私之責也. 殿最失實, 則是兵使考績不明之過也. 其間曲折, 未詳孰是, 明察以啓.

『肅宗實錄』肅宗 元年 12月 己卯(26日) 실

102 충익부의 병조 이속을 금하다

今觀綾平君具鎰疏辭, "列聖御諱, 與載於錄券中"云, '予'⁵⁾甚瞿然. 忠翊府旣爲原從功臣而設立, 則移屬本兵, 非但事體未安, 三百載優待勳臣之意, 果安在哉? 此意議于廟堂.

『肅宗實錄』肅宗 4年 8月 丙申(28日) 실 승*(29日) 비*(29日)

103 임금의 인사권에 도전하지 말라

凡國家用人, 勿論彼此, 隨才調用之意, 前後下敎, 不啻丁寧. 又於頃日引對時, 柳尙運文才, 可合擢用爲敎. 則判書李元禎親承聖敎, 別無他語. 及至今日, 乃敢托以公議, 不遵君命, 已極放恣無忌憚. 而況尙運之

---

4) (宋)朱熹, 『大學章句』, 傳6章.
5) 『書經』, 「虞書」, '堯典.'

疏, 與上徹者有異, 而必欲防塞者, 抑何意耶? 其違慢君命, 擅自用人之狀, 誠極痛駭. 李元禎罷職不敍.

『肅宗實錄』肅宗 5年 11月 庚申(29日) 실 승

104 청남과 탁남의 대립

宇遠以白首之年, 受國厚恩, 所當圖報萬一之不暇. 而不此之爲, 初因奸回沃淳之事, 分作二黨, 不顧'國事.'6) 乃以一時纖芥之忿, 眩亂是非, 專爲大載等報復之地, 賢邪之分, 果在何人乎?

『肅宗實錄』肅宗 5年 7月 庚戌(18日) 실 승

105 인사 원칙을 준수하라

特旨補外之人, 該曹例不敢輕擬淸選. 而頃日政, 以蔚珍縣令吳道一擬望殊甚未便. 吏曹堂上郞廳竝推考.

『肅宗實錄』肅宗 11年 2月 丁酉(7日) 실

106 춘천방어사를 무관으로 고정시키다

一道之內, '方伯'7)閫帥, 各有攸職, '設官'8)之意, 實非偶然. 而惟此江原一道, 獨無制閫之任, 揆以軍政, 殊涉踈虞. 兵使則雖不可猝然創設,

---

6) 『禮記』,「喪服大記」;『史記』,「秦始皇本紀」.
7) 『禮記』,「王制」.
8) 『周禮』,「天官冢宰」.

春川防禦使, 勿以文武交差, 每遣從二品武臣, 而必擇聲望表著可爲閫帥者畀之, 留意戎政.

『肅宗實錄』肅宗 20年 12月 戊午(25日) 실

107 이조 전랑의 권한을 회수하다

以銓郞權重, 辭旨極嚴. 至曰 "以漢法論之, 難免肆市之典." 仍命, 自今以後, 郞官之干預通塞等事, 一切永罷. 或有復蹈'前轍'9)者, 進諸四裔, 斷不'容貸.'10) 政院知悉宣布.

『肅宗實錄』肅宗 11年 7月 戊寅(20日) 실

108 오직 재주에 따라 등용할 뿐이다

國家用人, 不一其道, 或有循序而陞遷者, 或有拔萃而超擢者. 蓋所以'惟才是取,'11) 不拘年紀之老少, 資級之高下也. 況辨別賢否, 進退'黜陟,'12) 乃人主之大柄. 旣知其人才望之可'堪方面,'13) 而適值賑事之方急, 開政之未易, 有此中批特除之擧, '予'14)未知其有害於政體也. 至於諫臣之疏, 只慮成憲之或廢而已, 本非出於彈劾之意. 則以此過自引嫌, 不念'分義,'15) 累違召命, 其在事體, 殊涉未安. 江襄監司李頥

---

9) 『漢書』, 「賈誼傳」 변용.
10) 『後漢書』, 「史弼傳」 ; 『後漢書』, 「陳寵傳」.
11) (明)劉基, 『郁李子』 변용.
12) 『書經』, 「周書」, '周官' 변용.
13) 『太宗實錄』太宗 7年 7月 辛巳(30日) 변용.
14) 『書經』, 「虞書」, '堯典.'

命推考, 更爲牌招肅拜, 使之不多日內辭朝.

『肅宗實錄』肅宗 13年 正月 丙申(17日) 실 승

109 성균관에서 인재를 뽑다

'設庠序學校,'16) 以養四方之士者, 蓋爲其講劘正學, 擇善修身, "本乎人倫, 明乎物理"17)者也, 豈徒作文干祿而已哉? 昔顓孫師"學干祿, 子曰, 多聞闕疑, 愼言其餘, 則寡尤, 多見闕殆, 愼行其餘, 則寡悔."18) 誠能"學之博, 擇之精, 守之約,"19) 則祿不干而自至矣. 此豈非萬世之格言耶?

竊觀比來, 世降俗末, 士習不古, 經明行修, 曉達'治體'20)者少, 而尙文辭遺經業, 趨祿利者'滔滔,'21) 豈我'祖宗'22)興學作人之本意哉? '予'23)於此, 未嘗不爲'世道'24)發一嘅也.

仍記昔安定胡公, 嘗爲蘇湖敎授, '孜孜'25)雅飭. 其弟子之辭氣, 異乎常人. 矧伊濟濟章甫, 密邇尺五, 上下情志, 藹然流通, 誘掖激勵, 寧不在玆?

---

15) 『荀子』,「强國」.
16) 『孟子』,「滕文公上」.
17) (宋)朱熹·呂祖謙,『近思錄』,「治法」.
18) 『論語』,「爲政」.
19) (宋)朱熹,『論語集註』,「爲政」 변용.
20) (宋)朱熹·呂祖謙,『近思錄』,「治體類」.
21) 『詩經』,「齊風」, '載驅' ;『詩經』,「大雅」, '江漢.'
22) 『漢書』,「宣帝紀」.
23) 『書經』,「虞書」, '堯典.'
24) 『列子』,「楊朱」.
25) 『書經』,「虞書」, '益稷.'

咨! 爾'多士,'26) 敬聽'予'訓, 服膺勿失, 漸磨成就, 則其爲國家斯文之 幸, '可勝'27)言哉? 稟出心腹, 宜各猛省.

『肅宗實錄』肅宗 17年 8月 壬辰(10日) 실 승

---

26) 『書經』, 「周書」, '多士.'
27) 『孟子』, 「梁惠王上」.

제7장 왕실

110 숙안공주를 감싸고 돌다

淑安公主房金海地堰畓, 折受已久, 而本官聽信奸[奸]民之誣訴, 免稅田畓, 任自奪給, 極爲無據. 故或因手本, 或因上言, 竝皆勿施, 仍屬該宮. 則便是兩度得決, 而"本邑'守令,'1) 不有前後判付, 終始奪給於金連上等處"云. 事甚可駭. 當該金海府使, 姑先從重推考.

『肅宗實錄』肅宗 11年 8月 己酉(21日) 실

111 장렬왕후의 회갑에 휘호를 올리도록 명하다

近緣國家多故, 豐呈盛禮, 久未設行, 心常缺然矣. 昨日謹行上壽禮于大王大妃殿. 子孫咸萃, 終夜侍宴, 稱觴慶壽, 和氣融融. 此實稀覯之擧. 曷堪歡抃之誠?

追惟往昔, 自'不覺'2)愴悼之難抑也. 仍念至尊周甲, 慶莫大焉, 則上徽號之禮, 雖不詳著於實錄之中, 揆以情禮, 有不可已. 其令禮官, 卽爲問議于諸大臣以啓.

---

1) 『後漢書』,「黨錮列傳」,'杜密' ; 『後漢書』,「黨錮列傳」,'范滂.'
2) (漢)張衡,「東京賦」(『文選』).

『肅宗實錄』肅宗 12年 閏4月 辛酉(8日) 실 승

112 새 가마를 잘못 만든 이들을 처벌하다

大王大妃殿所御轎, 年久色渝, 故出給舊轎於尙方, 使之依此新造以入矣. 厥後罔測之說, 不勝其藉藉. 此而置之, 將無以嚴國體而熄妖言. 故當初聽傳教尙方該吏, 旣已從重決杖, 轎子亦已出給尙方, 使之燒火. 而其時監造郎廳, 厥罪惟均, 拿問定罪.

『肅宗實錄』肅宗 12年 7月 己丑(7日) 실 승*(8日)

113 종친을 중용하다

刑賞'黜陟,'3) 人主之大柄. 於此一有撓奪, 將安所措手足乎? 爲國之道, 莫重於置相. 而以去秋事觀之, 未知其果出於愼簡之意. 故今夏卜相之時, 屢下加卜之命者. 非以當初加卜之人, 爲不合於三事. 蓋欲效古人歷卜之制, 而曾未一朔, 鬧端大起, 枝節層出, 使大臣不安其位而後已. 究厥所由, 無非主勢不尊, 輕蔑國家之致. '予'4)實痛之.

向者, 東平君之特除惠民提擧者, 只出於親親之意. 而一種怪妄之輩, 以三朔始停之臺論, 謂之"收殺太遽." 激動臺臣, 計在角勝, 莫曉其心之所在也.

『肅宗實錄』肅宗 13年 8月 癸亥(17日) 실 승*(18日)

---

3) 『書經』,「周書」, '周官' 변용.
4) 『書經』,「虞書」, '堯典.'

114 동평군을 보호하라

　東平君以仁祖大王親孫, 與他宗, 自有代數遠近之異. 則設有進見之數, 賜與之優, 元非異事. 況本無是事, 而一自提調特除之後, 宗戚之間, 實多猜忌媢嫉, 至發於形色. 不料此等構陷之說, 至登於奏御文字. 事甚驚駭, 令宗親府, 今日內摘發書啓.

『肅宗實錄』肅宗 14年 7月 甲申(14日) 실 승*(13日)

115 종친 간 음해 사건을 처벌하다

　謀害同宗, 謗訕國家, 心術不正之. 諸宗未及查出定罪之前, 決不可進參於問安之班. 兩王子及東平君兄弟之外, 竝令勿參問安.

『肅宗實錄』肅宗 14年 7月 甲申(14日) 실 승

116 종신을 편전에 불러 술을 내리다

　宗臣之貧窶者, 甚多. 見之矜憐, 其令宗親府抄啓後, 自該曹優給衣資食物, 以表'予'5)惇親之意.

『肅宗實錄』肅宗 17年 6月 癸酉(19日) 실

---

5) 『書經』, 「虞書」, '堯典.'

117 상궁 박씨를 숙원에 봉하다

尙宮朴氏之同在嬪御, 殆近十年. 去秋後宮封爵之日, 內殿特推「樛木」6)之惠, 以一體封爵之意, 縷縷爲言, 而以其未有就館之期, 難之矣. 今已有身, 而內殿又以此言之, 其封爲淑媛.

『肅宗實錄』肅宗 24年 11月 乙亥(4日) 실

118 전라도 유생이 효종의 존호를 청하다

一篇'精神,'7) 專在構誣先正, 嫁禍朝廷之計, 追尊世室, 不過假托之事. 命履範極邊定配, 還給其疏.

『肅宗實錄』肅宗 37年 3月 辛亥(22日) 실 승

---

6) 『詩經』,「周南」,'樛木.'
7) (漢)王襃,「聖主得賢臣訟」(『古文眞寶』) 변용.

제8장 갑인환국

119 장렬왕후의 복제를 정하다

大王大妃服制, 初欲以斬衰三年, 略倣古禮而定制矣. 今聞大臣諸臣之言, 禮經無明白可據之文, 勿以斬衰磨鍊.

『肅宗實錄』肅宗 元年 8月 戊辰(13日) 실 승*(14日)

120 심수량을 처벌하다

前修撰沈壽亮, 身爲人臣, 食君祿, 衣君衣, 不念 '寅協'[1] 之意, 乃懷怨國之心, 投呈一疏, 故犯重辟.

噫! 時烈浚吉惟泰等, 原其心跡, 烏可免斗筲 '孔壬'[2] 之名哉? 壽亮乃曰, "寧負君父, 不忘師恩." 其忘君死黨之罪, 不可不重究, 削去仕版.

『肅宗實錄』肅宗 元年 11月 甲午(10日) 실 승

---

1) 『書經』,「虞書」, '皐陶謨.'
2) 『書經』,「虞書」, '皐陶謨.'

121 이세화가 파란을 일으키다

昨日臺批, 不啻丁寧, 未及頒布, 遽出異論.

噫! 自古權臣, 何代無之, 而豈有如時烈輩之甚哉? 李世華亦知浚吉之罪極神人. 而不體'予'3)敎, '予'實痛恨於今日'國事'4)之莫可爲也. 政院知悉.

『肅宗實錄』肅宗 元年 12月 甲寅(1日) 실 승

122 영릉을 찾아가다

寧陵當展省於小祥時, 而適先行禮於崇陵, 故未遂至情. 來二月過仁宣王后大祥後, 當躬詣園陵, 一洩追慕之情. 令日官, 以三月望前, 擇日以入.

『肅宗實錄』肅宗 元年 12月 甲子(11日) 실 승*(13日)

123 송시열·송준길을 구호하는 이들을 처벌하다

嗚呼! 近來背公死黨之習, 愈往愈甚. 得禹等以幺麿奸細之輩, 敢投凶疏以爲"浚吉之學可比甘盤."

噫! 甘盤, 高宗之賢師也. 浚吉之碌碌奸回, 豈能萬一彷彿哉? 浚吉輩罪極人臣, 天必誅之, 鬼必責之, 何可以一生一死, 漏於邦憲? 得禹等必

---

3) 『書經』, 「虞書」, '堯典.'
4) 『禮記』, 「喪服大記」; 『史記』, 「秦始皇本紀」.

欲置浚吉於無可罪之域, 其所用意, 巧且慘矣. 若不明辨而斥擯之, 則相繼而起者, 亦無以懲. 洪得禹趙相愚安世徵, 姑先削去仕版, 高晦安相億竝停擧.

『肅宗實錄』肅宗 元年 12月 庚辰(27日) 실 승*(28日)

제9장 경신환국

124 무장을 교체하다

噫! 災異'荐臻,'[1] 危疑多端, 訛言沸騰, 輦下親兵將領之任, 不可不以國家至親位高之人爲之. 以光城府院君金萬基爲訓鍊大將, 卽日受符察任.

柳赫然三朝宿將, '予'[2] 甚倚重. 而二十年長在此任, 及今年老, 筋力已衰, 姑爲解任. 摠戎使則以申汝哲除授, 亦於當日內, 受符行公.

『肅宗實錄』肅宗 6年 3月 丁巳(28日) 실

125 복선군을 교형에 처하다

枏以王室至親, 自孝廟先朝養育宮中, 蒙被不世之恩. 渠雖謀逆, '予'[3] 不忍斷以邦刑, 特爲處絞.

『肅宗實錄』肅宗 6年 4月 辛未(12日) 실 승

---

1) 『詩經』,「大雅」,'雲漢'.
2) 『書經』,「虞書」,'堯典'.
3) 『書經』,「虞書」,'堯典'.

126 내관을 처벌하다

長番內官崔尙仰朴斗卿等, 以近侍內官, 食君之祿, 不思報效, 敢以悖慢之說, 肆然陳達. 如此負國之輩, 不可不懲, 姑先極邊定配.

『肅宗實錄』肅宗 6年 4月 乙亥(16日) 실 승

127 내관의 죄상을 밝히다

內官崔尙仰敢曰, "許積家産, 則不當籍沒"云, 朴斗卿則曰, "閭巷之民皆以爲, 許積若或緣坐, 則吾輩當納價貸死"等語, 肆然陳達, 略無顧忌. 凡事係謀逆者, 雖大臣臺諫, 不敢輕易擧論. 況逆狀明白, 已伏邦刑之賊, 渠安敢若是乎? 以此發問目, 問啓.

『肅宗實錄』肅宗 6年 4月 乙亥(16日) 실 승*(17日)

128 조정 관원을 교체하다

人才之眇然, 未有甚於近日, 不可無別樣甄拔之道. 其令三公原任大臣及六卿三司長官, 有才望者, 各薦三人, 以爲錄用之地.

『肅宗實錄』肅宗 6年 4月 丁丑(18日) 실 승

129 갑인예송의 재론을 경고하다

已正之邦禮, 若有强臣凶孼, 敢爲挺身投疏, 眩亂國是者, 乃宗廟先

王之罪人也, 直以逆律論斷. 上自公卿三司, 下至百工士人, 知悉此意, 亦爲頒布中外.

『肅宗實錄』肅宗 6年 4月 戊寅(19日) 실 승

130 과거 응시 자격을 회복시키다

累年停擧, 未得赴擧, 不但'多士'4)之鬱抑, 亦非培養人才之道. 前日停擧儒生等, 竝命解停.

『肅宗實錄』肅宗 6年 4月 庚辰(21日) 실 승

131 공신을 책봉하다

嗚呼! 自古逆亂, 何代無之, 而未有如逆堅逆柟之甚者也. 逆堅以當國首相之子, 自知罪積惡盈, 難免後日之誅, 遂謀締結族盛之近宗, 遂復已罷之體府. 抄膂力之士, 擬爲內擧, 藉峽屯之兵, 以圖外襲. 盜弄父權, 形勢已張, 護柟入闕之策, 旣著於萬鐵之再招, "胡服劫父"之言, 又發於景毅之所供. 至於"宮中不順先收一二重臣"之說, 凶謀罔測, 逆狀狼藉. 柟之兄弟, 俱以仁祖大王親孫, 蒙被孝宗收養宮中之恩.

而賦性愚凶, 不思報效. 潛圖非望, 妄窺大位, 與賊堅台瑞, 往來交結, 歃血同盟, 誓文俱在. 跡其凶逆之狀, 實有甚於淮南武安之事者. 今賴元老之上變, 得以誅除渠魁, 而其餘徒黨, 竝令鞫廳奏議竄殛. 此莫非'宗社'5)默祐諸臣効力之功也.

---

4) 『書經』,「周書」, '多士.'

'予'6)觀『國朝故事』, 康純南怡之亂, 旣有翊戴功臣錄勳事, 厥後平難寧國, 竝以誅除逆亂, 勘勳. 今亦不可不勘定功臣, 大臣諸臣竝爲知悉, 分付有司擧行.

『肅宗實錄』肅宗 6年 4月 丙戌(27日) 실 승

132 송시열의 유배지를 옮기다

當初宋時烈誤禮之罪, 專在於取賈疏中"體而不正"之語, 指擬於先王, 將未免爲疑亂禮統之歸, 故特施流配之典矣. 今觀李惟泰疏本, 甲寅年間與時烈往復曰, "宋英宗以旁支入承大統, 而程子亦謂之適子, 況孝廟以次適陞爲適, 而可謂非適乎?" 時烈亦以爲然.

而"時烈之適[嫡]統, 何歸之言, 彼此相似"云. 朝廷之用罰者, 本欲開其'自新'7)之意, 而上年惟泰之先放, 亦以此也. 今者時烈之意, 與惟泰無異, 則不可獨爲仍置於栫棘之中. 特爲解圍籬, 中途付處.

『肅宗實錄』肅宗 6年 5月 庚子(12日) 실 승

133 이사명을 발탁하다

典籍李師命文學之可合擢用, 不但廟堂諸臣業已別薦, 前者柑製及昨日庭試, 連次居魁, 亦可見文才之特異. 如此之人擢置經幄, 以備顧問. 今番都堂弘錄時, 一體圈點, 俾無遺才之嘆.

5) 『書經』, 「商書」, '太甲上' 변용.
6) 『書經』, 「虞書」, '堯典.'
7) (宋)朱熹, 『大學章句』, 經1章.

『肅宗實錄』肅宗 6年 6月 丙寅(9日) 실

134 윤휴를 옹호한 관료를 처벌하다

罪人尹鑴前後罪惡, 論以邦憲, 難逭顯戮. 而特從輕典, 使之賜死, 實出於寬大之意也.

今觀咸鏡監司狀啓."吉州牧使李球敢以希仲家事, 慘不忍言, 奈何奈何"等語, 肆然筆之於書, 略無顧忌. 誠極痛惡. 此由於國綱不嚴之致. 如此護逆負國之徒, 若不重治, 無以杜後弊. 拿鞫定罪.

『肅宗實錄』肅宗 6年 6月 乙酉(28日) 실 승*(29日)

135 이이의 문묘종향을 고수하다

成命已下, 公議大定之後, 罔畏國法, 相繼投疏, 醜詆儒賢, 略無顧忌. 其心所在, 尤極痛惋. 疏頭高世章遠竄.

『肅宗實錄』肅宗 8年 正月 丁丑(29日) 실

136 송시열과 대립했던 인사들을 처벌하다

宋領府事以白首大老, 荷兩朝之恩遇, 負一世之重望, 寡昧之景仰, 國人之矜式. 爲如何而李玄錫罔念革心圖報之義, 偃然投疏? 語意無倫, 遣辭陰巧, 欲使在朝元老, 不安其位者, 抑何意耶?

良可駭異. 如此蔑法簡賢之輩, 若不懲治, 則詖邪之說, 必將接迹而

起, 姑先罷職不敍.

『肅宗實錄』肅宗 8年 10月 戊子(15日) 실 승*(16日)

137 송시열을 위로하다

此何等時耶? 天心未豫, 咎徵沓臻, 綱紀凌弛, 四維不張. '比歲不登,'8) 民困方極. '餓莩'9)之患, 迫在朝夕. '夙宵'10)兢惕, 莫或寧處. 耿耿一念, 推[惟]在於旁求俊彦, 置諸左右. 此時此任, 微卿碩德重望, 任師保之責者, 其孰能之? 遭此危急存亡之秋, 因一纖芥之嫌, 退臥荒村, 尙靳幡然, 不亦有乖於'追先帝報陛下'11)之道乎?

『肅宗實錄』肅宗 8年 12月 戊戌(25日) 실 승

---

8) 『漢書』, 「嚴助列傳」 변용 ; 『晉書』, 「傅玄列傳」.
9) 『孟子』, 「滕文公下」.
10) 『三國志』, 「魏志」, '管寧傳.'
11) (蜀)諸葛亮, 「前出師表」(『文選』) 변용.

제10장 기사환국

138 세자책봉으로 환국을 꾀하다

"元子"建號,'宗社'1)之托, 君臣之分大定, 孰敢有他意於其問乎? 是固人情'天理'2)之所同然, 而頃王子旣生之後, 親戚自內獻賀之禮, 或有闕焉者, 心常駭異. 故有所酬酢,'語及吏判.'3) 此則斷無他意, 而如或未諒'予'4)之本情, 因此不安, 是豈和平之福耶?

噫! 君臣之間, 貴相知心. 罪狀彰著, 則流放竄逐, 無所不可, 而何可猜疑御下, 以致人人之自危乎? 玆敷心腹, 使君臣之間, 無情志之阻焉.

且念'追崇, 論議不一,'5) 至被竄謫, 而及'定大禮,'6) 無敢有疵議者. 臣子'分義,'7) 自當如是. 況'宗社'大計纔定, 寧有'嘵嘵'8)浮議行於其間哉?

此雖'三尺童子,'9) 亦所易知. 而今柳緯漢之疏, 專出構捏諸臣, 嫁禍朝廷之計, 極其危險, 故已明辨痛斥. 而鬼蜮之輩, 又有接踵而起者, 當

---

1) 『書經』,「商書」,'太甲上' 변용.
2) 『禮記』,「樂記」.
3) 『肅宗實錄』, 肅宗 15年 正月 戊寅(10日).
4) 『書經』,「虞書」,'堯典.'
5) 『肅宗實錄』, 肅宗 13年 7月 癸卯(27日).
6) 『肅宗實錄』, 肅宗 卽位年 11月 庚申(1日).
7) 『荀子』,「强國」.
8) 『詩經』,「豳風」,'鴟鴞.'
9) 『宋史』,「胡銓傳」.

繩以重律.

『肅宗實錄』肅宗 15年 正月 壬午(14日) 실

139 송시열과 갈라서다

儲嗣已建, 君臣'分義'10)大定. 而宋時烈以儒林領袖, 顯有不滿之意. 柳緯漢疏中, 謂"不悅服"者, 不是異說也.

『肅宗實錄』肅宗 15年 2月 己亥(1日) 실 송

140 송시열을 맹비난하다

噫! 時烈窮凶極惡, 有難悉擧. 而姑就其最重最大者而言之, 則貶降孝廟, 誣及先朝, 動搖國本, 實是春秋之'無將,'11) 漢法之不道. 此而偃息覆載, 不正王法, 則其何以泄神人之憤乎? 箕疇等亦人耳, 豈不知時烈之罪積惡盈, 難逭天討?

而乃敢於鞫問命下之後, 相繼投疏, 或稱"師生," 或請"隨坐," 造意巧慘, 遣辭危險. 今日國家, 少有'紀綱,'12) 安敢若是無嚴乎? 忘君死黨之類, 不可不繩以重律, 以嚴懲惡之典. 疏頭李箕疇李焯, 竝極邊遠竄.

『肅宗實錄』肅宗 15年 5月 乙丑(30日) 실

---

10) 『荀子』,「强國」.
11) 『春秋公羊傳』,「莊公」, 32年.
12) 『書經』,「夏書」, '五子之歌.'

141 홍치상을 처벌하다

幼學洪致祥, 行身處事, 無一可觀, 日夜經營, 但在於締交興訛, 構亂國家而已. 姑就其大者言之, 主家日上書問候'東朝,'[13] 禮也, 而前年春間, 致祥家上書, 待開門最先到, 拆之則只眞書而已. 故'予'[14]親自披覽, 則渠自書諸人姓氏, 有若匿名告訐者然.

噫! 問候'東朝,' 何等重大, 而渠何敢乘早投書, 若是其輕蔑哉? 其他駭愕之擧, 不止一二. '東朝'惟幾之日, 握'予'手而敎之日, "洪之心, 日益危險, 語逼主上, 無所顧忌, 寧不痛心乎?"[15]

追思玉音, '不覺'[16]哽咽. 而腐心度日, 終不敢發口者, 誠以無益於討罪, 而反增時人黨類之疑怒故耳. '天道'[17]'昭昭,'[18] 時烈'無將'[19]之言, 透露於不知不覺之中, 其亦幸也. 致祥當繩以重律, 而異於他臣僚, 高年貴主在堂. 渠雖負我, 我不忍負渠, 特爲永削儒籍, 放黜門外.

『肅宗實錄』肅宗 15年 2月 壬寅(4日) 실 승

142 홍치상과 박태손을 처벌하다

凶賊致祥, '誣上不道,'[20] 窮凶極惡, 爲人臣者, 所當腐心痛骨, 齊聲

---

13) 『史記』, 「劉敬叔孫通列傳」, '叔孫通.'
14) 『書經』, 「虞書」, '堯典.'
15) 『肅宗實錄』, 肅宗 14年 12月 乙卯(16日).
16) (漢)張衡, 「東京賦」(『文選』).
17) (宋)朱熹, 『中庸章句』, 第24章.
18) 『詩經』, 「魯頌」, '泮水.'
19) 『春秋公羊傳』, 「莊公」, 32年.
20) 『大明律』, 「名例」, '十惡' ; 『經國大典』, 「刑典」, '推斷.' ※ '不道'가 아니라 '謀大逆' 내지

請討之不暇.

而丁卯九月, 備局引見之時, '予'[21]謂"言根出於至親," 則入侍諸臣, 一不信聽. 至於承旨朴泰遜, 則敢曰, "方外若聞此言, 以殿下爲何如." 辭氣忿忿, 略無顧忌. 今致祥被罪, 泰遜不可不懲. 極邊遠竄.

『肅宗實錄』肅宗 15年 閏3月 癸亥(26日) 실 승

143 윤휴를 신원하다

尹鑴以窮經之士, 世受國恩, 致位'卿宰,'[22] 惟其不慣時務, 論議疎闊. 而若憂國愛君之丹忱, 實'予'[23]之所知也.

不幸庚申, 奸壬之徒, 爲時烈報復, 臚列其罪, 無非構誣, 而就最大者言之, "照管"[24]二字, 不過引古語承意"照管"之謂也. 至於密箚, 只爲國家深長慮. 而或謂之"管束動靜,"[25] 或謂之"與煥相應," 肆然爲說, 欺蔽'天聰,'[26] 終使所嘗禮遇之儒賢, 永抱無窮之痛. 星霜屢改, 尙未伸白, 此非'予'之本情. 其命該曹, 復官賜祭.

『肅宗實錄』肅宗 15年 3月 壬申(5日) 실 승

    '亂言律'로 적용된다.
21) 『書經』, 「虞書」, '堯典.'
22) 『南史』, 「王思遠傳」.
23) 『書經』, 「虞書」, '堯典.'
24) 『肅宗實錄』, 肅宗 元年 4月 癸丑(25日).
25) 『肅宗實錄』, 肅宗 6年 4月 丙戌(27日).
26) 『書經』, 「虞書」, '皐陶謨.'

144 이이·성혼의 문묘종사를 철회하다

兩臣不可躋俎豆之列, 而因'予'27)之故, 汚辱聖廟. 追惟至今, 常切悔恨. 館學'多士'28)之疏, 辭嚴義正, 與'予'意相符, 故快允所請矣.

沈齊賢狐鼠之輩, 敢以詖淫之辭, 譏訕君上, 有若'予'中無所主者然. 輕侮國家, 甘心護黨之狀, 不可不斥. 沈齊賢定配.

『肅宗實錄』肅宗 15年 3月 甲申(17日) 실 승

145 이사명의 죄상을 적시하다

前都事金道淵, 與師命情誼親密, 曾在乙丑年間, 敢以移授訓將於師命, 以便譏察之意, 肆然達于天聽. 其時訓將, 卽申汝哲, 而師命之貪權樂勢, 必欲更起譏察, 戕害一番人之謀. '予'29)深惡之, 故嚴斥痛絶, 而師命旣已輸情伏法. 則平日黨惡之類, 決不可削版而止, 絶島遠竄.

『肅宗實錄』肅宗 15年 閏3月 丙午(9日) 실

146 영빈을 처벌하다

金女入宮之後, 少無敬順之行, 妬嫉怪駭, 不一而足.

外與金壽恒及'主家,'30) 交結和應, 伺上動靜, 宮中凡事, 無不漏洩.

---

27) 『書經』, 「虞書」, '堯典.'
28) 『書經』, 「周書」, '多士.'
29) 『書經』, 「虞書」, '堯典.'
30) '主家'는 의미상 ①공주가 혼인한 집안과 ②아내의 친정을 가리키는데 이 사료에서 두

又偸引見說話所書之紙, 潛自拆見, 納之袖中, 屢加詰問, 方始還納. 造意陰凶, 實難測度.

內與巧詐奸慝之婦人, 日夜諂媚, 作爲血黨, 飛言造謗, 無所不至. 構亂國家, 誣逼君上, 實犯悖逆不道之科, 所當繩以重法. 而姑從寬典, 收其爵號, 參酌廢黜, 爾宜知悉.

『肅宗實錄』肅宗 15年 4月 庚寅(24日) 실 승

147 인현왕후 폐위에 반대하는 사람들

朴泰輔等忘君立節, 以死爲限者, 實有甚於兇逆也. 得保微命, 於渠亦幸.

而左參贊李觀徵, 肆然投疏有曰"曲軫可生之道." 今日國家, 少有'紀綱,'31) 安敢乃爾?

噫! 寬厚之德, 固人主美事, 而若於難赦之罪, 貸死之不足, 又從而求可生之道, 則殆近於禪家之慈悲, 而終無以振肅頹綱矣. 不可不規警, 此疏還却之, 李觀徵姑先從重推考.

『肅宗實錄』肅宗 15年 4月 癸巳(27日) 실 승

148 인현왕후를 비호하는 이들을 처벌하다

'予'32)觀兩朝廢妃時故事, 尹氏所失, 只在妬忌, 而罪狀旣著, 則成廟

가지 해석이 가능하다. 여기서는 숙종대 많이 쓰인 '공주의 집안'으로 통일하였다.
31) 『書經』, 「夏書」, '五子之歌.'
32) 『書經』, 「虞書」, '堯典.'

爲'宗社'33)深憂遠慮, 斷然廢黜.

況今日閔氏負犯, 浮於尹氏, 而兼之以尹氏所無之行, 做出"先王先后之敎,"34) 得罪於'宗社'者乎? 其令禮官, 廢爲庶人, 歸之私第. 告廟頒敎, 奪其父母封爵等事, 一依舊例, 卽速擧行.

『肅宗實錄』肅宗 15年 5月 丁酉(2日) 실 승

149 인현왕후의 죄상을 적시하다

廢妃尹氏, 只坐妬忌, 且有儲嗣, 而成廟斷然廢黜, 不少假貸. 群下所以力爭者, 亦不過國本之難處故耳. 曷嘗有如泰輔輩之無狀者乎?

噫! 自古后妃之因妬怨嫉者, 誠或有之, 而今則不然. 妬忌之外, 別生奸慝之計, 自做"先王先后之敎,"35) 公然倡說于'予'36)曰, "淑媛以前世獸身, 爲主上所射殺, 欲報宿恨, 有此降生, 故與庚申逆獄後'不逞'37)之徒, 互相締結, 禍將不測, 且其八字, 本無子, 主上勞而無功, 內殿子孫之衆多, 將無異於宣廟時"云. 此雖'三尺童子,'38) 必不信聽. 而況今'祖宗'39)默佑, '元良'40)誕降, 則凶計益彰, 其誰欺乎?

噫嘻! 母臨一國, 臣民仰戴, 而有此奸情慝狀, 千古所未聞. 是可忍也, 孰不可忍也? 旣是尹氏所無之罪, 而泰輔等之, 以死立節, 誣陷君上, 亦

33) 『書經』,「商書」,'太甲上' 변용.
34) 『肅宗實錄』, 肅宗 15年 4月 丁亥(21日).
35) 『肅宗實錄』, 肅宗 15年 4月 丁亥(21日).
36) 『書經』,「虞書」,'堯典.'
37) 『春秋左氏傳』,「襄公」, 10年.
38) 『宋史』,「胡銓傳」.
39) 『漢書』,「宣帝紀」.
40) 『書經』,「商書」,'太甲下.'

成廟朝所未有也. 成廟廢妃時敎曰,"若聽後宮之讒, 謬爲此擧, 則天地 '祖宗,' 昭質在上."

至哉! 王言! 卿等試思之. 朝晝言行, 無非妬忌怨怒. 此而不足, 做作 "舅姑之言," 淩踏'寡躬,'[41] 專寵構亂, 兼欲嫁禍於朝廷. 則其所謂"相逼相軋"者, 其果彷彿乎! 天地鬼神, 臨之在上, 質之在傍, 決不敢誣也. 如此內懷'將心,'[42] 忘君匈逆之類, 不可無懲惡之典. 朴泰輔吳斗寅李世華 等, 子壻同生及叔姪, 竝永削禁錮.

『肅宗實錄』 肅宗 15年 5月 丁酉(2日) 실 승

150 인현왕후는 후사가 없음을 지적하다

閔氏罪惡彰著, 非一朝一夕之故. '予'[43]之隱忍期待, 積有年所, 而罔有悛改之心, 益多悖亂之行. 故爲'宗社'[44]深憂遠慮, 有此廢黜之議. 此正所謂"獲罪于天, 無所逃[禱]"者也. 況成廟朝尹氏廢黜時, 諸臣所以反覆力爭者, 專在國本之難處. 而今日之事, 與此大不同. '予'意堅定, 備忘旣下, 何敢相率請對, 終始營救, 若是其縱恣無嚴乎?

且念'天道'[45]'昭昭,'[46] 禍福必有前知. 辛酉告期册妃之日, 厚地震盪, 實近古罕有之變. 故尋常憂鬱于中矣. 以今失德觀之, 殆天意也. 此而置之, 國家之禍, 無時可熄. 李允修沈季良, 拿問定罪.

41) 『高麗史』,「忠惠王世家」, 後3年 6月 ; 『太祖實錄』, '(總序).'
42) 『春秋公羊傳』,「莊公」, 32年.
43) 『書經』,「虞書」, '堯典.'
44) 『書經』,「商書」, '太甲上' 변용.
45) (宋)朱熹, 『中庸章句』, 第24章.
46) 『詩經』,「魯頌」, '泮水.'

『肅宗實錄』肅宗 15年 5月 丁酉(2日) 실 승

151 인현왕후 폐출을 정당화하다

歷觀前史及我朝實錄, '后妃之以罪廢黜者, 固非一二數.'[47] 而未有如今日之奸兇, 故爲'宗社'[48]之大計, 據'祖宗'[49]之故事, 纔行廢黜之典矣.

廼者, 領中樞府事李尙眞, 投進一箚, 辭氣忿忿. 或曰"非聖世之所忍爲, 誠今日之所創見," 或曰"拂鬱驚擾, 人心所同, 俯仰天地, 直欲無生." 肆然立節於旣廢之後, 以爲他日藉口之資, 其心所在, 已極凶慘. 而又曰"宋仁宗明示爪痕, 而儒臣尙稱白璧之瑕." 有若今日之事, 非有罪而廢黜者然, 其忘君負國, 孰有甚於此人乎?

成廟廢妃之時, 處分未定, 諸臣固多力爭, 而及其廢爲庶人, 無一人敢爲是非. 君臣'分義,'[50] 自當如此. 而世降俗未, 朋比滋甚, 自以爲寧負君父, 不可不伸救私黨. 有此成廟朝所未有之擧, 無乃'寡躬'[51]德薄言輕, 不足取信而然耶? 至如"一國之正宮, 於今爲庶"之說, 尤可痛也.

噫! 國家治亂, 實關后妃之賢否. 而今使得罪'宗社'之人, 强躋坤位, 母臨一國, 則此豈重宗廟社稷之道乎? 論其情狀, 萬萬痛惋. 若不重究, 將必竝與逆姜而伸冤, 終至亡人國而後已. 李尙眞極邊圍籬安置.

『肅宗實錄』肅宗 15年 5月 戊戌(3日) 실 승*(4日)

---

47) 漢武帝의 陳后, 成帝의 許后, 和帝의 陰后, 光武帝의 郭后, 宋仁宗의 郭后, 魏武帝의 甄后 등이다.
48) 『書經』, 「商書」, '太甲上' 변용.
49) 『漢書』, 「宣帝紀」.
50) 『荀子』, 「强國」.
51) 『高麗史』, 「忠惠王世家」, 後3年 6月 ; 『太祖實錄』, '(總序).'

152 인현왕후 폐출 반대에 역률로 대응하다

'予'52)觀春秋館所考實錄, 則閔氏當廢之罪, 實有浮於尹氏. 而世降俗末, '分義'53)掃地, 黨論盛行. 尙眞稱冤之箚, 忽到於旣廢之後. 辭意極其放肆, 纔已明辨痛斥.

而若不嚴立科條, 痛加隄防, 則金弘郁輩, 必將接跡而起, 終至藉口他日, 嫁禍國家而後已. 自今强臣凶孼, 敢復有提起者, 則直以逆律論斷, 斷不饒貸事, 頒布中外.

『肅宗實錄』肅宗 15年 5月 戊戌(3日) 실 승*(4日)

153 인현왕후의 처우 개선도 금지하다

日昨判付, 辭旨嚴峻, 爲國家慮患之意, 可謂"深長." 則爲臣子之道, 安敢更提於成命旣寢之後, 以資日後邪論之嚆矢乎? 李日翼姑先從重推考, 此上疏還出給. 今後則此等疏章, 切勿捧入.

『肅宗實錄』肅宗 15年 10月 壬辰(29日) 실

154 정시한이 인현왕후를 언급하여 처벌받다

奸黨屛黜之後, 一種怪鬼之輩, 失志怏怏, 怨憾次骨, 興訛造謗, 惑亂民心, 危疑之端, 指不勝屈. 乃者, 丁時翰, 投進一疏, 而語意絶悖, 有不

---

52) 『書經』, 「虞書」, '堯典.'
53) 『荀子』, 「强國」.

忍正視.

噫! 致祥之罪, 上通于天, 而誅止其身, 廷輔等之負犯, 亦非細故, 而編配未久, 旋卽賜環者, 皆出於軫念貴主. 則未知所欲加者何禮也, 所欲解者何事也.

庶人之惡, 浮於尹氏, 則此實'宗社'[54]之罪人. 而敢以"人心久而愈鬱" 等語, 肆然筆之於奏御文字, 以資邪論之嚆矢. 至若"厚待郭后, 克追先志"[55]之說, 尤非人臣之所敢發口者. 春坊僚屬, 旣極一時之選, 則寧有擧措之偏重, 剖析之太甚?

而乃以二三臣之用與不用, 有若關人心之向背國勢之安危者然. 是何遣辭之危險, 一至於此耶?

'大憝伏法,'[56] 神人胥悅. 而敢曰"國脈漸傷,"[57] 忘君死黨, 在法當鞫. 而又曰"撲殺言者,"[58] 隱然歸朝廷於不韙之地. 而爲他日立節之計. 其心所在, 誠不可測也. 丁時翰姑先削奪官爵.

『肅宗實錄』肅宗 17年 正月 甲寅(28日) 실 승*(29日)

155 경신환국 이후 무함한 죄인은 용서하지 않겠다

誣獄之冤且慘, 未有若辛壬兩年之獄. 伊時搆捏羅織, 戕殺'無辜'[59]之賊, 旣已正法. 餘人之干係兩獄而被謫者, 其令該府, 永勿擧論於赦宥之典.

---

54) 『書經』, 「商書」, '太甲上' 변용.
55) 『肅宗實錄』, 肅宗 17年 正月 甲寅(28日).
56) 『書經』, 「周書」, '康誥' 변용.
57) 『肅宗實錄』, 肅宗 17年 正月 甲寅(28日).
58) 『肅宗實錄』, 肅宗 17年 正月 甲寅(28日).
59) 『書經』, 「商書」, '湯誥.'

『肅宗實錄』肅宗 17年 11月 庚辰(30日) 실

156 이이·성혼 문묘 출향

凡天下之事, 未必事事而盡善. 間有訛誤於前而釐改於後者, 覺今日之是而悟昨日之非者, 旣審其誤, 又知其非而曰, "我已行之, 何妨因循?" 其流之害, 日趨於委靡, 無事可做, 寧有是理哉?

噫! 文廟從享, 是何等重事也? 當躋而不躋, 不過爲一時之欠典, 不當躋而强躋, 其汚聖廟而辱斯文, 爲如何也? 李珥成渾, 本非德備之人, 又多難掩之累, 而'予'[60] 莫之察, 未免濫躋. 則其可曰"我已行之"而不思其正訛誤明是非之道乎? 此所以'更化'[61]之初, 快從公論者也.

第於伊時, 或有爲珥渾左袒者, 或有違拒朝命, 不卽黜享者. 當此人心陷溺, 義理晦塞之日, '羸豕躑躅'[62]之漸, 邪說肆行之患, 不可不預爲嚴防. 今後敢以珥渾事, 不恤公議, 挺身立幟者, 當以侮聖廟之罪論之, 須宜明白布告.

『肅宗實錄』肅宗 20年 正月 丙辰(18日) 실 승

---

60) 『書經』,「虞書」,'堯典.'
61) 『漢書』,「禮樂志」.
62) 『周易』,「姤」 변용.

제11장 갑술환국

157 홍치상의 관작을 회복하다

洪致祥罪犯非細, 旣命伸救者論以逆律. '予'¹⁾又反復思惟, 渠雖無狀, 屬籍至近, 高年貴主在堂, '予'寧失不經, 特爲復官. 致祥旣復官, 辭連諸人, 亦當寬宥, 李徵明沈權竝放, 趙亨期敍用.

『肅宗實錄』肅宗 20年 4月 己卯(12日) 실 승

158 인현왕후를 별궁으로 옮기다

强臣兇孼, 敢爲伸救廢人者, 當以逆律論斷, 旣已明白, 布告中外. 此則專出於嚴防伸雪復位, 亂我'國事'²⁾也.

第念自古帝王, 於此等事, 雖已明罪廢黜, 而亦必參酌善處, 恩威竝施, 不害爲寬恕之道也.

頃年, '有一大臣, 以廢人移置別宮事, 陳箚'³⁾蒙允. 更思之, 廢置未久, 世子未離阿保, 以此處分, 未免太遽, 故姑寢不行. 今不可全無恩禮, 其令該曹移置別宮, 守直致廩等事, 參酌擧行.

---
1) 『書經』, 「虞書」, '堯典.'
2) 『禮記』, 「喪服大記」 ; 『史記』, 「秦始皇本紀」.
3) 『肅宗實錄』, 肅宗 15年 5月 丁酉(2日).

『肅宗實錄』肅宗 20年 4月 丙子(9日) 실 승

159 인현왕후를 복위시키다

追惟己巳之事, '不覺'⁴⁾忸怩于中也. 莫察悃愊, 摘抉語言, 誤疑良佐, 遂至於恩禮衰而幽鬱莫伸. '予'⁵⁾嘗平心徐究, 怳然覺悟, 大加悔恨, 寤寐'輾轉,'⁶⁾ 積有年矣, 奚但今日而已哉?

然則今玆渙發'綸音,'⁷⁾ 重正壼位. 寔出於復'天理'⁸⁾之公而賴'宗社'⁹⁾之默佑也. 宜命'詞臣,'¹⁰⁾ 前頭頒教文中, 以此意明白措辭.

『肅宗實錄』肅宗 20年 4月 辛卯(24日) 실 승

160 환국의 조짐이 나타나다

噫! 前頒示中外之教, 不啻嚴明, 而前監察延最績, 乃敢不有禁令, 挺身投疏, 造意凶慘. 遣辭陰險, 一字一句, 無非嫁禍惎亂之手段. 已極痛心. 而其中"修以六禮"¹¹⁾等語, 尤爲絶悖, 有非人臣之所忍發口者. 至於 "永昭殿移安之時, 進參諸臣甚解[鮮]"¹²⁾之說, 用意慘毒, 殆甚蛇虺. 論

---

4) (漢)張衡,「東京賦」(『文選』).
5) 『書經』,「虞書」, '堯典.'
6) 『詩經』,「周南」, '關雎.'
7) 『禮記』,「緇衣」 변용.
8) 『禮記』,「樂記」.
9) 『書經』,「商書」, '太甲上' 변용.
10) 『定宗實錄』, 定宗 2年 11月 辛酉(1日).
11) 『肅宗實錄』, 肅宗 19年 8月 丁丑(6日).
12) 『肅宗實錄』, 肅宗 19年 8月 丁丑(6日).

其情狀, 萬萬痛惋. 如此亂賊, 不可不明正典刑, 以嚴懲惡. 依前備忘, 卽爲設鞫, 嚴加鉤問.

『肅宗實錄』肅宗 19年 8月 丁丑(6日) 실 승

161 폐비 복위 운동의 조사를 중단시키다

頃日, 賓廳日次, 是國忌, 而'汲汲'13)來會. 意謂"若非邊情, 必惹(起)鬧端." 及其入侍也, 右議政閔黯, 果以咸以完事陳達. 而仍請令禁府, 囚禁推覈, '予'14)固允可.

而竊訝黯之獨見以完, 有所酬酢矣. 纔過一日, 禁府堂上, 肆然請對, 張大獄情, 昔之囚推者, 今反爲鞫獄, 昔之定罪者, 今反爲極刑. 一日二日, 使三木囊頭之囚, 充滿金吾, 轉相告引, 輒請面質, 面質纔了, 幾盡請刑. 若此不已, 其所前後援引者, 亦將次第羅織.

然則主家及一邊之人, 其得免於拷掠竄殛之科者, 鮮矣. 其愚弄君父, 魚肉'搢[縉]紳'15)之狀, 極可痛惋. 參鞫大臣以下, 竝削奪官爵門外黜送, 閔黯及禁府堂上, 竝絶島安置.

『肅宗實錄』肅宗 20年 4月 戊辰(1日) 실 승*(2日)

162 한밤중에 조정 관원을 교체하다

備忘記之下本院已久. 而更鼓過半, 傳旨尙不入, 其聚首相議, 必欲

---

13) 『漢書』, 「揚雄傳上」.
14) 『書經』, 「虞書」, '堯典.'
15) 『莊子』, 「雜編」, '天下.'

營救之狀, 誠極痛駭. 入直承旨及玉堂竝罷職. 今此覆逆之論, 在家承旨三司, 必無不知之理, 一體罷職.

『肅宗實錄』肅宗 20年 4月 戊辰(1日) 실 승*(2日)

163 옥사의 정당성을 부정하다

獄者, 天下之大命. 是以, 古之人臣, 陳戒於君, 必曰"欽哉! 欽哉! 惟刑之恤哉!"[16] 而今日臣僚, 乃以刻刑勸人主, 豈不'寒心'[17]哉?

判中樞柳命天, 曾以金起門獄事, 至請設鞫, 而其言曰"禁府刑輕, 難以輸情." 安有罪不當鞫而急於取服, 以非法導其君者乎? 罷職不敍.

『肅宗實錄』肅宗 20年 4月 己巳(2日) 실 승

164 국왕의 반성문

'予'[18]惟君之於臣, 猶父之於子, 何語可隱? '予'畢所蘊, 而仍及交修之道可乎.

嗚呼! 以曾母之賢而不免'投杼.'[19] 是以從古, "所難言者, 莫難於父子之間. 所易動者, 莫易於父子之間也." 當初建儲之日, '緯漢之疏猝起,'[20] 又有"有疾始册"[21]等說.

---

16) 『書經』,「虞書」, '舜典.'
17) 『春秋左氏傳』,「哀公」, 15年.
18) 『書經』,「虞書」, '堯典.'
19) (漢)劉向, 『戰國策』,「秦策」, '昔者曾子處費.'
20) 『肅宗實錄』, 肅宗 15年 正月 壬午(14日).
21) 『肅宗實錄』, 肅宗 15年 2月 己亥(1日).

噫嘻! '予'於前代之史, 略已閱覽, 非不知伺間恐動之手段, 每在乎此等處, 而非惟父子之間, 人所易動. '予'病恒在粗暴, 此病根痼, 發必做錯.

向時處分之過當, 職由於此也. 嘗於燕閒之際, 平心徐察而自道曰, "今日建儲, 乃'宗社'22)之大計也, 今日臣子, 卽'世祿之舊臣'23)也, 安有爲'宗社'定大計, 而爲'世祿之臣'24)者, 如非悖理之人, 敢有一毫他意於其間哉? 然則緯漢之兇計, 無乃得售, 諸臣之本心, 無乃未暴耶?" 以此常自悔恨, 實神明之所知也.

又竊觀己巳以後, 彼輩之所爲, 若[罔]非循私蔑公, 則率皆反道悖倫. '予'於是, 決知其不足與共'國事.'25) 而國家處事, 亦豈容易? 姑且隱忍, 中夜慨惋者久矣. '今幸天誘其衷,'26) 黯之與以完陰謀, 欺誣君父, 魚肉 '搢[縉]紳'27)之計, 透露無餘. 當是之時, 若以顚倒爲念, 不思所以廓揮乾斷, 則是知過而不改, 其得其失, 孰輕孰重乎?

噫嘻! 爲今日懲前毖後之道, 將若之何? 正宜割斷私意, 痛絶疑阻, 開心見誠, 以禮接下. 開不諱之門, 納忠讜之論, 言可用則'翕受敷施,'28) 言不可用則置之而已. 設有狂妄不中之言, 亦必優容, 不少摧折, 實是切急之務. 此寡昧之所以大自警于心, 而亦有以責勵臣隣, 庶冀其交修者也. 一紙播告, 言出肝膈. 咨! 爾群工, 敬而聽之.

---

22) 『書經』, 「商書」, '太甲上' 변용.
23) 『孟子』, 「梁惠王下」 변용.
24) 『孟子』, 「梁惠王下」.
25) 『禮記』, 「喪服大記」 ; 『史記』, 「秦始皇本紀」.
26) 『春秋左氏傳』, 「僖公」, 28年 변용.
27) 『莊子』, 「雜編」, '天下.'
28) 『書經』, 「虞書」, '皐陶謨' 변용.

『肅宗實錄』肅宗 20年 4月 戊寅(11日) 실 승

165 왕후에서 희빈으로 강등하다

邦運回'泰,'29) 中壼復位, 則民無二主, 古今通義. 其收張氏王后璽綬, 仍賜禧嬪舊爵, 以爲世子不廢'定省'30)之禮.

『肅宗實錄』肅宗 20年 4月 己卯(12日) 실 승

166 궁녀 정숙을 처형하다

罪人正淑, 爲人奸毒, 百惡俱備, 蔑視君父, 肆行胸臆, 捏造虛無, 睚眦必報, 昨年旣投絶島. 論其所犯, 不可止此. 其命該曹亟正邦刑.

『肅宗實錄』肅宗 20年 4月 甲申(17日) 실 승

167 과도한 공세를 억제하다

金時傑當'更化'31)之初, 不念共濟之義, 欲售'傾軋'32)之計, 滿紙臚列, 罔非構成. 敢以參鞫大臣重臣, 幷驅於不韙之地, 用心不正, 奚至於此? 正是浮薄喜事, 則旣非謇直狂妄者流, 又非'官師相規'33)之比. 今若誘以

---
29) 『周易』, 「泰」.
30) 『禮記』, 「曲禮上」.
31) 『漢書』, 「禮樂志」.
32) 『舊唐書』, 「李宗閔傳」.
33) 『書經』, 「夏書」, '胤征' 변용.

別諭綸下而全無規警, 則何以尊朝廷而革弊習乎? 姑先罷職不敍.

『肅宗實錄』肅宗 20年 4月 丁酉(30日) 실

168 희빈 처분의 확대 요구를 논파하다

噫! 政在草野, 本非國家之美事也. 矧今中壼復位, 奸黨迸裔, 國是旣定, 懲討已嚴, 則尤非一儒生之陳疏干預者也. 天下之事, 一主快活, 而鮮有得中者. 喉司之陳啓, '詞臣'[34)之撰述, 斷無他意, '予'[35)所洞燭. 而勿敢以臣子'不忍聞'[36)之說, 抑勒句斷. 至於正淑等之處罪, 元非干涉於壼位者, 則未知所謂鉤覈者, 何事耶. 至若"離間圖廢"等說, 隱然語逼'寡躬,'[37) 實無顔面以臨於民上也.

噫! 當己巳出就私第之後, 黯之矯誣王言, 造言流入之罪, 希載聽受傳說之狀, 固已昭著難掩, 而其離間於君父之前, 圖廢未廢之前, 則不但無一毫近似者. 後漢光武, 皇明宣宗之世, 未聞有此等說話. 顧'予"涼德,'[38) 縱不敢擬議於二君, 而試以'更化'[39)之初. 布告中外之備忘辭意觀之, 足可知寡昧之本心, 而尙絅之獨不信君父之明敎, 而必欲億逆情外, 疑之於不當疑之地.

辭氣之間, 全不稱停, 已極駭然. 而其所以罪狀大臣者, 無所不至. 一則曰, "引用於庇護逆賊, 是其心, 只知有希載, 不知有殿下中宮, 而竝與

---

34) 『定宗實錄』, 定宗 2年 11月 辛酉(1日).
35) 『書經』,「虞書」, '堯典.'
36) 『高麗史』,「諸臣列傳」, '金仁存'; 『太宗實錄』, 太宗 11年 6月 甲午(5日).
37) 『高麗史』,「忠惠王世家」, 後3年 6月 ; 『太祖實錄』, '(總序).'
38) 『春秋左氏傳』,「莊公」, 32年.
39) 『漢書』,「禮樂志」.

亞聖而誣之, '可勝'⁴⁰⁾痛哉?" 一則曰, "不幸爲大臣所誤, 至下減死之敎, 街謠巷議, 首及於庇護希載之人, 大臣之獨排輿論, 且犯衆怒, 發死力而爭之, 以爲塗一時耳目之計, 抑獨何也?" 一節深於一節, 詬罵殆同輿儓, 其他侵斥諸臣, 亦無所顧藉.

噫! 此何人斯, 而乃敢縱恣無嚴, 至此哉? '予'當一一辨破, 以明其不然也. 噫! 希載之罪, 不是暗昧, 則寧有'容貸'⁴¹⁾之心耶? 此斷非曲爲希載地也. 抑有說焉, 若使希載伏法, 事端展轉, 世子大不安于心, 則到此境界, 大小臣子, 惶恐罔措, 已不可言, 而父子之至情, 其果安乎? 不安乎?

噫! 國母之受誣, 誠不可不辨, 而世子, 一國之本, 父子, 五倫之首. 尙絅亦一臣子, 而於此莫重之二大義, 略不動念, 惟'汲汲'⁴²⁾論議者, 抑獨何哉?

頃日, 備忘中, 以爲世子不廢'定省'⁴³⁾之禮之敎, 今日希載酌處之敎. 前後意思, 自相照應, 曷嘗動於大臣之言, 遽下減死之敎?

大臣之意, 亦'予'之意, 安敢庇護希載而發哉? '予'之此心, 固已料量, 守之如金石, 終不可撓奪. 而臨大事而不變者, 自是大臣之職, 則如此關係至重之事, '予'亦知領相之意, 莫或變改也.

噫! 深悔旣往, 治化'更張,'⁴⁴⁾ 圖任舊臣, 情志流通, 正宜保合太和, 期臻無疆之福. 而幺麽一腐儒, 乃敢挺身自當, 疑君父而輕朝廷, 若是之

---

40) 『孟子』, 「梁惠王上」.
41) 『後漢書』, 「史弼傳」; 『後漢書』, 「陳寵傳」.
42) 『漢書』, 「揚雄傳上」.
43) 『禮記』, 「曲禮上」.
44) 『漢書』, 「董仲舒傳」.

甚, 如此乖激之習, 不思所以堤防, 則亂我國家之流, 從此起矣. 此疏還
給, 朴尙絅姑先停擧.

『肅宗實錄』肅宗 20年 閏5月 丁丑(11日) 실 승

169 희빈 조사를 요구한 박상경을 유배하다

朴尙絅不特一時喜事而已, 眩惑天聽, 疑亂朝廷, 無所不至, 不可不
明示好惡. 邊遠定配.

『肅宗實錄』肅宗 20年 閏5月 庚辰(14日) 실 승

170 박상경을 비호한 박권을 교체하다

朴尙絅之先施儒罰, 失之太輕. 而正言朴權, 不恤公議, '汲汲'[45]請寢,
至以言路二字, 加之於此輩. 況方以'朝著'[46]之一空爲憂, 而權又請遞承
旨之承牌者, 不可無規警, 其遞之.

『肅宗實錄』肅宗 20年 閏5月 庚辰(14日) 실 승*(15日)

171 정사신이 권대운·목내선을 두둔하다

疑亂是非, 眩惑天聽, 忘君死黨之罪, 不可不痛懲. 丁思愼削奪官爵
門外黜送.

---
45) 『漢書』, 「揚雄傳上」.
46) 『春秋左氏傳』, 「昭公」, 11年.

『肅宗實錄』 肅宗 20年 8月 乙卯(20日) 실 승

172 이이를 다시 옹호하다

噫! 先正臣李珥之道德學問, 不惟寡昧之所尊信, 抑亦士林之所瞻仰也. 況從享文廟, 是非已定, 則何敢掇拾邪論, 恣意醜正乎?

朴行義投進一疏, 至請速輟『輯要』之講, 而其辭曰, "以臣所聞, 本非可師之人."

噫嘻! 此何言耶? 『輯要』一部之書, 修己治人之道, 燦然備具, 要約精切, 非李珥之臆說, 乃聖賢之謨訓, 則行義之誣詆李珥者, 適所以誣詆聖賢也. 削奪官職.

『肅宗實錄』 肅宗 23年 12月 丙子(30日) 실 승

173 원론적인 탕평을 논하다

噫! 國家不幸, 東西標榜, 邇來百年. '輾轉'47)沈痼, '可勝'48)歎哉? 然而自其在上者一視之道觀之, 則'莫非王臣,'49) 譬如父母之於諸子, 本無愛憎之別也. 況我國褊小, 門閥是尙, 用人之路, 已患不廣. 而朝廷之上, 一進一退, 半國之人, 又多滯菀. 此弊不除, 何以爲國?

推究其源, 實'予'50)不能以大公至正, '建極'51)于上, 有以致之. 我責

---

47) 『詩經』, 「周南」, '關雎.'
48) 『孟子』, 「梁惠王上.」
49) 『詩經』, 「小雅」, '北山.'
50) 『書經』, 「虞書」, '堯典.'

我躬, 心焉憼惡. 在下之人, 亦豈無不韙處乎? 銓曹採公議收錄, 而或托疾不來, 或乍進乍退, 全無誠實底意. 如李湜睦林重之事是已. 向所謂"不韙"者此也.

噫! 目今迫切之憂, 莫如民事. 而朝廷卽四方之標準, 則鎭定保合, 獨非急務耶?

嗚呼! 陽春載回, 和氣藹然. 與時俱新, 寧不在今? 其令銓衡之臣, 除關係名義者外, 略其過而用之, 有其才則擧之, 以盡'蕩平'52)之道.

惟! 爾諸臣, 澡心易慮, 毋如前日之爲, 用勉共濟之圖. 而至於是非所在, 不可不一定而不撓. 如有誣詆兩賢, 伸救凶黠者, 則投畀有北, 以嚴懲惡焉.

『肅宗實錄』肅宗 24年 正月 乙未(19日) 실 숭

174 정시윤의 관작을 삭탈하다

噫! 今日人心'世道,'53) 無復可爲也. 別諭纚宣, 責勵共濟, 縷縷辭旨, 出於'誠心,'54) 庶有消融保合之望.

而'丁時潤投進一疏,'55) 遣辭無嚴, 嘗試'甚間,'56) 用心不正.

噫嘻! 時潤亦一人耳, 豈不知情態難掩, 手脚盡露? 而故爲甘心於此者, 無他焉, 必欲其不立朝而然也. 人臣'分義,'57) 至此而掃地盡矣.

---

51) 『書經』, 「周書」, '洪範.'
52) 『書經』, 「周書」, '洪範.'
53) 『列子』, 「楊朱」,
54) (宋)朱熹, 『大學章句』, 傳6章.
55) 『肅宗實錄』, 肅宗 24年 3月 乙酉(10日).
56) 『春秋左氏傳』, 「定公」, 4年.
57) 『荀子』, 「强國」.

嗚呼! 昔唐德宗奉天之詔, 至使驕將悍卒, 莫不涕泣者, 何也? 以其感發于中也. 倔强之藩鎭, 猶尙如此, 而'予'[58]莫能感化同朝之臣, 實甚慙恧而繼之以慨惋也. 輕蔑朝廷之罪, 不可不懲, '嬴豕蹢躅'[59]之漸, 不可不防, 先施末減之典, 削奪官爵, 門外黜送.

『肅宗實錄』肅宗 24年 3月 丙戌(11日) 실 승

175 장희재를 처형하다

大行王妃邁疾二載, 而禧嬪 張氏, 非但一不起居, 不曰"中宮殿"而必稱閔氏, 又曰"閔氏實妖人."

不特此也. 潛設神堂於就善堂之西, 每與二三婢僕, 屛人祈禱, 極其綢繆. 是可忍也, 孰不可忍也? 濟州栫棘罪人張希載, 爲先亟正邦刑.

『肅宗實錄』肅宗 27年 9月 丁未(23日) 실 승

176 궁녀 영숙을 처형하다

宮女英淑罪狀, 與正淑一也, 而遇赦混放之後, 少不懲畏, 所爲放恣, 決不可'容貸.'[60] 其令攸[有]司, 亟正邦刑.

『肅宗實錄』肅宗 27年 9月 戊申(24日) 실 승

---

58) 『書經』,「虞書」, '堯典.'
59) 『周易』,「姤」 변용.
60) 『後漢書』,「史弼傳」; 『後漢書』,「陳寵傳」.

177 희빈에게 자진을 명하다

古者, 漢之武帝殺鉤弋夫人, 斷則斷矣, 而猶有所未盡善者. 如使張氏, 知命不猶, 則明『春秋』之大義, 著爲令甲, 足以防閑, 何必如鉤弋之爲哉? 此則不然. 罪已彰著, 若不善處, 則他日之慮, 有難形喩. 實出於爲國家也爲世子也. 張氏使之自盡.

『肅宗實錄』肅宗 27年 9月 己酉(25日) 실

178 희빈의 죄상을 적시하다

潛設神堂, 屛人祈禱, 謀害內殿, 是何等凶逆? 而同副承旨尹趾仁, 敢以本府推鞫等語, 有所陳達.

噫! '予'[61] 日夜 '切齒,'[62] 至恨未雪, 而臣子之歇視謀害國母之賊, 一至於此. 極可痛心. 削奪官爵, 門外黜送.

『肅宗實錄』肅宗 27年 9月 己酉(25日) 실 승

179 소론에게 경고하다

噫! 義理之不明, 未有甚於今日. 至於洪景濂, 目'敢以凶疏'[63]而極矣. 雖以近日銓注事言之, 亦不無一二可言者.

當辛巳秋親鞫命下之期, 尹趾仁略不驚動, 專事阻搪, 惟恐不及. 此非

---

61) 『書經』, 「虞書」, '堯典.'
62) 『史記』, 「衛將軍驃騎列傳」.
63) 『肅宗實錄』, 肅宗 28年 3月 戊戌(17日).

微눌薄過之比, 久靳'牽復,'⁽⁶⁴⁾ 良由是也. 而呂必容李寅燁之相繼煩聒於 榻前, 已非穩當底道理. 而收斂未幾, 旋擬於'方伯'⁽⁶⁵⁾之望, 至於尹德駿, 當天討纔行之後, 身爲諫長, 投進一疏, 敢以親鞫之擧, 顯有不滿之意.

嗚乎! 非親鞫則無以得凶逆之狀, 兇黨漏網, 天討少稽, 則無以慰在 殯之靈, 而洩神人之憤. 不特資他日邪論之嚆矢而已. 而銓曹視若細故, 叙命之下, 連擬銀臺之望, 少無難色.

噫! 喉司, 職親地禁, '方伯,'承流'宣化,'⁽⁶⁶⁾ 俱非閑漫之任, 而銓注之 不察至此. 向所謂"義理"二字, 未可念及耶? 終不可無警責之道. 吏曹當 該堂上, 竝從重推考.

『肅宗實錄』肅宗 29年 5月 辛亥(7日) 실 승

180 채명윤의 관작을 삭탈하다

噫! 兩賢臣道德學問, 是'予'⁽⁶⁷⁾之所尊仰, 士林之所矜式也. 縟儀已擧, 國是已定.

而副修撰蔡明胤乃敢託以伸辨, 恣意侵侮, 至以'世道'⁽⁶⁸⁾日下等語, 形 諸文字, 有若從祀之請, 出於黨議者然. 言之無倫, 胡至於此? 極可駭惋 也. 如此醜正之輩, 不可不明辨痛斥, 蔡明胤削奪官爵.

『肅宗實錄』肅宗 34年 4月 癸亥(17日) 실 승

---

64) 『周易』,「小畜」.
65) 『禮記』,「王制」.
66) 『漢書』,「宣帝紀」.
67) 『書經』,「虞書」,'堯典.'
68) 『列子』,「楊朱」,

제12장 노소분기老少分岐

181 이이를 옹호한 것인가? 윤증을 비난한 것인가?

今觀李震顔疏辭, 抉摘尹拯久遠私書, 橫加誣賢之罪, 隱然爲構捏眩亂之計, 誠不勝駭然. 而不料人心之渝薄, 士習之不美, 一至於斯也. 若使此等危險之說得行, 則末流之弊, 將至於國不爲國, 不可不明示好惡. 震顔停擧, 此疏還出給.

『肅宗實錄』肅宗 11年 2月 甲午(4日) 실

182 윤증을 옹호하는 최석정을 처벌하다

今觀副提學崔錫鼎疏本, 抑揚彼此, 偏護私黨之態, 透露難掩. 誠不勝驚愕. 目今'朝著'[1]之不靖, 士習之不古, '予'[2]豈不知?

而自中論議, 不能盡燭, 處分未免失當. '大臣之前席論列,'[3] 無非正是非明好惡之意. 則何可以先入爲主, 不爲'反汗'[4]乎? 錫鼎之反以此爲過擧, 實所未曉. 況其敲撼大臣之計, 有不忍正視者. 蔑視君相, 縱恣無

---

1) 『春秋左氏傳』,「昭公」, 11年.
2) 『書經』,「虞書」, '堯典.'
3) 『肅宗實錄』, 肅宗 11年 2月 丙申(6日).
4) 『漢書』,「劉向傳」.

忌, 一至於此, 誠可痛而亦可駭也. 崔錫鼎罷職不敍. 今後如此章疏, 勿爲捧入.

『肅宗實錄』肅宗 11年 2月 己亥(9日) 실 승

183 송시열을 다시 위로하다

卿之去國, 倏已三載, 缺然思想之懷, 曷勝云喩? 災異'孔慘,'5) 憂虞溢目. 饑荒連仍, 民'命近止.'6) 當此之時, 大小臣僚, 協心共濟, 猶懼其不克. 況卿荷兩朝之殊遇, 負一世之重望, '小子'7)之倚毗, 朝野之仰成, 爲如何哉?

不念'追報'8)之義, 扶顚之策, 固守若浼之志, 杳無造朝之期. 此由於情志未孚之致. 只切慙靦, 寧欲無言. 玆遣史官, 諭'子'9)至意, 須體如渴之誠, 亟回長往之心, 稍待春和, 幡然上來, 以濟時艱.

『肅宗實錄』肅宗 12年 10月 乙亥(24日) 실 승

184 윤증이 죄를 얻고서 불화가 생겼다

一自尹拯得罪之後, 釁端層生, 保合難期. 奉朝賀疏中尹宣擧之事, 不過備陳源委, 而實出於親愛責善之至意, 則有何恨怒底意思? 有何可

---

5) 『宣祖實錄』, 宣祖 38年 6月 庚申(17日).
6) 『詩經』,「大雅」, '雲漢.'
7) 『書經』,「商書」, '湯誓.'
8) (蜀)諸葛亮,「前出師表」(『文選』) 변용.
9) 『書經』,「虞書」, '堯典.'

辨底誣謗? 而羅良佐等, 假托爲師伸辨, 陰懷擯斥大老, 遣辭無倫, 造意危險. 如此鬼蜮之徒, 若不明辨痛斥, 則人心陷溺, 義理晦塞, 胡紘沈繼祖之類, 必將接迹而起. 疏頭羅良佐遠竄, 參疏人成至善趙得重削去仕版.

『肅宗實錄』肅宗 13年 3月 乙未(17日) 실 승*(19日)

185 송시열을 또다시 위로하다

卿以三朝宿德元老, 負一世之重望, 爲國人之矜式, 輿臺之賤, 亦知尊仰.

而乃者, 一種醜正之輩, 假托師生之義, 內懷陰險之計, 恣意攻斥, 不少忌憚, 誠未料'世道'10)之壞敗, 義理之晦塞, 一至此極也. 今雖明辨痛斥, 快示懲惡之典, 而平日寡昧尊賢之誠, 有所未盡, 致此斯文之大變. 心切慙靦, 無以爲喩. 此等虛妄之說, 勿之介懷, 幡然上來.

『肅宗實錄』肅宗 13年 3月 乙未(17日) 실 승*(19日)

186 저쪽은 억제하고 이쪽은 부양하다

噫! 今此良佐輩, 醜詆大老之疏, 實是斯文之大變, 則凡在三司者, 所當明辨痛斥, 同聲請罪之不暇.

而持平兪集一李益壽等, 徒知私黨之庇護, 不恤公議之至嚴. 狙擊異己, 挺身營救, 抑揚彼此, 情態盡露. 其所謂"黨賊背賢, 何等罪累而加之

---

10) 『列子』, 「楊朱」.

於入地之賢師"等語, 操切侵逼, 不遺餘力. 此正徒知有尹宣擧, 而不知有大老也. 未知大老有何得罪於此輩, 而娼嫉斥絶, 一至於斯耶! 良可痛惋. 兪集一李益壽, 竝削奪官爵, 門外黜送.

『肅宗實錄』肅宗 13年 3月 己亥(21日) 실 승

187 조사석의 사직을 만류하다

罄竭心腹之辭於累度傳諭之批. 意謂"諒'予'誠心,'11) 不日造朝矣." 今觀丐閑之章, 始焉驚愕, 繼以愧赧, 實不知所以爲諭也.

噫! 當此時事多艱, '生民'12)'困瘁'13)之日, 大小臣僚, 同心協力, 共濟王室, 猶懼其不免乎顚隮. 況大臣, 人主之'股肱,'14) 國家之柱石. '小子'15)之倚毗仰成, 朝野之期待想望, 爲如何?

而盍念扶顚持危, 鞠躬盡瘁之義, 出仕未幾, 乃引纖芥之嫌, '汲汲'16)然捨'予,'17) 求退之不暇? 此豈一體相須之道乎?

甚非平日所望於卿者也. 以卿洪量, 念及于此, 奚待'予'言之縷縷乎? 玆遣近侍, 申詰至意, 卿其安心勿辭. 亟斷來章, 速出'論道,'18) 以副如渴之望.

『肅宗實錄』肅宗 13年 6月 己酉(3日) 실

---

11) (宋)朱熹, 『大學章句』, 傳6章.
12) 『書經』, 「周書」, '旅獒'; 『詩經』, 「大雅」, '生民.'
13) (晋)葛洪, 『抱朴子』, 「外篇」, '刺驕'; (晋)葛洪, 『抱朴子』, 「外篇」, '審擧.'
14) (晋)葛洪, 『抱朴子』, 「外篇」, '刺驕'; (晋)葛洪, 『抱朴子』, 「外篇」, '審擧.'
15) 『書經』, 「商書」, '湯誓.'
16) 『漢書』, 「揚雄傳上」.
17) 『書經』, 「虞書」, '堯典.'
18) 『書經』, 「周書」, '周官.'

188 이선을 교체하다

李選'刻核偏頗之性, 決非公平正人之狀,'19) '予'20)固審知. 而進退取捨, 自在人主, 用與不用, 不必係於罷職與否, 故雖不允臺啓, 而所兼籌司, 淸選之任, 不可因仍時月, 一任苟帶, 爲先改差.

『肅宗實錄』肅宗 14年 7月 庚辰(10日) 실 승 비*(9日)

189 박세채와 송시열을 함께 부르도록 하라

頃觀憲府箚子, 只請召致朴世采, 而奉朝賀宋時烈則意不擧論, 其心所在可知.

『肅宗實錄』肅宗 14年 7月 甲申(14日) 실

190 희빈 사건이 노소 분기를 재촉하다

姜敏著, 掇拾尙絅不正之論, 欲售疑亂朝廷之計, 而至若齮齕'首揆,'21) 一節層加, 略無顧藉. 一則曰, "當其造朝之日, 首論坤位陞降, '瞻前顧後,'22) 用意縝密, 令人莫測." 一則曰, "先擧其誤事之臣然後, 乃可成說." 此卽尙絅疏所無者, 而敏著乃敢添作大臣之罪案, 其心所在, 誠不可測. 如此'傾軋'23)之輩, 決不可施以薄罰, 爲先停擧.

---

19) 『肅宗實錄』, 肅宗 11年 5月 己卯(20日).
20) 『書經』, 「虞書」, '堯典.'
21) 『書經』, 「虞書」, '舜典' 변용.
22) 『後漢書』, 「張衡傳」.

『肅宗實錄』肅宗 20年 6月 辛亥(15日) 실 승

191 김진규를 파직하다

日昨, 大臣之言, '予'24)不以爲是. 而此不過無心妄發, 斷無他意. 至於"寬恕"之說, 尤是萬萬情外, 而肆然勒加於大臣, 略不顧藉. 若"夫下敎責躬"等語, 雖未知其十分恰當底道理, 而原其本意, 亦不過欲盡'蕩平'25)之道也. 況"君臣母子之大倫大義, 反或忽焉"云者, 有非人臣之所忍聞者, 而今鎭圭, 欲以此爲脅持之計, 事之'寒心.'26) 孰有甚於此者乎? 罷職不敍.

『肅宗實錄』肅宗 21年 6月 庚子(10日) 실

192 송시열을 조광조와 합사하다

閔震炯營護醜正之徒, 是非不明, 遞差, 此疏還出給.

『肅宗實錄』肅宗 22年 正月 己巳(12日) 실 승

193 도봉서원의 송시열 합향 반대에 처벌로 답하다

日昨閔震炯上疏, 不無營救之意, 故特遞矣. 更爲思惟, 疏中大意, 只

---

23) 『舊唐書』,「李宗閔傳」.
24) 『書經』,「虞書」, '堯典.'
25) 『書經』,「周書」, '洪範.'
26) 『春秋左氏傳』,「哀公」, 15年.

論合享之當不當, 非比濟億輩醜正. 以意見之有異, 輒施特遞之罰, 有欠於人主中正臨下之道. 閔震炯勿爲遞差.

仍念章疏之稍涉異己者, 政院必費辭入啓, 此非美事. 濟億疏則醜詆無不至, 措辭入啓宜矣. 震炯疏捧入之時, 徑先'張皇,'[27] 意在重究, 極爲未安.

國家不幸, 各有標榜. 如震炯之疏, 亦爲費辭入啓, 則若有加等之疏, 又將若何? 不美之習, 不可不革, 當該承旨, 從重推考.

『肅宗實錄』肅宗 22年 正月 辛未(14日) 실 승

194 중신을 보호하다

李仁夏等疏, 專攻重臣臺臣, 罔有紀極, 恣意構誣, 誠可笑而不足怒也. 此疏還出給.

『肅宗實錄』肅宗 22年 2月 乙巳(19日) 실 승

195 성균관 유생들이 강경 처벌 주장하다

頃者, 大臣以下請對陳達, "不惟以疑似訊問, 有違獄體, 深長之慮, 自寓其中." 此非因大臣之言, 見罪人供辭, 深長之慮, 先萌'予'[28]心.

今觀儒疏, 一篇逞憾, 專在首相. 以元老前後爲國長慮之誠, 反被護逆之極罪, 安有如許至冤之事? 乘時擠陷, 極可痛心. 疏頭李世耉, 姑先

---

27) 『書經』, 「周書」, '康王之誥' ※ '장대하다'에서 '길고 번거롭다'는 뜻으로 변화함.
28) 『書經』, 「虞書」, '堯典'.

停擧.

『肅宗實錄』肅宗 22年 6月 乙未(11日) 실 승

196 이여를 위로하다

頃者, 憲臣之構罪'體國之大臣,'29) 專出於'傾軋'30)之計, 致令卿不安, 蒼黃迸出. '國事'31)由是而日非, 朝論由是而日乖, 此豈但卿之不幸而已? 實國家之不幸也. 然而卿之心事, '予'32)已洞燭, 前後敦勉, 不啻懃懇. 而只緣情志未孚, 決意長往, 棄'予'如遺, 愕然失圖, 無以爲諭.

噫! 卿之憂國愛君之血誠, 可質神明. 則今乃以不韙之題目, 肆然勒加, 寧不'寒心'?33) 而以卿休休之量, 何足介意乎? 所納命召, 令史官還授, 卿其體寡昧之思想, 念國勢之'岌業,'34) 亟回遐心, 幡然造朝, 毋孤虛佇之望.

『肅宗實錄』肅宗 31年 3月 壬子(18日) 실 승

197 『예기유편』이 정치 사건으로 비화되다

日者, 憲臣洪胄亨停擧還收之論, 極爲無據. 同是禮遇之儒賢, 而朴弼琦則直請定配, 洪胄亨則停擧薄罰, 亦欲還收. 其輕侮儒賢, 專事黨

---

29) 『周禮』, 「天官冢宰」변용 ; 『世宗實錄』世宗 13年 9月 己巳(8日) 변용.
30) 『舊唐書』, 「李宗閔傳」.
31) 『禮記』, 「喪服大記」; 『史記』, 「秦始皇本紀」.
32) 『書經』, 「虞書」, '堯典.'
33) 『春秋左氏傳』, 「哀公」, 15年.
34) (唐)李華, 「謝文靖贊」.

論之罪, 不可不懲. 竝罷職不敍.

『肅宗實錄』 肅宗 36年 閏7月 戊戌(5日) 실

198 이여를 다시 위로하다

卿之去國, 倏已三載. 缺然思想, 何嘗少弛? 往在辛卯, 卿之入城也, 竊自欣喜, 曾未幾何, 旋尋歸路, 莫非情志不孚之致. 卿其須速偕來.

『肅宗實錄』 肅宗 39年 正月 庚辰(2日) 실 승*(3日)

199 『가례원류』 사건으로 임금이 스승이 되다

尹判府事負士林之重望, '予'[35]之平日尊信如何?

而副提學鄭澔, 敢生慢侮之心, 侵斥非止一再, 固已可駭. 其所撰『家禮源流』跋文中, "乃以托是書於門人尹拯, 要其參互校勘"起頭, 而結之 "以不幸以'付托'[36]匪其人, 乃反誣人聽聞, 自謂吾書, 而全諱實狀, 此甚無謂"等語. 醜詆狼藉, 是誠何心哉? 跋文之撰, 在於儒賢旣沒之後, 尤可駭惋. 鄭澔罷職不敍, 此跋文勿用.

『肅宗實錄』 肅宗 41年 11月 丁酉(5日) 실 승

---

35) 『書經』, 「虞書」, '堯典.'
36) 『三國志』, 「蜀志」, '諸葛亮傳' 변용 ; (蜀)諸葛亮, 「前出師表」(『文選』) 변용 ※ 원문은 '託付'인데, 판본에 따라 '托付,' '付托' 등으로 확인된다.

200 대리청정을 명하다

'元良'37)代理, '付托'38)至重. 備忘纔須, 開釋已盡, 則更無可言. 而上章不已, 固已未曉. 且以近日之疏章觀之, 或語多不擇, 或引喩無倫. 方來之憂, 必至於假托此事, 壞亂朝廷. 今後此等疏章, 勿爲捧入.

『肅宗實錄』肅宗 43年 8月 癸未(2日) 실 승

---

37) 『書經』, 「商書」, '太甲下.'
38) 『三國志』, 「蜀志」, '諸葛亮傳' 변용 ; (蜀)諸葛亮, 「前出師表」(『文選』) 변용 ※원문은 '託付'인데, 판본에 따라 '托付,' '付托' 등으로 확인된다.

찾아보기

가

가공언賈公彦 190
『가례원류家禮源流』 254
가뭄　32, 33, 35
가을 농사　134, 140
가을걷이　42, 65, 84, 97, 140
감반甘盤　184
감진어사監賑御史　69, 91
갑술환국　216, 233
갑인환국　182
강만철姜萬鐵　189
강민저姜敏著　248
강순康純　189
강화도　103
격고擊鼓　68
『경국대전』　152
경신환국　200, 201, 213
경연經筵　118, 191, 124
경종景宗　196, 197
경청景淸　117
고세장高世章　192
고회高晦　184
공자孔子　94, 130, 173
관왕묘關王廟　112
관우關羽　112, 121
구만리具萬理　166
구일具鎰　169
『국조고사國朝故事』　113, 189
군포軍布　73
권대운權大運　231
권대재權大載　170
권해權瑎　118
기사환국　195, 217
기우제　32, 41
김기문金起門　221
김기성金起聲　145
김도연金道淵　202
김만기金萬基　185
김삼달金三達　147

김석주金錫冑　202
김성적金盛迪　147
김수항金壽恒　202, 203
김시걸金時傑　225
김연상金連上　176
김일경金一鏡　163
김주신金柱臣　163
김진규金鎭圭　249
김홍욱金弘郁　211
김홍정金弘楨　156
김환金煥　201

나

나양좌羅良佐　243, 244
남구만　248, 251
남용익南龍翼　195
남이南怡　189
남인　187, 250
내의원　165
노론　244, 246~249, 251~254
노산군魯山君　123→단종
『논어論語』　116, 130
누에치기　97, 110
눈물의 고개　102

다

단종端宗　123→노산군
당론　136, 137, 139
대간臺諫　41, 129, 145, 146
대구어大口魚　95
대제학大提學　51, 114
도봉서원　250
도체찰부　103
도체찰사都體察使　103
동인　82, 232
동중서董仲舒　86, 130
동지사冬至使　165

라

류명천柳命天 221
류비연柳斐然 168
류상운柳尙運 169
류성운柳成運 120
류술柳述 160
류위한柳緯漢 196, 197, 222, 223
류자광柳子光 189
류혁연柳赫然 185

마

만월대滿月臺 104
말라리아[虐瘧] 134
망종芒種 33
맹자孟子 81, 104
면화농사 94
목래선睦來善 231
목임중睦林重 233
문묘文廟 214
민성삼閔省三 129
민암閔黯 219, 220, 223, 227, 233
민진형閔震烱 249, 250
민진후閔鎭厚 162

바

박권朴權 230
박두경朴斗卿 186
박상경朴尙絧 227, 228, 230, 248
박세당朴世堂 253
박세채朴世采 247
박태보朴泰輔 203, 205~207
박태손朴泰遜 200
박필기朴弼琦 253
박행의朴行義 231
방효유方孝孺 117
보리농사 97
봄 농사 65, 84, 110, 134
부역賦役 142
붕당 83, 129, 134, 170, 183, 184
비망기備忘記 59, 96, 109, 208, 219, 255
비변사 39, 40, 68, 69, 75, 94, 96, 102, 103, 104, 107, 169

사

사옹원 34
사육신 117
사직단 85
삼복三覆 159
상림桑林 85, 114
상의원尙衣院 118, 177, 178
『서경書經』 52
서문중徐文重 156
서연書筵 161
서인 82, 187, 232
선농단 88
선유어사宣諭御史 40
선조宣祖 66, 180
선종宣宗 123
선혜청 50
성종成宗 206, 207, 209
성지선成至善 243
『성학집요聖學輯要』 231
성혼成渾 201, 214
세조世祖 118, 123
소강少康 114
소론 237, 244, 246, 249, 250, 251, 253, 254
『송사宋史』 119
송시열宋時烈 181~184, 190, 192~194, 196, 197, 199, 200, 244, 245, 247, 249, 250
송정규宋廷奎 158
송준길宋浚吉 182~184
숙안공주淑安公主 176
승군僧軍 104
『시경』 46, 71, 101, 130, 135, 148, 181
신규申奎 124
신심申鐔 131
신양申懹 145
신여철申汝哲 156, 185, 202
신역身役 39, 73, 94
심계량沈季良 208
심계조沈繼祖 243
심권沈權 216
심기원沈器遠 189

심수량沈壽亮 182
심정보沈廷輔 212
심제현沈齊賢 201, 202

아

악비岳飛 119
안록산安祿山 115
안상억安相億 184
안세징安世徵 184
애제哀帝 114
양역良役 109
언로言路 31, 37, 46, 136
여름 가뭄 32
여름 농사 73, 134, 140
여성제呂聖齊 147
여필용呂必容 237
연최적延最績 218
영숙英淑(궁녀) 235
영제靈帝 114
『예경禮經』 182
『예기禮記』 61
『예기유편』 253
예론禮論 31
오도일吳道一 170
오두인吳斗寅 207
오찬獒 118
옥송獄訟 38, 150
왕도王道 78
왕도정치王道政治 50, 75, 104, 105
우성적禹成績 158
유계兪棨 254
유명흥兪命興 153
유부兪柎 54
유신일兪信一 157
유집일兪集一 244, 245
유희업劉熙業 168
윤경교尹敬敎 147
윤덕준尹德駿 238
윤봉조尹鳳朝 253
윤선거尹宣擧 243, 245
윤음綸音 218
윤증尹拯 240, 243, 254
윤지선尹趾善 156

윤지인尹趾仁 236
윤휴尹鑴 191, 200
『의례주소儀禮注疏』 190
의종懿宗 115
이강李㭑 180
이경의李景毅 189
이곽李漷 180
이관징李觀徵 204
이구李球 191
이기주李箕疇 197, 198
이남李柟 186, 188
이동욱李東郁 156
이만상李萬相 158
이발李浡 170
이사명李師命 191, 202
이상진李尙眞 209, 210
이선李選 247
이세기李世耆 251
이세화李世華 183, 207
이수언李秀彦 148
이숙李潚 180
이식李湜 233
이여李畬 252~254
이옥李沃 170
이원정李元禎 169
이유태李惟泰 182, 190
이윤수李允修 208
이응순李應順 145
이이李珥 192, 201, 214, 231
이이명李頤命 161, 162, 173
이익수李益壽 244, 245
이인엽李寅燁 237
이인하李仁夏 251
이일익李日翼 211
이정겸李廷謙 157
이정명李鼎命 129
이정신李正臣 156
이정영李正英 145
이정청釐正廳 43
이제李晞 167
이제억李濟億 250
이진안李震顔 240
이징명李徵明 216

이징李澂 180
이탁李焯 198
이태서李台瑞 189
이항李杭 179
이해조李海朝 131
이행언李行言 123
이현석李玄錫 192
이혜주李惠疇 158
이희태李喜泰 158
인선왕후仁宣王后 184, 196
인조仁祖 179, 189
인현왕후 203, 205, 208, 216, 217
임순원任舜元 166
임원구任元耉 145
임창任敞 237

자

자문咨文 165
장렬왕후莊烈王后 177, 182, 198, 199
장번내관長番內官 145, 186
장법贓法 136
장희재張希載 227~229, 235
정금鄭錦 102
정사신鄭思信 231
정성공鄭成功 102
정숙正淑(궁녀) 225, 226, 235
정시윤丁時潤 234
정시한丁時翰 211, 213
정여립鄭汝立 189
정원로鄭元老 189
정자程子 190
정제선鄭濟先 146
정찬선鄭纘先 162
정필동鄭必東 253
정호鄭澔 160, 253
정호鄭顥 254
제갈량諸葛亮 119
조광조趙光祖 249
조득중趙得重 243
조사석趙師錫 245, 246
조상우趙相愚 184
조태구趙泰耉 166
조태채趙泰采 157

조형기趙亨期 216
종친부宗親府 180
증자曾子 222
지제교知製敎 113
직언直言 28~30, 34, 43, 82
진휼賑恤 59, 63, 76, 92, 96, 108, 172
진휼청賑恤廳 78

차

차비내관差備內官 145
채명윤蔡明胤 239
청남 170
최상앙崔尙仰 186
최석정崔錫鼎 240, 241, 253
최세준崔世俊 145
춘천방어사春川防禦使 171
『춘추春秋』 164, 197, 236
충익부 169

타, 파

탁남 170
탕평蕩平 34, 129, 233, 249
토지조사 104
편작扁鵲 54
피부병[癳疹] 134

하

한구韓構 146
한배하韓配夏 162
한성부 78, 80, 93
함이완咸以完 219, 223
허견許堅 188
허적許積 186, 188
현종玄宗 114, 181, 186, 192, 194, 197
형옥刑獄 136
호굉胡紘 243
홍경렴洪景濂 237
홍득우洪得禹 184
홍만종洪萬鍾 168
홍문관 41, 51, 114, 150
홍문록弘文錄 191
홍우서洪禹瑞 158

홍우원洪宇遠 170
홍이범洪履範 181
홍주형洪冑亨 253
홍치상洪致祥 176, 198, 199, 212, 216
황성하黃聖河 163

효종孝宗 152, 161, 181, 186, 189, 190, 192, 194, 196, 197
휘종徽宗 115
휼전恤典 95
희빈禧嬪 235, 248